Material speaks

Timber and structural space

Imagawa Norihide

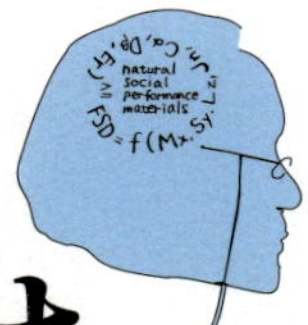

素材は語る

木と空間

今川憲英

1

井上書院

Material speaks
Timber and structural space
Imagawa Norihide

1
素材は語る
木と空間

はじめに

外科医的建築家の仕事は、素材がもっているあらゆる性能を認識し、空間を支える強い接合部を備えた長寿命の骨格をデザインすることである——

『素材は語る』と題した本書は、建築の意匠設計に関するものではなく、建築を形づくる「素材」に焦点を当てながら「構造デザインとは何か」を解説したものである。建築にはさまざまな素材（材料）が使われている。それぞれは固有のエネルギー（J：ジュール）を秘め、その固有のエネルギーによって空間に多様性と独自性をもたらし、新たなデザインを生み出している。

私が考える構造デザインとは、素材がもっている未知の性能を見出し、最小のエネルギーによって社会の要求以上に安全で長寿命、そして環境に配慮した架構（骨格）を創り出すことである。また、私は「構造デザイン」を言葉によらず、画像や図、または認識関数といったものを用いた、いわゆる非言語（Non-verbal）のツールによって全世界の人々に発信し、表現していきたいと思う。

ところで、なぜNon-verbalなのか？

40年にわたり膨大なプロジェクトを手がけてきて痛感したことがある。それは、構造デザインというものについて、一般の方ならいざ知らず、建築の専門家のなかにも熟した知識を身につけていない方がいるという現実である。日本列島はユーラシアプレート、北米プレート、太平洋プレート、フィリピン海プレートの4つのプレートが交差し、ぶつかり合う位置にあり、さらに縦横無尽に走る活断層がある。日本は常に危険な状況にさらされているにもかかわらず、あいかわらず「想定外」という言葉によって地震や台風による被害が語られている。

こうした事態から脱却するため、『広辞苑』の編者である新村出博士が同書の冒頭で述べておられるように、「簡明にして平易」、「広範にして周到」な構造デザインの解説書をつくるべきだと考えた。これが本書を著すきっかけとなった。また、自分自身が表現したい構造デザインを言葉の通じない国で正確に伝えるには、"Non-verbal"、いわゆる非言語で表現することがたいへん有効な手段であったことから、その経験もあわせて本書に生かしてみたいと考えた。

以上を踏まえ、本書の執筆にあたっては以下の７つの項目にポイントを絞り進めていくことにした。

1. 科学的・技術的な専門の内容は極力"Non-verbal"で表現する。
2. どのページからでも読めて、そのうえ理解ができる。
3. 想定外の地震や台風に耐え、現在も継続使用である建築プロジェクトを選択する。
4. 基本となる架構（骨格）から生まれた新しい、セレンディピティ（serendipity）な構造デザインを紹介する。
5. 国内外のデザインコードに基づき建築された実例を用いて解説する。
6. 建物が完成するまでのCO_2放出効率を掲載する。
7. 10回読めば最低限の構造デザインに関する専門的な知識が身につく。

このような基本コンセプトを軸に、私がこれまで海外25カ国、国内47都道府県で手がけた2500ものプロジェクトのなかから、国内の代表的な約20の事例を構造形式別にまとめ、構造設計におけるコンセプトや構造概要、力の流れの解析、採用した独自のアイディアなどをビジュアルにわかりやすく紹介している。素材が語りかけていることは何かを考えるきっかけとなることを願っている。

さて、本書を執筆するきっかけは、実はもうひとつある。それは、科学の父と呼ばれたガリレオ・ガリレイ（1564-1642）が晩年に書いた『新科学対話』（岩波文庫に収録。原題は『機械学と位置運動についての二つの新しい科学に関する論議と数学的証明』で、1637年7月オランダで出版された）のなかの文章である。『新科学対話』はヴェネツィア市民サクレド、新しい科学者サルビアチ、アリストテレス科学に通じたシンプリチオの3人の登場人物により、構造力学や運動学をテーマに4日間の対話形式によって構成されたものである。きっかけとなったその箇所とは、「最近の学生は微分積分も知らないで構造をやろうというんだから…」というある教師の嘆きに対して、ガリレオは腑に落ちない様子であったというくだりである。なぜなら、ガリレオは、微分や積分を使わずに「てこの原理」や「天秤の原理」、二乗三乗の法則を用いて「片持ち梁の力と反力の関係」や「木を枕木にした石柱を保管する問題」を解明していたからである。

現代の構造デザインに必須とされる微分積分は、ガリレオの次の世代にあたるニュートンやライプニッツによって確立されたとされる。もちろん、微分と積分のそれぞれの概念は、その前に発見されていたと考えられるが、ガリレオもまた力学や運動学の本質を捉えていたといわれている。

つまり、微分積分という高等数学の知識がなくても、構造は理解できるということである。構造設計において一番重要なことは、素材の力と骨格（架構）の変形を理解することにある。建築の専門教育を受けたことのない方でも本書を眺めるだけで、あたかも専門家のように構造デザインを自由自在に語ることができたらなんと痛快なことであろう。

最後に、本書の執筆にあたり、収録したプロジェクトへの参加の機会をいただいた建築家の方々、新たな骨格デザインの実現やジョイントの開発に尽力いただいた石川県の木材メーカーの中東、山形県の鈴木鋳造所、さらに、貴重な写真などの資料を快くご提供いただいた方々に深くお礼申し上げる。

また、今日の私があるのは間違いなく、故・坪井善勝東京大学名誉教授をはじめ、川口衞法政大学名誉教授、斎藤公男日本大学名誉教授、故・サー・オヴ・アラップ氏、ケネス・スネルソン氏、ユリウス・ナッテラー教授、国際シェル・空間構造学会（IASS）の友人たちのおかげである。ここに感謝申し上げる。

——外科医的建築家・今川憲英の世界へようこそ。

2018年11月　**今川憲英**

Material speaks

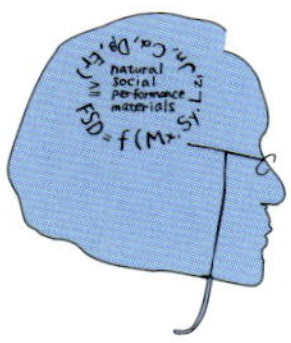

Material speaks
Timber and structural space
Imagawa Norihide

1
素材は語る
木と空間
Contents

Material speaks

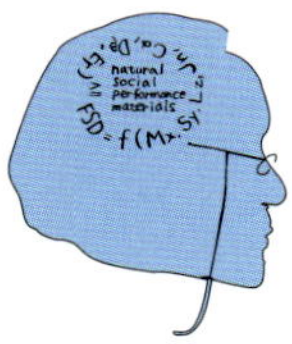

［I］
すべては素材から始まる

1-素材が語る建築構造デザイン

1-1 非言語（Non-verbal）による建築構造デザイン

「語学力」、それは海外プロジェクトに参加する者にとって必要不可欠な能力である。しかし、語学力は簡単に身につくものではない。最小限の語学力（例えば限られた英語の力）で世界の人々と建築についてコミュニケーションを図る方法はないだろうか？その手段を模索した結果、ある方法にたどり着いた。それは、建築のデザインとその骨格の性能をNon-verbal（非言語）によって伝達するという方法である。私はこれをNon-verbal理論と呼んでいる。

この理論は、言語による会話を伴わないコミュニケーションに効果がある。実際に、私は世界25カ国で素材と空間の骨格デザインを実現している。本章では、これらプロジェクトの実績と成果を踏まえ、建築とその骨格を俯瞰する実践的理論（これを「素材と空間の骨格デザイン認識論」と呼ぶ）について紹介する。

「素材と空間の骨格デザイン認識論」は、2つのNon-verbal関数を用いることによって、難解と思われがちな建築構造（＝空間の骨格）を容易に説明することができる。つまり、微分積分や複雑な関数を使わずに、説明言語を限りなくNon-verbalな手法に置き換え、数値では解けないが認識で解ける関数を用いる方法である。

国内、海外を問わず空間の骨格（＝建築構造）を実現することは簡単なことではない。なぜなら、この地球上では重力こそ一定であるが、国や地域によって規準やコード（条例、規約など）、自然環境、社会環境などさまざまな点で異なる場合が常であるからだ。そのうえ、言語や文化、宗教が異なれば、完成する建築が安心で安全な骨格であるということを伝えるのは困難である。

そこで、この「素材と空間の骨格デザイン認識論」では、関数を数値ではなく認識で解く関数（これを「素材と空間の骨格デザイン認識関数」と呼ぶ）と図や写真といったNon-verbalの手法により、多様で複雑な建築の骨格デザインを、あらゆる性能を含めて相手に伝えることを可能にした。また、この理論には「素材と空間の骨格デザイン認識関数」のほかに、「素材と空間の骨格エネルギー関数」（32ページ）があり、さらに荷重下の骨格の応力や変形量を解析した「虹色で示す力の分布（FEM解析）」で構成され、これはまさにNon-verbal情報理論と言えるものである。

1-1-1 素材と空間の骨格デザイン認識関数（F_{ESD}）

素材と空間の骨格デザイン認識関数は、数値を代入して解を導き出す関数ではない。「素材と空間の骨格デザイン」を、概念的に認識するのがこの関数の特徴である。建物には時代や文化が色濃く反映されており、同じ場でのデザイン行為であっても、まったく異なる建物が出現する。また、これからの「空間の骨格デザイン」の認識に影響する要素も、時代や地域性、用途、材料・構造の性能などさまざまである。

11ページ・図1に示すように、関数の左辺（F_{ESD}）は、①素材、②架構、③荷重、④接合方法、⑤コスト、⑥耐久性、⑦建方という7つのパラメータ（媒介変数）で表現し、右辺を自然条件、社会環境条件、要求される性能、そして建築家の感覚（これまでのデザイン）とする。この関係が常に、左辺≧右辺、となるよう不等号で両辺を結ぶことで、感覚が先行する伝わりにくいデザイン行為も、定量的に認識することが可能である。

この関数は、骨格の三大要素である「木」、「鋼材」、「コンクリート」以外でも、「ナイロン」や「ガラス」、「レンガ」等にあてはめて考えることができるのが特徴である。

Non-verbal　ノンバーバル。言葉を用いない、言葉を必要としない、非言語的なという意味。本書では、建築の構造デザインを担う素材の働きについて、言葉以外の伝達方法として、関数、図（写真）・表を用いている。

2つのNon-verbal関数
①素材と空間の骨格デザイン認識関数　⇨11ページ
②素材と空間の骨格エネルギー関数　⇨32ページ

FEM［Finite Element Method］解析的に解くことが困難な微分方程式の近似解を数値的に得る解析手法の一つ。「有限要素法」ともいう。
「II 素材が語る多様な木の空間」で紹介する応力変形解析は、有限要素法（FEM）によるもので、NASA（アメリカ航空宇宙局）がスペースシャトルを打ち上げた際に、機体が受ける摩擦熱を数値によって認識するのではなく、熱の応力分布を虹色（レインボーカラー）で認識することによって、宇宙飛行士は機体のどこが最大摩擦応力であるのかを認識することができる。
本書では引張り力を「赤」、圧縮力を「青」と「紫」で表示している。

FEM解析結果の表示
例えば組積ビームドーム（41ページ）は、地震、風荷重ともに下図に示す5方向で解析し、0°〜90°の角度に対して結果的に正負の荷重を作用させたが、鉛直応力と90°方向のビームとダボ材の応力が最大となったため、その結果のみを紹介している。

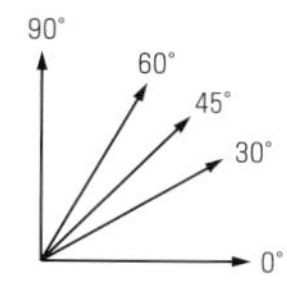

変形平面形の解析角度

F_{ESD}=Epistemological Structural Design Function

建築構造デザインと「素材と空間の骨格デザイン認識関数」の関係
いわゆる数学で扱う関数は、変数に数値を代入することによって、だれもが1つの解を導き出すことができる。
私が愛用するデザインを認識するという関数は、「感覚の認識」という非常にあいまいな概念を数値的に扱うことによって、デザインに対して評価あるいは判断を与えようとする試みである。建築構造における「デザイン」に対する評価は、数値的に扱うただ1つの解として明解に導き出されるものではないが、①素材、②架構、③荷重、④接合方法、⑤コスト、⑥耐久性、⑦建方といった7つ評価項目(要素)に着目し、おのおのの要素の解析を独自の手法で千数百回試みた結果、空間の骨格の認識は定量的な判断を行うことが可能であるとの結論に達した。
つまり、「素材と空間の骨格デザイン認識関数」は関数ではあるものの、変数にある数値を代入して解を導き出すのではなく、数値的な値(独自の解析結果によって得られた数値)を代入することで「デザイン」を数値に置き換えること(定量化)ができる。したがって、「デザイン」を定量化することによって得られる評価・判断の基準値は、これまでは個人または集団の感覚にゆだねられていたが、少なくても51%以上の確立でその正当性を示唆できるものと考えている。

ヤング係数 [Young's Modulus] 弾性体の応力度 σ とひずみ度 ε の間の関係($\sigma = E \times \varepsilon$)を表す比例定数 E。

架構 [frame] 建物に作用する種々の荷重・外力に対して安全性を確保するために部材をデザインし、接合して組み立て、建物を構成する骨組のこと。建物のデザイン空間にふさわしい部材の組み方によって、ラーメン構造、ブレース構造、スペースフレーム構造、壁式構造、アーチ構造、ドーム構造、ケーブル構造(直線やカテナリー曲線の構造)、シェル構造など、さまざまな架構がデザインされる。

嵌合(かんごう) 軸が穴に固くはまり合ったり、滑り動くように緩くはまり合ったりすること。「はめ合い」ともいう。

安全率 [safety factor] 安全係数ともいい、構造物や部材の崩壊、破壊荷重(荷重が作用して破壊する瞬間の荷重)に対す

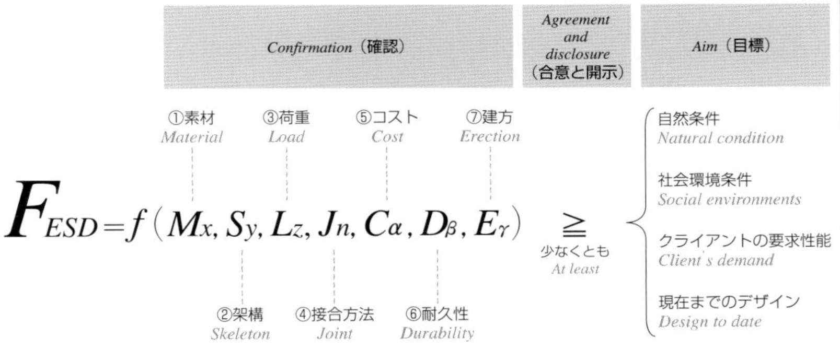

①Mx——素材
Materialの頭文字の"M"で、小文字の"x"は骨格のデザインに使用する「素材(土、石、レンガ、木(集成材を含む)、鋼材(金属を含む)、コンクリート、ガラス、ナイロン等)」である。素材固有のヤング係数をもつ素材を対象としている。

②Sy——架構
解釈によって多様であるが、Space、Skeleton、Structureの頭文字の"S"で、小文字の"y"はNon-verbalによる「素材と空間の骨格デザイン認識図」(27ページ・図15)に表示した、素材で可能な空間の骨格の基本形20種類余りが対象である。

③Lz——荷重
Loadの頭文字の"L"で、小文字の"z"は重力(自重、積載荷重、特殊荷重、予備荷重)、地震力、台風、豪雪、豪雨、津波、水圧、土圧で、荷重には大火の際の火災荷重まで含まれる。

④Jn——接合方法
Jointの頭文字の"J"で、小文字の"n"は空間の骨格を支える大地との支持点(支持杭、直接地盤支持、地盤改良、免震基礎等)を表す。素材や部材の接合方法(形式)は、木造における嵌合(かんごう)接合、鋼材の溶接接合、ボルト接合、ボルトの摩擦接合、ドアヒンジに起源をもつピン接合、上下方向のみを支えるローラー接合などから選択する。

⑤$C\alpha$——コスト
Cost control(原価管理)の頭文字の"C"で、小文字の"α"は骨格のデザインに使用される素材や接合金物の価格、またその工事にかかわった技術労働者の費用など仕事量の総和を表す。骨格のデザインを予算内で収めるためには、計画時における概算見積り、基本設計完了時と実施設計完了時の実施コストを正確に積算しなければならない。積算数量は、建設費を確定させせることがおもな目的であるとされてきたが、実は素材と骨格の空間に対する仕事量や骨格のCO_2放出効率(33ページ)の算定にも使用できる。

⑥$D\beta$——耐久性
Durabilityの頭文字の"D"で、小文字の"β"は耐久年数を表す。数年から10年、15年、30年、50年、100年、150年、200年、250年、500年等が目標値となる。

⑦$E\gamma$——建設、組立、建方
Erectionの頭文字の"E"で、小文字の"γ"は建設時の本設材料を仮設材として効果的に利用したり、骨格の組立過程に応じた建設方法が手作業か機械作業かなど、工期とコストに深く関係する項目である。

図1 素材と空間の骨格デザイン認識関数(F_{ESD})

1-1-2 素材と空間の骨格デザイン認識関数(F_{ESD})の特定方法

素材と空間の骨格デザイン認識関数(F_{ESD})では、左辺が右辺の4つの目標値(①自然条件、②社会環境条件、③要求性能、④建築家の感覚)より上回っていることを確認する。

すなわち、素材と空間の骨格デザイン認識関数(F_{ESD})において右辺より左辺が大きい不等式としたのは、空間に対する骨格のデザイン行為の結果が、目標値より同等以上の性能を確保していることを表しているからである。

この場合の安全率は1である。安全率が1.25以上の場合、震度6以上の地震に見舞われても建物自体の被害はほとんどないといえる。しかし、問題は電気やガス、水道といったライフラインの復旧に要する時間である。

骨格(架構)の安全性は、「素材(材料)」の安全率によって決定されるのが一般的で、現在使用されている「素材」の安全率は、その材料が破断するときの値の2/3または70%が短期的な荷重(地震や風荷重)に対する材料強度となっている。また、長期荷重(重力)に対しては、短期荷重の値に対してさらに2/3の値を用いる(鋼材の場合。木とコンクリートの場合は1/2)。したがって、長期荷重に対しては、材料の破断に対して2/3×2/3=4/9という安全率の値が多く用いられている。

る安全の度合い。構造物では、その構造物が破壊する荷重を設計で確定した荷重で割った値。各部材では、部材の破壊耐力をその許容耐力で割った値。

$$\frac{\text{構造材が破壊する荷重}}{\text{部材の破壊耐力}} \leqq 1.0$$

を安全の判断とする。

鋼材と異なり完全弾性体ではない「木」(半弾性体)は、破断荷重に対して約1/7〜1/10の値が材料の安全率となっている。一方、骨格(構造)の安全性は、使用している「素材」の安全率を守るだけでは十分とはいえない。

「素材」の安全率を把握した上で組み上げた架構が、重量や外力に対してその安全率が発揮できるようになっていることを確認する。そして、その安全率を確認した後で設計者が安全であると認識することが設計者の安全率となる。

素材と空間の骨格デザイン認識関数(F_{ESD})の特徴

①言語、文化が異なる国や地域でも空間の骨格デザインが開示できる。
②素材(Mx)と国や地域の特性が認識できる。
③架構(Sy)と国や地域の歴史・文化が認識できる。
④国や地域の自然環境、社会環境における荷重(Lz)が認識できる。
⑤素材(Mx)を「かたち」にする接合方法(Jn)と国や地域の技術、文化が認識できる。
⑥国や地域の産業と経済を考慮した建設コスト計画($C\alpha$)が可能となる。
⑦国や地域とクライアントの要求に対応する建設寿命($D\beta$)の確認が可能となる。
⑧建設技術($E\gamma$)と国や地域の歴史・文化が確認できる。
⑨素材(Mx)と骨格(Sy)の適正な関係(材料力学)が再確認できる。
⑩骨格(Sy)と荷重(Lz)の適正な関係(構造力学)が再確認できる。
⑪F_{ESD}は、設計のプロセス(企画、基本設計、実施設計、設計監理、完成報告、リニューアル計画・設計、増改築等)のすべてのデザイン結果の開示が可能である。
⑫F_{ESD}のデータから建築寿命の予測が可能となる。
⑬国や地域による要求性能の違いが確認できる。

F_{ESD}を用いた構造デザインの手法

ステップ1
建築主と設計者による素材(M)と最適骨格(S)の選択。

ステップ2
素材(M)のヤング係数、建設地の荷重(L)を基に最適骨格の応力・変位量の解析(保有水平耐力1.5以上)。なお、荷重には、重力、地震力、風圧力、水圧、土圧等を含む。

ステップ3
素材(M)間の接合方法(J)の確認および決定。最適骨格の選択。

ステップ4
空間と骨格の耐久性(D)を震度6(保有水平耐力1.0〜1.25以上)程度とし、さらに震度7(保有水平耐力1.5以上)を目標とする。

ステップ5
建設手順・設計図面と納まり等(E)の確認。

ステップ6
素材と空間の骨格デザイン認識関数の左辺と右辺の関係の確認。なお、等号(=)は建物が建築基準法に適合していることを示し、左辺が不等号(>)は建物の余力(余命)があることを示している。余力が大きいほど長寿命の骨格となる。

F_{ESD}の実践的活用例/今井篤記念体育館

＊92〜95ページ参照

Material/素材
・主となる素材はLSL材(30mm+30mm=60mm)を接合
・重要な隠れ接合部材に棒鋼32φを使用
・ねじり抵抗が可能な丸形肉厚鋼管76φを上下弦材に使用して、フィーレンデールラチスアーチを計画

Load/荷重
・重力の解析
・積雪は3m超(等分布積雪、偏在分布積雪)
・積雪下における地震荷重も考慮(X方向、Y方向、30°、45°方向)

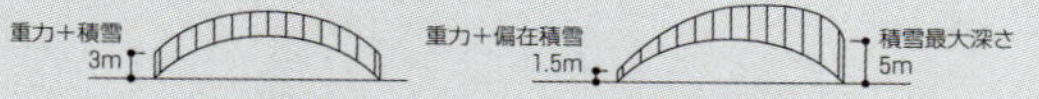

等分布積雪図　偏在分布積雪図

Erection/建方
・工場でユニット製作
・現場でユニットを地組
・長辺部材の丸形鋼管は現場で接合

建築構造デザインのための与条件
自然条件
・重力
・平均積雪量　H=3m
・偏在分布積雪　Hmax=5m
・積雪量を考慮した地震荷重
　X方向
　Y方向
　XY-30°方向
　XY-45°方向

社会環境条件
・1年を通じて多目的な利用が可能

クライアントの要求性能
・積雪時でも自然光が入る空間

現在までのデザイン
・前例のない空間の骨格デザイン
・本プロジェクトと類似の木造ドーム:大館ドーム

Design Concept/デザイン・コンセプト
・秋田県大館市の伝統工芸品である「曲げわっぱ」をイメージ。楕円体(K>0)のドームとする
・離散系連続体曲面(非連続曲面)の内部への自然光の取入れ
・LSL材による上下弦材の間に長辺アーチのフィーレンデールラチスを組み、空間内に木漏れ日が降り注ぐドームをデザイン

Confirmation(確認)　Agreement and disclosure(合意と開示)　Aim(目標)

①素材 Material　③荷重 Load　⑤コスト Cost　⑦建方 Erection

$$F_{ESD}=f\,(Mx, Sy, Lz, Jn, C\alpha, D\beta, E\gamma) \geqq$$

少なくとも At least

②架構 Skeleton　④接合方法 Joint　⑥耐久性 Durability

自然条件 Natural condition
社会環境条件 Social environments
クライアントの要求性能 Client's demand
現在までのデザイン Design to date

素材と空間の骨格エネルギー関数

$$Ess=\sum_{n=1}^{n} mEn \times mVn$$

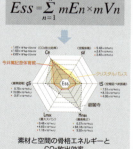

素材と空間の骨格エネルギーとCO2放出効率

Skeleton/架構
・曲げわっぱと木漏れ日を可能にするため、2方向でアーチを異種アーチとして実現
　長辺アーチ:スチールとLSL材のフィーレンデールラチスアーチ、カットティーとLSL材のフィーレンデールラチス
　短辺アーチ:LSL材と鋼管の断面方向を曲げせん断抵抗によって、324の棒鋼に力を伝える接合である「五角形(ペンタゴン)ラチス」を採用
・FEM解析の画面表示・出力→

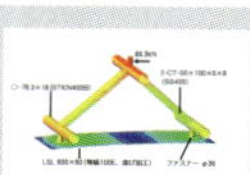

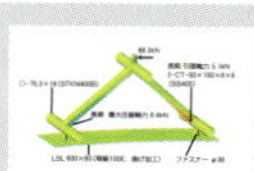

Joint/接合
・接合方法の検討
　短辺アーチ:①LSL材どうし
　　　　　　②LSL材とラチス材
　　　　　　③丸形鋼管とLSL材
　長辺アーチ:①丸形鋼管の継手
　丸パイプ+カットTフィーレンデールアーチ接合

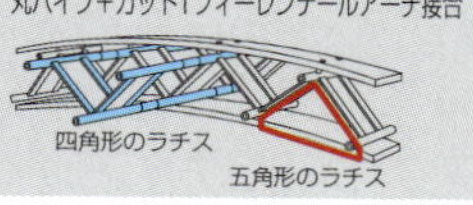

Durability/耐久性
・前例のない異種素材、異種アーチ構造のドーム(建築基準法第38条による大臣認定を取得)
・2体の実大実験によって等分布荷重、偏在分布荷重ともに積雪5m以上で素材の弾性範囲内を確認
＊建物の耐久性は長寿命と大きく関係している。長寿命を判定するために求めるのが素材と空間の骨格エネルギー量[J]である、つまり、素材と空間の骨格エネルギー量を算定することによって、空間の骨格の余力(余命)を確認することが可能となる。

1-2 素材を知る

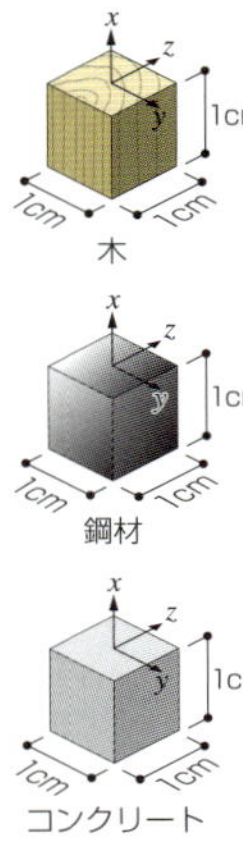

図2 素材を構成する性質

構造で一般的に使用される素材は、木材と鋼材、コンクリートである。これらの素材は構成する性質が異なっており、それぞれの素材から1cm角の立方体を取り出し、その性質を検討してみる。それぞれの部材断面に軸（3次元）を設定すると、木材は年輪という特有の節理をもつ素材であるため、3方向（x、y、z）の性質が異なる。これを直交異方性と呼ぶ。鋼材はx軸、y軸、z軸がおのおの同じ性質である。これを等方性と呼ぶ。また、コンクリートは鉄筋と混合した鉄筋コンクリートとして使用され、鉄筋の方向性に依存するため、これも直交異方性と呼ぶ。したがって、木や鉄筋コンクリートは、x、y、z方向の性質はおのおの異なり、材料の強度も各方向によって異なることがわかる。

ここではさらに、木造における素材（Mx）、架構（Sy）、荷重（Lz）、接合方法（Jn）について詳しく解説する。

1-2-1 木が語る —— 素材（Mx）と架構（Sy）

樹種は、大別すると針葉樹と広葉樹に分類される。針葉樹はⅠ類からⅣ類に分類され、代表的な樹種は、「ベイマツ、ダブリカカラマツ」、「ヒバ、ヒノキ」、「アカマツ、カラマツ」、「スギ、スプルース」である。また、広葉樹はⅠ類からⅢ類に分類され、代表的な樹種は、「カシ」、「クリ、ナラ、ブナ、ケヤキ」、「ラワン」である。

針葉樹と広葉樹では、①圧縮強度、②引張り強度、③曲げ強度、④せん断強度、⑤ねじり強度の5つの強度がすべて異なっている。針葉樹の場合、Ⅰ類からⅣ類の違いは、表1「普通構造材の繊維方向特性値」からもわかるとおり、Ⅰ類は強度があり、Ⅳ類は弱い。また、繊維方向と直交方向の弾性係数は、繊維方向の1/15〜1/25とかなりの幅があるが、鋼材やコンクリートの場合には、x、y、z の3方向ともに均一である「めり込み強度」も力のかかり方で異なり、表1に示すとおり、材料強度、許容応力度、弾性係数の3種類の基準値を把握したうえで設計を行う。

弾性係数［elastic modulus］弾性体（力を加えると変形し、力を除くと元に戻る物体）の比例限度内では応力とひずみは比例し、その間の比例定数は物質特有の値をとる。

許容応力度［allowable stress］設計荷重によって構造体各部の断面に生じる応力の許容できる上限値。使用材料によって材料の基準強度を安全率で除した値が定められている。

表1　普通構造材の繊維方向特性値

材種			基準材料強度 (N/mm²)				基準許容応力度 (N/mm²)				基準弾性係数 (×10³N/mm²)		
			F_c	F_t	F_b	F_s	f_c	f_t	f_b	f_s	E_0	$E_{0.05}$	G_0
針葉樹	Ⅰ類	ベイマツ	22.2	17.7	28.2	2.4	7.4	5.9	9.4	0.8	10.0	6.5	E_0の値の1/15
		ダブリカカラマツ				2.1				0.7			
	Ⅱ類	ヒバ、ヒノキ、ベイヒ	20.7	16.2	26.7	2.1	6.9	5.4	8.9	0.7	9.0	6.0	
	Ⅲ類	アカマツ、クロマツ	19.2	14.7	25.2	2.4	6.4	4.9	8.4	0.8	8.0	5.5	
		カラマツ、ツガ、ベイツガ				2.1						0.7	
	Ⅳ類	モミ、エゾマツ、トドマツ、ベニマツ、スギ、ベイスギ、スプルース	17.7	13.5	22.2	1.8	5.9	4.5	7.4	0.6	7.0	4.5	
広葉樹	Ⅰ類	カシ	27.0	24.0	38.4	4.2	9.0	8.0	12.8	1.4	10.0	6.5	
	Ⅱ類	クリ、ナラ、ブナ、ケヤキ、アピトン	21.0	18.0	29.4	3.0	7.0	6.0	9.8	1.0	8.0	5.5	
	Ⅲ類	ラワン	21.0	14.7	26.7	1.8	7.0	4.9	8.9	0.6	7.0	4.5	

架構　⇨11ページ

また、架構は空気膜構造を除く17種類の骨格の基本形を構築することが可能である。鋼材やコンクリート部材とのハイブリッド構造までを含めると、20種類を超える骨格のデザインが可能であることがわかる（27ページ）。

1-2-2 木が語る —— 荷重（Lz）

風荷重

荷重　⇨19ページ

鉄筋コンクリートの骨格が「地震荷重」によって素材断面が決定されるのに対し、木材の場合は「風荷重」によって空間の素材断面を決定する必要がある。

木造の建物に働く風荷重（Ww）は、次の式を用いて算定する。

風荷重の算定について
本書では、風の速度圧は旧基準を採用している。その理由は、木構造の構造設計そのものが余裕をもった概算設計で安全性の検討が十分であること、また旧基準を採用することによってシンプルに風荷重を算定できることから、現在の建築基準法施行令第87条で規定しているq(速度圧)$=0.6EV_0{}^2$ [N/m²] をここでは採用せずに算定している。
＊EおよびV₀の数値は、平成12年建設省告示第1454号による。

$Ww=c\cdot q$ [kN/m²]

c：風圧数。壁や屋根の形状で決まる風の圧力

q：速度圧。風の速度により異なる

速度圧(q)の略算式は、次式による。

$q\fallingdotseq 60\sqrt{h}$ [kgf/m²]

h：建物の最高高さ

また、建物に働く風荷重の特徴は、風が建物にぶつかると、風上側の壁に$0.8Ww$、風下側に$0.4Ww$が作用する(図3参照)。

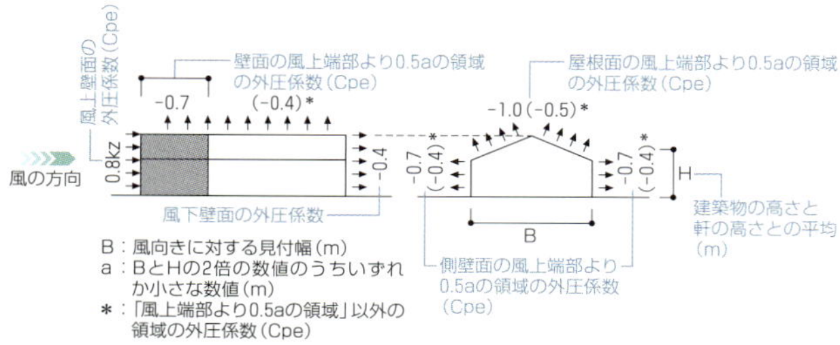

図3　閉鎖型の建築物の外圧係数(Cpe)
(桁行方向に風を受ける場合)

建物全体での風荷重は、

$Ww=(0.8+0.4)=1.2$ [kN/m²]

となり、風がぶつかる壁、屋根面に直交方向の荷重として働いている(図3参照)。

ここで、本書の60ページに収録したプロジェクト「住吉のゲストハウス(筋かい構造の家)」を例に、建物に働く風荷重を計算してみよう。

「住吉のゲストハウス(筋かい構造の家)」の風荷重の計算

本プロジェクトの空間の骨格ボリュームは図4より、

Lx(桁行方向)≒18m

Ly(張り間方向)≒15m

h_1(1階の階高)＝3.5m

h_2(2階の階高)＝3.5m

h_3(3階の階高)＝3.0m

である。

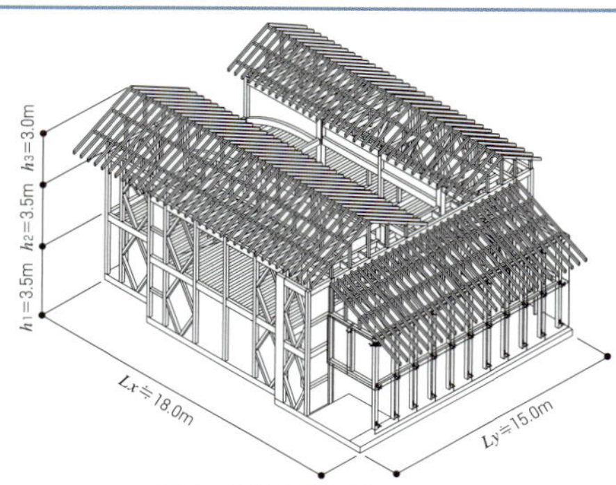

図4　空間の骨格ボリューム

速度圧(q)は上記略算式により、

$q_3=60\sqrt{h_1+h_2+h_3}\fallingdotseq 60\sqrt{10}\fallingdotseq 60\times 3.16\fallingdotseq 190$ [kgf/m²] ≒ 2.0 [kN/m²]

$q_2=60\sqrt{h_1+h_2}\fallingdotseq 60\sqrt{7}\fallingdotseq 60\times 2.65\fallingdotseq 159$ [kgf/m²] ≒ 1.6 [kN/m²]

$q_1=60\sqrt{h_1}\fallingdotseq 60\sqrt{4}\fallingdotseq 60\times 2.00\fallingdotseq 120$ [kgf/m²] ≒ 1.2 [kN/m²]

q_1：1階の壁が受ける風の速度圧 [kN/m²]

q_2：2階の壁が受ける風の速度圧 [kN/m²]

q_3：3階の壁が受ける風の速度圧 [kN/m²]

となる。

3階屋根レベル(r)に作用する風荷重の合計は、

$rWw=1.2\times 1/2\times h_3\times Lx\times q_3$

$=1.2\times 1.5\times 18\times 2.0=64.5$ [kN]

3階床面に作用する風荷重の合計は、

$$3Ww = 1.2 \times 1/2 \times (h_3 + h_2) \times Lx \times q_2$$
$$= 1.2 \times 3.25 \times 18 \times 1.6 = 69.3\,[\mathrm{kN}]$$

2階床レベルに作用する風荷重の合計は、

$$2Ww = 1.2 \times 1/2 \times (h_2 + h_1) \times Lx \times q_1$$
$$= 1.2 \times 3.5 \times 18 \times 1.2 = 59.8\,[\mathrm{kN}]$$

となる。

上記の風荷重をコンピュータによって解析した結果を、本書の「Ⅱ 素材が語る多様な木の空間」で紹介している。また、風荷重と地震荷重の骨格に作用する違いを説明したのが、図5である。

風荷重と地震荷重の違い
風荷重は風の力と方向によって建物に力が作用する。一方、地震力は地面が揺れることによってその慣性力が建物に作用する。したがって、図5のように、風荷重と地震荷重では筋かい、ブレースに作用する力が引張り力と圧縮力では反対となる。
また、風荷重は先に壁の方立(ほうだて)が風圧を受け、その風圧により発生するせん断力が上下階の水平梁に作用し、柱に伝わるが、地震力は地震発生とともに地盤が動く。そのとき建物は地盤の動きとは反対方向に動く。これを慣性力というが、風荷重は上部構造から力を受け、基礎に伝わるのに対し、地震力は地盤から上部構造へと伝わる。
したがって、部材の圧縮力、引張り力は、地震の初動では＋と－が反対となる。

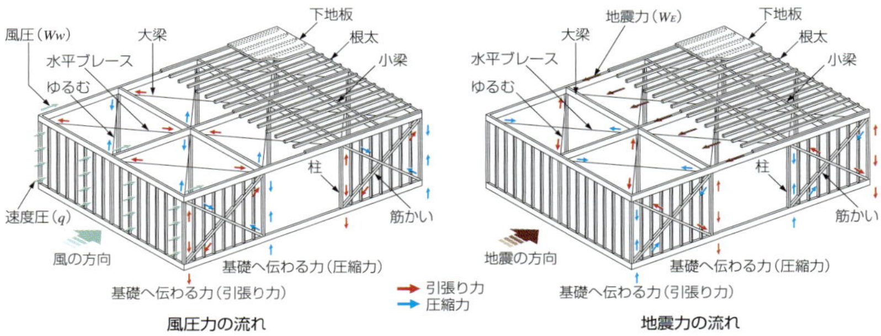

図5 筋かい、ブレースに働く風圧力の流れと地震力の流れ

地震荷重

次に、骨格に作用する地震荷重(W_E)について解説する。一般的な木構造、鉄骨造、鉄筋コ ンクリート造の単位面積当たり(1m²)のおのおのの重量(荷重)は、

木構造：$Wt = 2.5\,[\mathrm{kN/m^2}]$

鉄骨造：$Ws = 7.5\,[\mathrm{kN/m^2}]$

鉄筋コンクリート造：$Wr = 15\,[\mathrm{kN/m^2}]$

である。

建物の骨格に働く地震荷重を知るには、上記の単位面積当たりの重量(荷重)に建築の延べ床面積を乗じて、建物の総重量を出してから解析を行う。

例えば、延べ床面積が200m²の木造住宅の場合の総重量は、$Wt \times 200\mathrm{m^2} = 2.5\mathrm{kN} \times 200\mathrm{m^2} = 500\mathrm{kN}$となり、木造の建物に作用する地震力は、地盤が水平方向に動く力として、上記で求めた建物の総重量の約30%を見込んで解析を行う。

また、風荷重は受圧面の直交方向に作用するが、地震荷重は水平方向はもとより上下方向にも動くため、このときの地震の上下動の荷重は、総重量×±1.0として解析する。つまり、地震力は水平方向と上下方向の2方向について検討することになる。この点が風荷重と大きく異なる点である。

1-2-3 木が語る —— 接合方法(Jn)

建物における接合方法(ジョイント)は、いわゆる人間の骨格でいう「関節」に相当する。人間同様、建物の空間も長寿命であるためには、この「関節＝接合方法」の性能が大きく影響している。また、素材の性能を引き出すのも、この「接合方法」にかかわっているのである。

表2は、本書の「Ⅱ 素材が語る多様な木の空間」で紹介した接合方法である。

表2　本書に収録した接合方法

接合方法			本書に収録した建物名称／接合方法	ページ
金物を用いる接合	鋼板挿入型接合	曲げ・せん断・軸力抵抗	五条坂の家 オープンジョイント	50
			住吉のゲストハウス ダイヤモンドブレース接合	62
			廣池千九郎中津記念館 回転方向固定棒鋼ピン接合	98
		弱曲げ・弱せん断・軸力抵抗	今井病院付属託児所 U字プレートと丸鋼のジョイント	71
			ヘルスピア白根 放射状折板ドームをつくる4つの接合	85
			引本小学校・屋内運動場 ハイブリッドテンショントラス接合	105
			桜美林大学弓道場「紫雲館」 格子交点接合	115
		弱曲げ・せん断・弱軸力抵抗	大原山七福天寺・本堂 V字柱柱脚部・柱頭部の接合	49
			甲斐東部材製材協同組合/製材工場 リブ付きひし形プレート接合	113
		曲げ・せん断抵抗	しずおか国際園芸博覧会・中央管理棟 Hiddenジョイント	45
			水前寺江津湖公園・管理棟 オープンピンジョイント	65
			引本小学校・屋内運動場 鋼板挿入2面せん断接合	105
			甲斐東部材プレカット協同組合／プレカット工場 合せ梁と母屋をつなぐジョイント	110
		軸力抵抗	うつくしま未来博・21世紀建設館 2方向リングプレート接合	89
			新宮健康増進センター 鋳物ジョイント	101
		曲げ(ねじり)・せん断・軸力抵抗	今井篤記念体育館 ペンタゴントラス・フィーレンデールトラスジョイント	93
		せん断抵抗	KEL軽井沢山荘 格子梁接合	69
			川上村林業総合センター・森の交流館 ポストアンドビームジョイント	75
	3次元ピン接合		ネットの森(彫刻の森美術館) 球座ジョイント	39
嵌合(かんごう)接合			南三陸あさひ幼稚園(増築) 嵌合接合	77
			よしの保育園 柱欠込み合せ梁嵌合接合	81
貫接合			南三陸あさひ幼稚園 貫接合	57
ダボ・ラグスクリューによる接合	弱曲げ・せん断抵抗		南三陸あさひ幼稚園 ダボと楔による柱と梁の貫接合	57
	水平回転ピン＋Fix接合		ネットの森(彫刻の森美術館) ローテグリティジョイント	39

＊表2では、各プロジェクトにおいて中心的な接合方法を選出している。

嵌合（かんごう）⇨11ページ

貫　軸組にあって、柱どうしをつなぐ横木のこと。真壁とする場合に、仕上材を取り付けるための下地として用いられるとともに、軸組を固める構造材でもある。

1-2-4　木が語る――素材がつくる空間の骨格デザインの長所と短所

「素材」は、素材と空間の骨格デザイン認識関数(F_{ESD})を構成する要素として最初に登場するキーワードである。素材はときにセレンディピティな仕事をもたらしてくれる。素材がもつ無限の可能性を引き出すためには、物理的(力)に、化学的(性能)に、そして視覚的に素材を認識することが大切である。

セレンディピティ［serendipity］偶然何かを発見する能力、予期せぬ発見の意味。

視覚的にとは、例えば素材を修復する場合に、その箇所がデザイン認識として耐え得るかどうかということである。先人の知恵である、埋木、継ぎ木、根継ぎ等の伝統技術

埋木　材に付いたくぎ穴やきず、抜け節などの補修穴や誤ってあけた枘(ほぞ)穴などを埋める木片。見え掛かりでは、同一の樹種で木理(もくり)の似たものを選び、精度良く施工する。
継ぎ木　木材の繊維方向に材を接ぎ合わせること。
根継ぎ　腐った柱の下部を取り除き、新たな材に取り換えること。

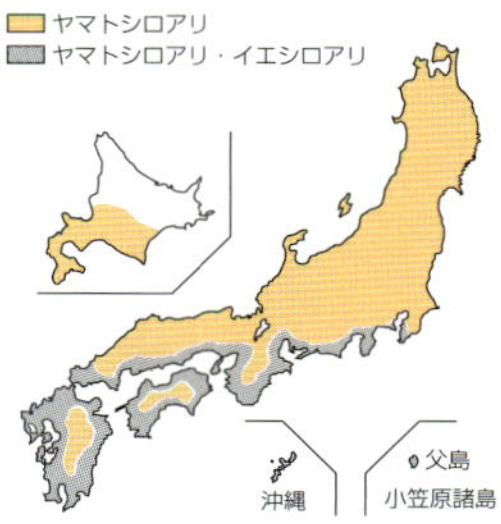

図6 シロアリ分布(国内)

によって修復した箇所は、経年変化によって風合いを増してきた木肌の色に比べて、その違いは歴然としている。しかし、それが10年も経てば、修復された箇所は他の木肌になじんでくる。シロアリや腐朽によって素材が傷んだ場合でも、このような修復技法を用いて劣化部分のみを修復することが可能である。これは、他の素材には見られない木造建築特有の特徴といえる。

人工的に工場で製造されたコンクリートや鋼材、ガラス、ナイロン等に対して、自然素材である「木」は、数百年という長い歳月の間、厳しい自然環境の影響を受けながら「年輪」を刻んでいる。長い年月をかけて生長し続けてきた素材に対する認識があれば、木造の建物はいつまでも寿命をつないでいくことが可能である。

わが国では古来より、神霊は木(樹)に宿ると考えられており、寺社仏閣などの木造建築は不思議な寿命をつないできた。20年ごとに建て替えられる伊勢神宮、60年ごとに建て替えられる出雲大社、銀閣寺(慈照寺)や清水寺においては100年単位で大きな修復工事が行われている。歴史的建造物を未来に伝え残していくということは、伝統的な職人技術の継承でもある。250年、500年、1000年という時を超えて、私たちの日常空間に存在し続けるこうした木造建築は、まさにセレンディピティな仕事によってなされた産物である。

「木」という素材の長所と短所を知ることによって、「木」の性質を最大限に生かした新たな空間の骨格デザインを生み出すことができる(表3)。

表3 「木」による空間の骨格デザインの長所と短所

	素材と空間を結ぶ骨格デザインのための発想	本書に収録した建物名称	ページ
長所	① 木は成木から廃材に至るまでのプロセスで5回役割を変えられる1)。	引本小学校・屋内運動場 甲斐東部材プレカット協同組合/プレカット工場	104 108
	② 柱や筋かいの軸方向圧縮として耐力を最も発揮する2)。	大原七福天寺・本堂 水前寺江津湖公園・管理棟 よしの保育園 廣池千九郎中津記念館	48 64 80 96
	③ 酸性・アルカリ性にも適度な抵抗力をもつ3)。	ヘルスピア白根 新宮健康増進センター	84 100
	④ 曲げモーメント応力が小さい空間では長寿命の骨格デザインが可能である。	しずおか国際園芸博覧会・中央管理棟 引本小学校・屋内運動場	44 104
	⑤ セルフベンディング性がある4)。	甲斐東部材製材協同組合/製材工場 尾道市しまなみ交流館	112 116
	⑥ 弱曲げ剛性がある5)。	甲斐東部材プレカット協同組合/プレカット工場 甲斐東部材製材協同組合/製材工場	108 112
	⑦ 下に凸の重力によるカテナリー曲線のデザインが可能である6)。	新宮健康増進センター	100
	⑧ ガウス曲率$K=0$(ゼロ)および$K<0$(負)から直線の連続構成によって曲面の屋根、壁の骨格がデザインできる7)。	苓北町民ホール	118
	⑨ 解体を想定した接合方法を採用することにより、建物の移築が可能となる。	うつくしま未来博・21世紀建設館	88
	⑩ 折板構造の屋根が可能である。	ヘルスピア白根	84
	⑪ 3種類の格子梁構造のデザインが可能である。 1. 格子梁交差部が重ならない例 2. 梁せいの1/2を嵌合(かんごう)接合とした例 3. 格子梁を同一面とした例	 南三陸あさひ幼稚園(増築) 南三陸あさひ幼稚園 KEL軽井沢山荘	 76 56 68
	⑫ 部材断面は、円形、楕円形、三角形、四角形、五角形、六角形、八角形など多様なデザインが可能である。	廣池千九郎中津記念館	96

曲げモーメント [bending moment] 部材を曲げようとする作用のこと。作用する力の大きさと力の作用点までの距離との積、すなわち「力×距離」で表される。

セルフベンディング性　⇨66ページ

弱曲げ剛性　⇨113ページ

カテナリー曲線 [catenary] ロープやケーブルなどの両端を固定して垂らしたときにできる曲線のことで、「懸垂曲線」ともいう。

ガウス曲率　⇨30ページ

嵌合(かんごう) ⇨11ページ

耐力　⇨32ページ
ヤング係数　⇨11ページ

長所	⑬ 接合部のデザインにより空間の骨格の質を高めることが可能である[8]。	しずおか国際園芸博覧会・中央管理棟 五条坂の家 水前寺江津湖公園・管理棟	44 50 64
	⑭ 断熱性が高い。		
短所	① 接合部の耐力は母材の耐力より低い。最大耐力でも母材の耐力の70%程度と考える。	南三陸あさひ幼稚園 南三陸あさひ幼稚園（増築）	56 76
	② 1カ月以上続く湿潤状態が毎年繰り返される地域では、5年前後で亀裂が生じ、腐朽が始まる。	ネットの森	38
	③ 引張り部材の接合部の耐力が小さいため、ボルト本数を多くし、薄い木材に負担が少ない低応力度接合にしなければならない。	新宮健康増進センター	100
	④ 繊維方向とその直交方向とではヤング係数、耐力が異なる（直交方向は繊維方向の約1/15）。	ネットの森 南三陸あさひ幼稚園（増築）	38 76
	⑤ 鋼材や鉄筋コンクリートに比べ、曲げに対する強度が弱い。	水前寺江津湖公園・管理棟	64
	⑥ 面材としてのめり込み耐力が小さい（ただし、めり込みのクッションを利用した制振接合は可能）。		
	⑦ 引張り耐力が小さいため、張力筋かいには不適である。		
	⑧ 鋼材や鉄筋コンクリートに比べ、耐火性能が劣る[9]。		
	⑨ 経年劣化により部材がやせてくる[10]。		
	⑩ 腐朽性に劣る[11]。		
	⑪ 常温でも亀裂が発生する。		
	⑫ 多孔質な素材であるため、集中的な支圧力に弱くめり込みが発生しやすい。また、クリープ（変形やひずみ）が大きい。		
	⑬ 引張り力と引張り接合に弱い[12]。		
	⑭ 3方向異方性のため、3方向の耐力が異なる。		
	⑮ 細い部材の格子交点は断面欠損が生じやすい[13]。		

空間の骨格デザインのポイント

素材の長所を生かした骨格デザイン

1）木は、成木→間伐→伐採→空間の骨格利用→解体廃材と姿を変え、資源の有効利用が可能である。
2）圧縮柱や圧縮斜め材に使用することによって高耐力システムの骨格デザインが可能である。
3）鋼材は酸性に、コンクリートはアルカリ性に弱い。
4）セルフベンディング性の特徴を利用すると、上凸や下凸の多様な任意曲面の骨格が可能となる。
5）弱曲げモーメント部材には長い圧縮部材、引張り抵抗部材には丸鋼を使用することによって、木と鋼材によるハイブリッドな骨格デザインが可能となる。

エンジニアードウッド　⇨29ページ
ガウス曲率　⇨30ページ

6）強度特性のあるエンジニアードウッド（集成材）を使用することにより、下凸の自然曲線（カテナリー）の骨格デザインが可能となる。
7）ガウス曲率（K）は、ドームなどの曲面形状の曲がり度合いを曲率とすれば、最大曲率と最小曲率の積で表す。正のガウス曲率（$K>0$）には球形曲面など、負のガウス曲率（$K<0$）には鞍型、HP曲面、ホルン曲面など、零（0）のガウス曲率（$K=0$）には円筒形、円錐形などがある。
8）「水前寺江津湖公園・管理棟」では、柱梁接合部に開口を設ける接合とした。

素材の短所を長所に変えた骨格デザイン

9）耐火性能を確保するため、燃え代厚を45mm以上とする。
10）木は竣工後30年頃からやせ細りが始まる。
11）腐朽性能が弱い材：アカマツ、ツガ、ブナ、スプルース
腐朽性能がやや弱い材：ベイマツ、スギ、カラマツ
腐朽性能が強い材：ヒノキ、ヒバ、クリ、ケヤキ、ベイスギ
腐朽箇所は、埋木や継ぎ木、根継ぎといった伝統技法により、建物や部材の延命が可能である。

埋木　⇨17ページ
継ぎ木　⇨17ページ
根継ぎ　⇨17ページ

12）緩やかな曲線の低応力度部材を使用すれば、上凸や下凸など多様な骨格デザインが可能となる。
13）格子交点での支持や、グリッドの4点支持など、格子交点に集中する力を分散させる。

1-3 素材と力学

建築の「力学」で重要なことは、空間の寿命をいかに延ばすことができるかを検討することであり、私たちの生活にも大きくかかわる大切なことである。私たちが暮らす日本列島は、北から南まで地震多発国であるとともに、夏季には異常気象の影響による大型化した台風の到来や、冬季には日本海側を中心に大雪に見舞われるなど、非常に厳しい自然環境の中にある。したがって、私たちが建築の「力学」を学ぶということはたいへん意義のあることといえる。

このように、私たちは巨大地震や大型台風に見舞われても、なお持続する「空間の骨格」を実現するために、まずは「素材」に働く力によって「素材」がどれだけ変形するかを計算で把握し、さらに、コンピュータにより解析を行い、「素材」に働く力が許容範囲であることを確認することが必要である。

「素材」はそれ自体では「空間の骨格」とはなり得ない。「素材」が「空間の骨格」となるためには、2つの「力学」の理解が必要である。その1つは「構造力学」と呼ばれ、重力や地震（地震荷重）、台風（風荷重）、豪雪（積雪荷重）などといった力（荷重）によって生じる空間の骨格における力の流れを理解するための学問領域である。もう1つは「材料力学」と呼ばれ、「構造力学」の解析結果を用いて、各種応力に対して「素材」固有の許容耐力内であることを確認する学問領域である。

「素材」や「空間の骨格」は、力（荷重）に耐えようとする（これを「抵抗」という）。この耐える仕組みは大きく分けて2種類ある。1つは、「素材」自体が耐える力（抵抗力）をもっている「量塊抵抗」であり、もう1つは、「素材」を2次元または3次元に組み上げた「形」で抵抗する「形態抵抗」である。

「量塊抵抗」の中には、摩擦、圧縮、引張り、せん断、曲げ、ねじりの6種類の荷重抵抗システムがあり、「形態抵抗」は部材配置の形態を利用した2次元または3次元による荷重抵抗システムである。この「形態抵抗」は、摩擦、圧縮、引張り、せん断、曲げ、ね

荷重［load］構造体が受ける力の総称。建築物に作用する荷重には、荷重の大きさや作用する位置が急激に変動することなく構造体に作用する「静荷重」と、風圧力や地震力により構造体に対して突然作用し、大きさと位置が急激に変化する「動荷重」とがある。

応力［stress］物体に力が作用すると同時に、物体の内部でその外力に抵抗する力が発生する物体内反力の総称。応力には、物体の形と物体に対する外力の方向により基本的に6種類あり、それらは摩擦、圧縮、引張り、せん断、曲げ、ねじりである。

外力［external force］供用期間（使用に提供できる期間）中にある建物に、建物自身の固定荷重（G）をはじめ、床の積載・機器荷重などの積載荷重（P）、積雪荷重（S）、風圧力（W）、地震力（K）などの付加荷重が作用する力。

表4　荷重に抵抗する「素材」の抵抗システム

量塊抵抗	① 摩擦抵抗	1）重力を利用
		2）プレストレスを利用
	② せん断抵抗	1）素材の純せん断（ずれようとする動き）で抵抗
		2）曲げを伴うせん断抵抗力を利用
	③ 圧縮抵抗	1）素材の圧縮抵抗力を利用
		2）局部のめり込み抵抗力を利用
	④ 引張り抵抗	1）素材の引張り抵抗力を利用
		2）局部の引き抜き抵抗力を利用
		3）局部の引き裂き抵抗力を利用
	⑤ 曲げ抵抗	1）単純曲げ抵抗力を利用
		2）せん断を伴う曲げ抵抗力を利用
		3）圧縮力とせん断力を伴う曲げ抵抗力を利用
		4）引張り力とせん断力を伴う曲げ抵抗力を利用
	⑥ ねじり抵抗	1）つり合いねじり抵抗力を利用
		2）変形適合ねじり抵抗力を利用
形態抵抗	⑦ 形態抵抗	1）圧縮形態抵抗力を利用
		2）引張り形態抵抗力を利用
		3）混合（ハイブリッド）形態抵抗力を利用

圧縮抵抗システム
（ネットの森、38ページ）

引張り抵抗システム
（新宮健康増進センター、100ページ）

ねじり抵抗システム
（苓北町民ホール、118ページ）

じりに対してはコンビネーションによる荷重抵抗のため、基本的に1種類と考える。つまり、「量塊抵抗」と「形態抵抗」を合わせて7つの抵抗システムがあるということになる。表4に、荷重に抵抗する「素材」の抵抗システムの概要を示す。

1-3-1　7つの荷重抵抗システム

摩擦抵抗

摩擦抵抗には、次の2種類の抵抗システムがある。

1）自然界の力（＝重力）を利用する方法

2）人工の力（＝プレストレス）を利用する方法

プレストレスによる摩擦抵抗は、プレストレスを導入する材である鉄筋等の材端に大きな支圧応力が発生する。したがって、この部分に「めり込み」等が生じないように支圧プレートを用いて力を分散する必要がある。

摩擦抵抗システムは、木材のような「比重$\gamma<1.0$」の構造素材を用いた摩擦抵抗方式の架構を組み上げるときは、プレストレス方式が効果的であり、重力式による場合は、「比重$\gamma>2.0$」の素材に適している。

摩擦抵抗を利用した例
（あぜくら山荘、42ページ）

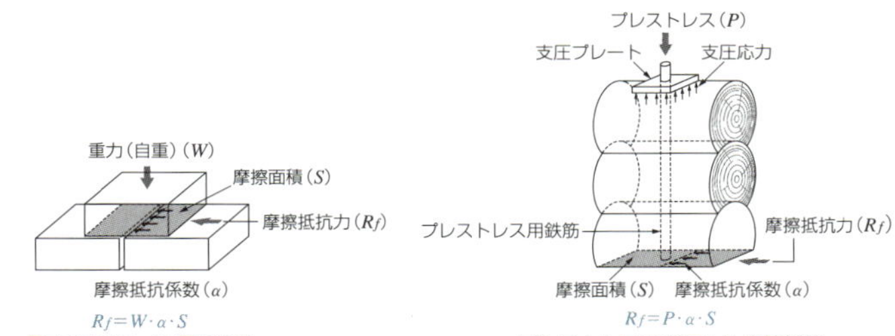

重力を利用した摩擦抵抗　　プレストレスを利用した摩擦抵抗

図7　摩擦抵抗システム

せん断抵抗

構造部材に力が働くとき、素材を構成する要素がずれようとする。この要素間のずれが生じないように抵抗するシステムを「せん断抵抗」と呼ぶ。

せん断抵抗には、次の2種類の抵抗システムがある。

1）素材の純せん断抵抗

2）曲げを伴うせん断抵抗

曲げを伴うせん断抵抗とは、せん断力が支配的な荷重状態で、かつ、曲げ抵抗の影響が少ない抵抗状態をいう。

図8の右図ようにスパンに対して径が十分に大きい場合、例えばスパンlが1mとしたとき、木材径dが$1m<d$のような状態になると、曲げを伴う（曲げがほとんど生じない）せん断抵抗となる。

せん断抵抗を利用した例
（水前寺江津湖公園・管理棟、64ページ）

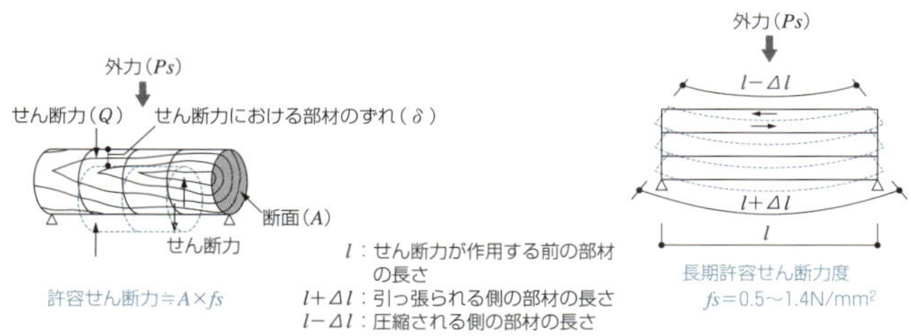

素材の純せん断抵抗　　曲げを伴うせん断抵抗

図8　せん断抵抗システム

圧縮抵抗

部材が縮みながら荷重または力（Pc）に抵抗することを「圧縮抵抗」と呼ぶ。

圧縮抵抗には、次の2種類の抵抗システムがある。

1）部材全体の圧縮抵抗

2）部材局部の圧縮抵抗（「めり込み抵抗」ともいう）

「木」は圧縮力に対して、力が部材全体に作用するときと局部に作用するときとでは耐力が異なる。木材は年輪という「節理」をもつ材料であるため、繊維方向と直交方向とで圧縮およびめり込み耐力が異なり、めり込み応力は部材の位置（中央部、端部）においても耐力が異なる。

座屈［buckling］細長い部材が材軸方向に圧縮力を受けるとき、その力がある値を超えると突然横方向にたわみ、圧縮力が低下する現象。

圧縮抵抗力は、材料の強さのほかに座屈現象で決まり、座屈は部材が長いほど、あるいは細いほど起こりやすい。

圧縮抵抗力（許容応力度）は、繊維と平行方向で1mm²当たり6～10N、直交方向では平行方向の12.5%の値となる。また、めり込みに対しては位置（中央部、端部）によって異なるが、約20～16%の値に耐える力となっている。

圧縮抵抗を利用した例
（よしの保育園、80ページ）

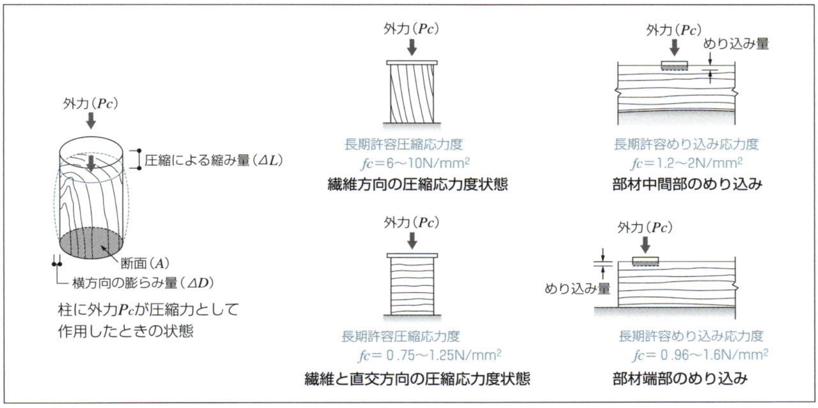

図9　圧縮抵抗システム

引張り抵抗

部材が伸びながら抵抗することを「引張り抵抗」と呼ぶ。

引張り抵抗には、次の3種類の抵抗システムがある。

1）部材全体の引張り抵抗

2）部材局部の引き抜き抵抗

3）部材局部の引き裂き抵抗

木材は、許容圧縮応力度（f_c＝6～12N/mm²）と許容引張り応力度（f_t＝7～13N/mm²）とがほぼ同じ値であるが、「引張り抵抗」に木材を使ったほうが約10%程度圧縮に比較して抵抗力がある。しかし、部材を支持する位置において発生するボルトの引張り抵抗やくぎの引き裂き抵抗に対して比較的小さい値となるため、接合には十分な検討が必要である。

一般的な部材の圧縮耐力と引張り耐力では、引張り耐力がやや小さく、許容引張り応力度は80%である。

f_t＝8N/mm²、f_c＝10N/mm²のベイマツで、断面積Aが$b \times D$＝100mm×100mmの引張り耐力および圧縮耐力は、以下の値である。

引張り耐力　$N_t = A \times f_t = (100 \times 100) \times 8 = 80{,}000\,[\mathrm{N}] = 80\,[\mathrm{kN}]$

圧縮耐力　$N_c = A \times f_c = (100 \times 100) \times 10 = 100{,}000\,[\mathrm{N}] = 100\,[\mathrm{kN}]$

すなわち、素材の許容耐力は上記のように断面積×許容応力度で算出できる。

引張り抵抗を利用した例
（廣池千九郎中津記念館、96ページ）

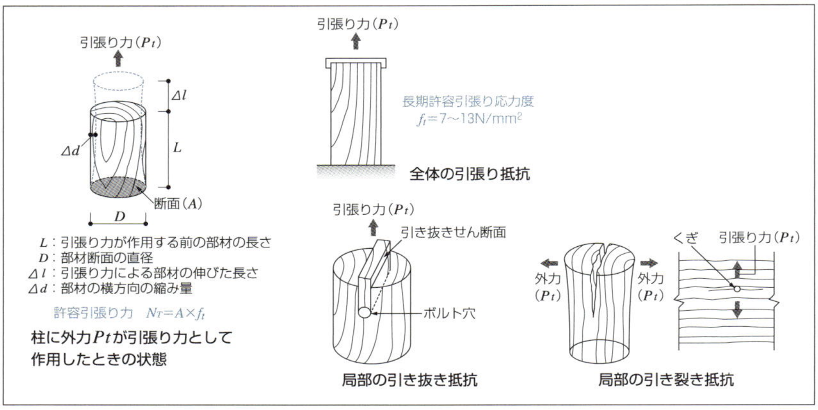

図10　引張り抵抗システム

曲げ抵抗

木材に曲げる力が働くとき、部材が曲がりながら抵抗することを「曲げ抵抗」と呼ぶ。

曲げモーメント（M）と断面係数（Z）と許容応力度（f_b）の関係

$M=Z\times f_b$

曲げモーメントが作用する抵抗システムは、次の4種類がある。

1）単純曲げ抵抗
2）せん断を伴う曲げ抵抗（木材を梁に使うとき）
3）圧縮力とせん断力を伴う曲げ抵抗（木材を柱に使うとき）
4）引張り力とせん断力を伴う曲げ抵抗（木材を柱に使うとき）

圧縮力を伴う場合、適度な場合は部材の耐力を上げるが、一般的には曲げ耐力は小さくなる。

直径20cmの丸太と一辺20cmの角材の曲げ耐力を比較する。

20cmの丸太　$Z_{\bigcirc}=\frac{\pi}{32}\times 20^3 ≒ 785$ [cm³] ≒ 7.85×10^5 [mm³]

20cmの角材　$Z_{\square}=\frac{1}{6}\times 20\times 20^2 ≒ 1{,}333$ [cm³] ≒ 13.33×10^5 [mm³]

ここで、木材の許容曲げ応力度f_b=10N/mm²とすると、

20cmの丸太の曲げ耐力　$M_{\bigcirc}=Z_{\bigcirc}\times f_b$=78,500 [cm³] = 7.85 [kN·m]

20cmの角材の曲げ耐力　$M_{\square}=Z_{\square}\times f_b$=133,300 [cm³] = 13.33 [kN·m]

となる。

したがって、20cmの角材のほうが約1.7倍の曲げ耐力があることがわかる。

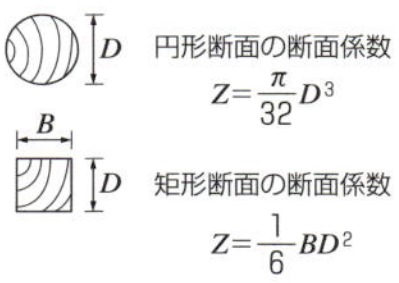

M：部材先端を曲げる力 [kN·m]
Z：断面係数と呼び曲げに抵抗する部材係数 [mm³]
δ：曲げる力による部材の変形量 [mm]

図11　円形・矩形の断面係数

曲げモーメント　⇨17ページ

許容応力度　⇨13ページ

曲げ抵抗を利用した例
（南三陸あさひ幼稚園、56ページ）

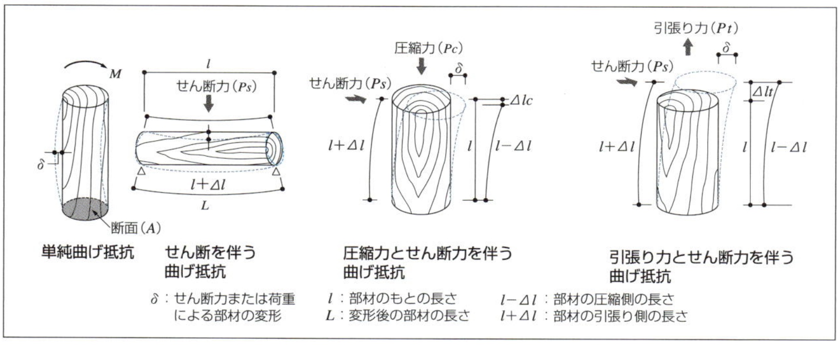

図12　曲げ抵抗システム

ねじり抵抗

木材の繊維方向の軸に関して部材が回転しようとする力が働くとき、部材がねじられる。このように部材がねじられながら抵抗するシステムを「ねじり抵抗」と呼ぶ。

ねじり抵抗を利用した例
（苓北町民ホール、118ページ）

偶力［couple of force］同一線上になく、互いに平行で反対向きの大きさが等しい2つの力が1つの物体に働くとき、この力の組をいう。

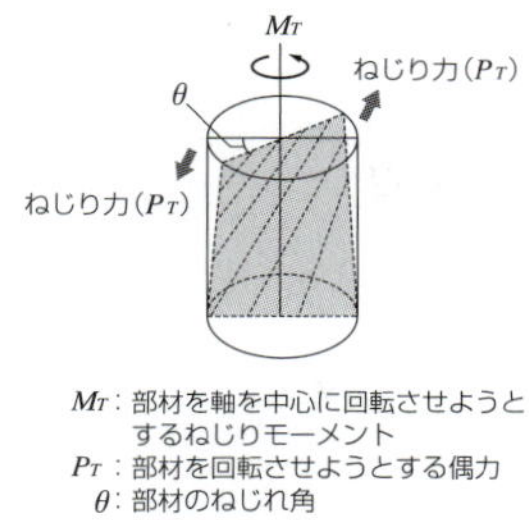

図13 ねじり抵抗システム

形態抵抗

アーチ構造、サスペンション構造、シェル構造のように、細い部材や薄い部材でライズ（高さ）やサグ（下がり量）の効果を利用し、軸力抵抗または軸力抵抗系に近い抵抗で荷重に抵抗するシステムを「形態抵抗」と呼ぶ。

軸力［axial force］断面の垂直方向に発生する応力で、圧縮応力と引張り応力の総称。「垂直応力」ともいう。

形態抵抗には、次の3種類の抵抗システムがある。

1）圧縮形態抵抗
2）引張り形態抵抗
3）自己つり合い形態抵抗

また、形態抵抗には、平面構造として空間をつくる平面的形態抵抗と、空間の立体効果で荷重に抵抗する立体的形態抵抗の2種類に分類する考え方もある。

引張り形態抵抗を利用した例
（甲斐東部材プレカット協同組合/プレカット工場、108ページ）

自己つり合い形態抵抗を利用した例
（新宮健康増進センター、100ページ）

等分布荷重 ⇨27ページ

ガウス曲率 ⇨30ページ

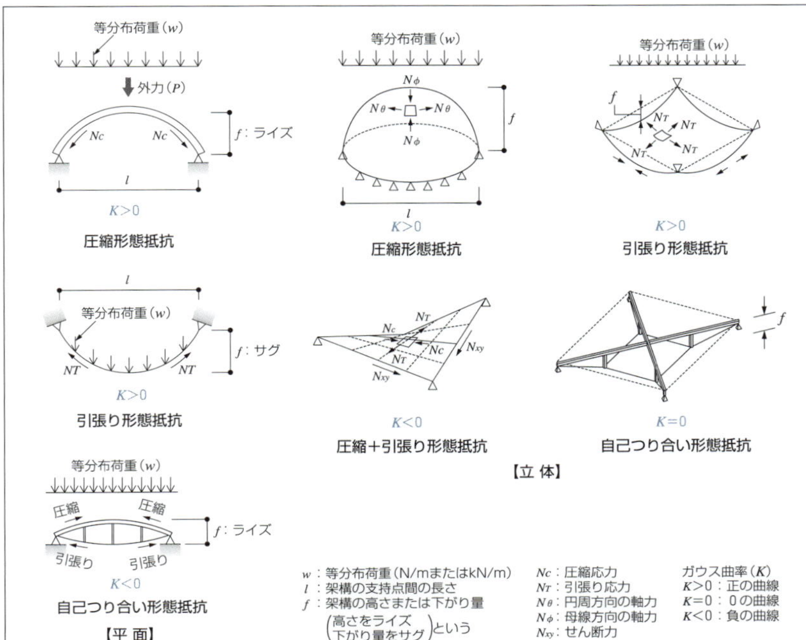

図14 形態抵抗システム

2-素材が働く20の骨格

2-1 素材と空間の骨格デザイン認識図

構造設計において一番大切なことは何か。それは「はじめに」にも記したとおり、素材の力と骨格（架構）の変形を理解することである。

空間の骨格デザインは、意匠の建築家が思い描く建築の空間を構造の建築家が認識し、その実現性について合意することから始まる。つまり、意匠の建築家によって選択された素材が、大きさや高さに対して100%の性能が発揮できるよう、構造計算や解析などによって検討を重ね、骨格のデザインを実現させるということである。その過程において、素材のもつ未知なる可能性を見出せたなら、それはまさにセレンディピティな仕事といえるだろう。

セレンディピティ　⇨16ページ

建築という「空間」に対して性質や性能を説明する場合、例えばその「空間」の「ボリューム（量塊感）」について相手に伝えるとしよう。その言い表し方はあくまでも建築家の感覚的なものであるため、感じとる側の認識は十人十色である。すると、そこには発信する側（建築家）と受ける側（建築主など）との間で多少の認識のずれが生じる。その認識のずれを生じさせることなく、骨格（架構）のデザインを51%以上の正当性をもって相手に伝える方法として示したのが「素材と空間の骨格デザイン認識図」である。この「素材と空間の骨格デザイン認識図」は、「素材と骨格（＝素形）」、「空間と骨格（＝架構）」、「骨格の荷重抵抗システム」の3つの要素を同時に認識することができ、定性的な表現によるものではなく、あくまでも定量的な表現として、しかもNon-verbal（非言語）の手法によって相手に伝えることが可能である。

建築構造デザインと「素材と空間の骨格デザイン認識関数」の関係　⇨11ページ

Non-verbal　⇨10ページ

2-1-1 「素材と空間の骨格デザイン認識図」の構成

「素材と空間の骨格デザイン認識図」は、建築に関して初学者であっても、その建物における「空間」と「骨格（架構）」に対するイメージが同時に実感できることが最大の利点である。それは、「空間」に対する開放率（開放的であるか閉鎖的であるかによって区分する）と「骨格（架構）」に対する量塊度（使用している部材が太い（厚い）か細い（薄い）かによって区分する）という2つの点に着目したものである（図1、2）。また、「素材と空間の骨格デザイン認識図」の開放率を0～100%、量塊度をⅠ～Ⅴとする区分については、建物への太陽光の入射量や建物スパンの大小という要素も加味したものとなっている。

「素材と空間の骨格デザイン認識図」は、まず空間の開放率を縦軸（y方向）に、骨格の量塊度を横軸（x方向）とするデカルト座標を作成することから始まる。開放率「100%」はOPEN（開放）であり、「0%」はCLOSE（閉鎖）である（図1）。また、量塊度「Ⅴ」はMASSIVE（太い・厚い）であり、「Ⅰ」はSLENDER（細い・薄い）である（図2）。デカルト座標の縦軸（y方向）と横軸（x方向）の交点は、開放率が「50%」で量塊度を「Ⅲ」とした。

デカルト座標は、自動的に第1象限から第4象限の4つのゾーンに区分され、空間の開放率に応じた骨格（架構）の量塊度は次のように認識できる（図3）。

①第1象限：開放的な空間を細い（薄い）部材でデザインできる骨格（架構）
②第2象限：開放的な空間を太い（厚い）部材でデザインできる骨格（架構）
③第3象限：閉鎖的な空間を太い（厚い）部材でデザインできる骨格（架構）
④第4象限：閉鎖的な空間を細い（薄い）部材でデザインできる骨格（架構）

デカルト座標［Cartesian coordination］座標とは、ある点の位置を明らかにするために与えられた数の組で、一般的に座標と呼ばれているものを「デカルト座標」または「直交直線座標」という。平面上では2つの実数の組によって、また、空間上では3つの実数の組によって点の位置が指定される。なお、「デカルト座標」は、フランスの哲学者、数学者、自然科学者であるデカルトによって座標の概念を確立したことにちなんだ呼び名である。

空間と骨格の相関関係（図4）

人類が鉄筋コンクリートや鋼材といった素材によって空間の骨格をつくり出す以前は、石や木が素材として用いられていた。

石によってつくられた空間の骨格でよく知られているのがギザのピラミッドである。ピラミッドは石による巨大な組積の建造物で、内部には小さな空間が存在している。

そして、組積から垂直方向に単純梁がある。石橋や丸太橋といった細長い巨石や丸太材を架け渡しただけの骨格が単純梁である。

単純梁の右、図の中央にはアーチがある。アーチは立体構造の原点ともいえ、石造アーチの誕生により、人類は遠い場所からでも水を引くことができるようになり（約2000年前、古代ローマ人によって建設されたフランスの水道橋であるポン・デュ・ガールがその例）、集落や都市の形成の源となった。古代ローマ人が石造技術で地中海一帯の統一を果たしたのも、アーチの築造に優れていたためである。

単純梁から垂直方向へ、キノコの形から考案されたフラットスラブの骨格へとつながる。フラットスラブから右下のドームにつながる骨格は、いわゆる建築の立体空間をつくる骨格である。

開放率50%の水平ラインに並ぶのが、平面フレームの連続でつくる床や屋根の骨格である。

さらに、単純梁を起点として結ばれている骨格は、右下に平板、右隣のトラスからはスペースフレーム（立体トラス）、折板と続く。

また、図4に示した20の空間の骨格は、歴史的な変遷としても捉えることができる。左下の組積から右上に向かう関係は、人類によって生み出されてきた古い空間の骨格から将来の空間の骨格へとつながっていることを示している。

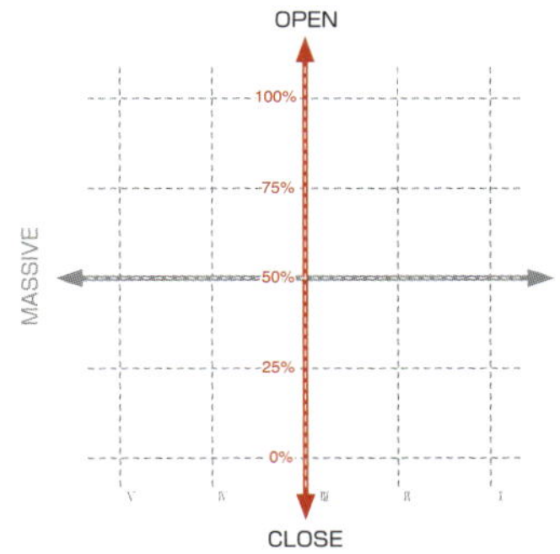

図1　空間の開放率

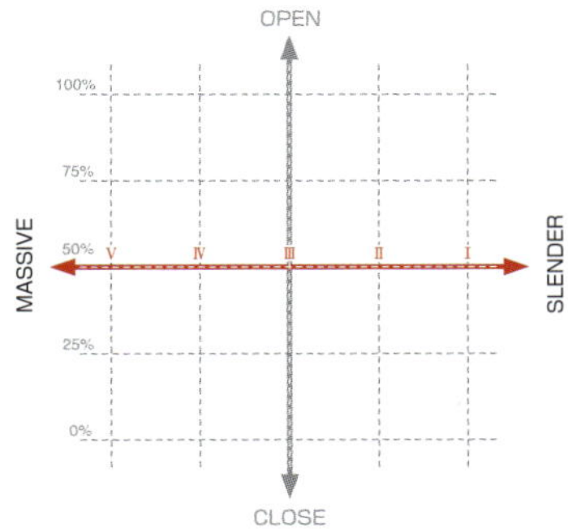

図2　骨格の量塊度

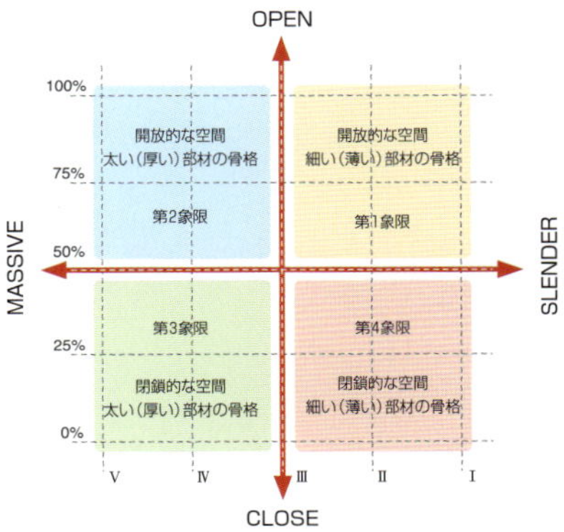

図3　空間の開放率＋骨格の量塊度

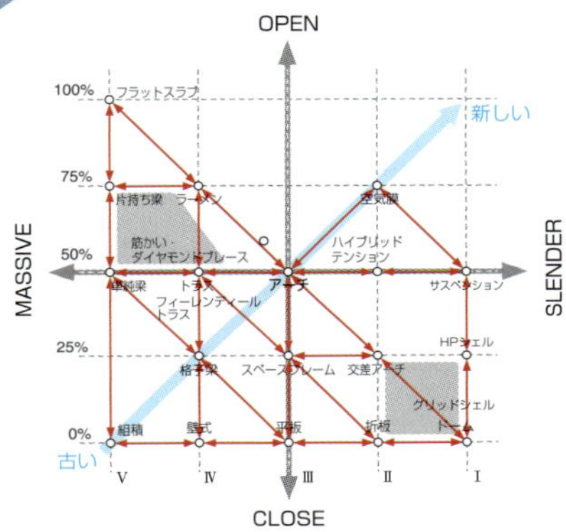

図4　空間と骨格の歴史的時間軸

さらに、この図は開放率と量塊度が理解できるだけでなく、「素材と空間の骨格デザイン」の歴史的な移り変わりも認識することができる。つまり、第1象限は、「新しい」空間の骨格デザインで、縦軸である開放率と横軸である量塊度との交点を中心にその反対側に位置する第3象限は、「古い」空間の骨格デザインとなる（図4）。

2-1-2　「素材と空間の骨格デザイン認識図」の中心に位置するアーチ

「素材と空間の骨格デザイン認識図」における縦軸（開放率）と横軸（量塊度）の交点（デカルト座標の中心）をなぜ「アーチ」にしたか。それは、建築（Architecture）は、アーチ（Arch）をつくることによって架構技術の進歩につながったと言っても過言ではないからである。まさにArch（アーチ）はArchitecture（建築）である。

アーチは、直線架構と曲面架構の中間に位置づけられるとともに、氷、石、レンガ、木、鋼材、鉄筋コンクリート、ガラス、化学繊維（空気膜構造）など、さまざまな素材でつくることができる骨格（架構）であることもその理由の一つである。立体の原点こそがアーチである。アーチを原点に位置づけると、デカルト座標の第1象限から第4象限のそれぞれの四隅は、第2象限はフラットスラブ、第3象限が組積、第4象限がドームとなり、そして第1象限がいまだ実現できていない未来の骨格（図6）として固定することができる。

空間における骨格は、基本的に立体構造である。平面フレームやアーチを連続的に用いることによってできる骨格もまた、縦軸（y方向）と横軸（x方向）で性格は異なるが、3

未来の空間の骨格①

未来の空間の骨格は、最も自然に必要な骨格である。「素材と空間の骨格デザイン認識図」では第1象限で、開放率70〜100%、量塊度Ⅰに位置する骨格を指す。氷や水、ガラス、噴水などといった素材による骨格（架構）で、いまだ実現されていない骨格（架構）を無限に想像することができる。

未来の空間の骨格②
ナイアガラの滝の裏側のような水による空間や、アイスドームやアイスストラクチャーといった氷の空間の骨格が、将来実現できるかもしれない。

図9 ナイアガラの滝／カナダ

図10 裏側から見たナイアガラの滝

図11 アイスストラクチャー（旭川冬まつり）

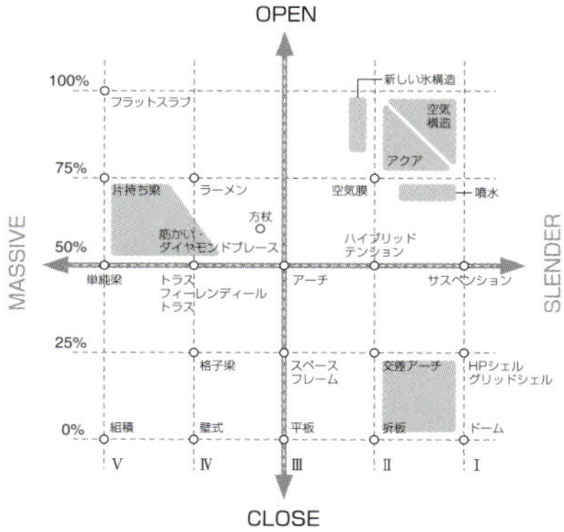

図5 空間の基本骨格

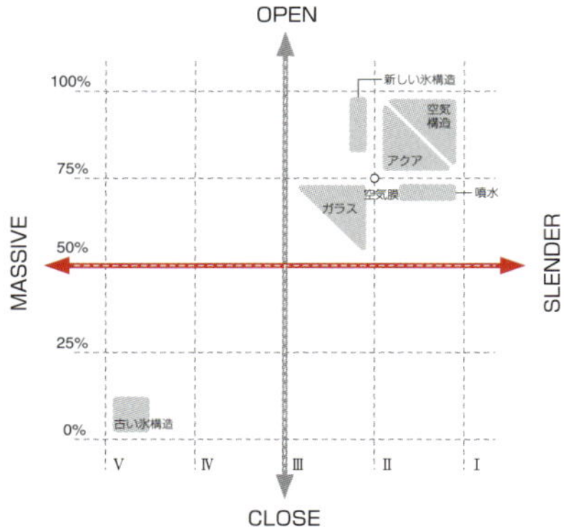

図6 機械の力を利用してできる基本的空間の骨格

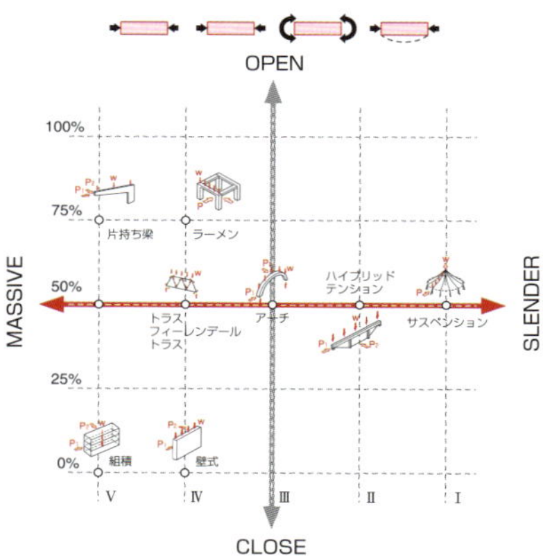

図7 線材の基本的空間の骨格

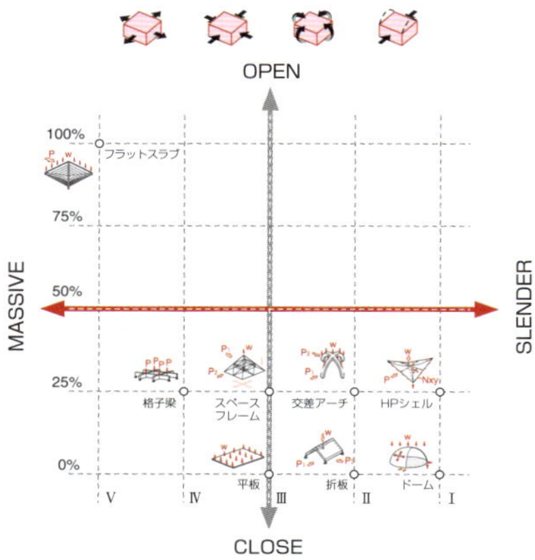

図8 面材の基本的空間の骨格

次元の立体構造となる（図5）。図7「線材の基本的空間の骨格」は、現在使用されている多様な平面フレームを、図8「面材の基本的空間の骨格」は、シェル構造やドーム構造、立体トラス構造、2方向平面を覆う格子梁構造、フラットスラブ構造を「素材と空間の骨格デザイン認識図」にそれぞれ落とし込んだものである。

なお、図8「面材の基本的空間の骨格」におけるフラットスラブ構造は、柱およびスラブに太くて厚い部材を使用するが、スラブを柱1本で支えるということから外部に対しては最も開放的と考えられ、第3象限で開放率100%、量塊度Vに位置している。

2-1-3 「素材と空間の骨格デザイン認識図」と荷重抵抗システム

7つの荷重抵抗システム
①摩擦抵抗システム
②せん断抵抗システム
③圧縮抵抗システム
④引張り抵抗システム
⑤曲げ抵抗システム
⑥ねじり抵抗システム
⑦形態抵抗システム

「素材」や「骨格（架構）」が荷重に抵抗するシステムが7つあることは19ページで解説したとおりであるが、「素材と空間の骨格デザイン認識図」では、空間をつくる20の基本骨格について空間と骨格の開放感や量塊感だけではなく、荷重に対する抵抗システムも同時に認識することができる（図12）。

「素材と空間の骨格デザイン認識図」では、素材と空間の骨格に対する荷重抵抗システムを色分けして表示している。「赤」の部分は軸力抵抗、「青」の部分は曲げ抵抗、「緑」の部分はせん断抵抗を示している。

FEM ⇨10、37ページ

また、本書の「II 素材が語る多様な木の空間」では、事例ごとに骨格や接合部にかかる静的な長期荷重や短期荷重、地震に対する応力および変位量を虹色で示した「FEM解析」として掲載した。

長期荷重［long time loading、sustained loading］固定荷重、積載荷重、あるいは豪雪地域においては積雪荷重を設計条件に応じて組み合わせた、長期間にわたって作用する荷重。

短期荷重［short time loading、temporary loading］構造物に一時的に作用する荷重。設計時に用いるもので、常に作用する固定荷重、積載荷重に、設計条件に応じた地震時、暴風時、積雪時の荷重を加えた荷重。

せん断抵抗　⇨20ページ
曲げ抵抗　⇨22ページ
軸力抵抗　⇨23ページ

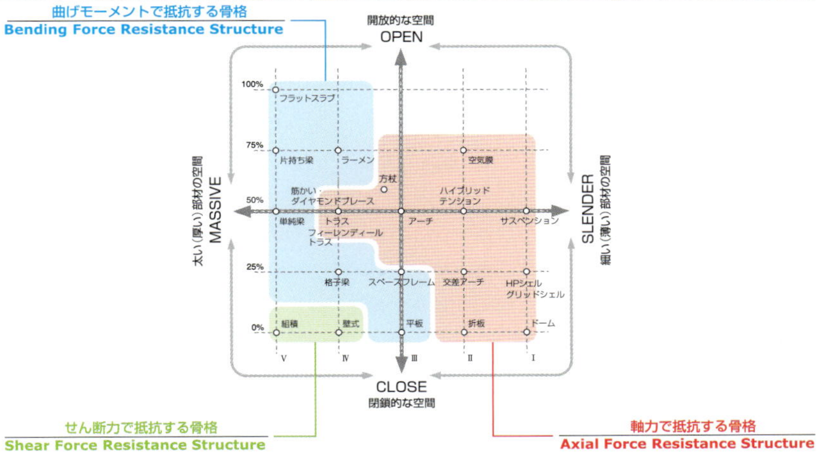

図12　基本的空間の骨格と抵抗システム

方杖（構造）
図13「空間をつくる20の基本骨格」には、世界中で使用されている方杖（構造）を省略してある。それは、方杖を構成する梁、斜め材、杭のうち、梁以外の「素材」は軸力（圧縮力と引張り力）によるつり合いであるため、外力（P）と内力の関係が幾何学的に理解できることによるものである。

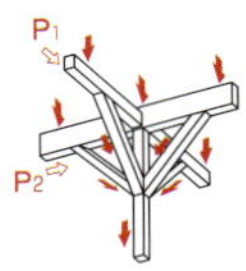

図14　方杖

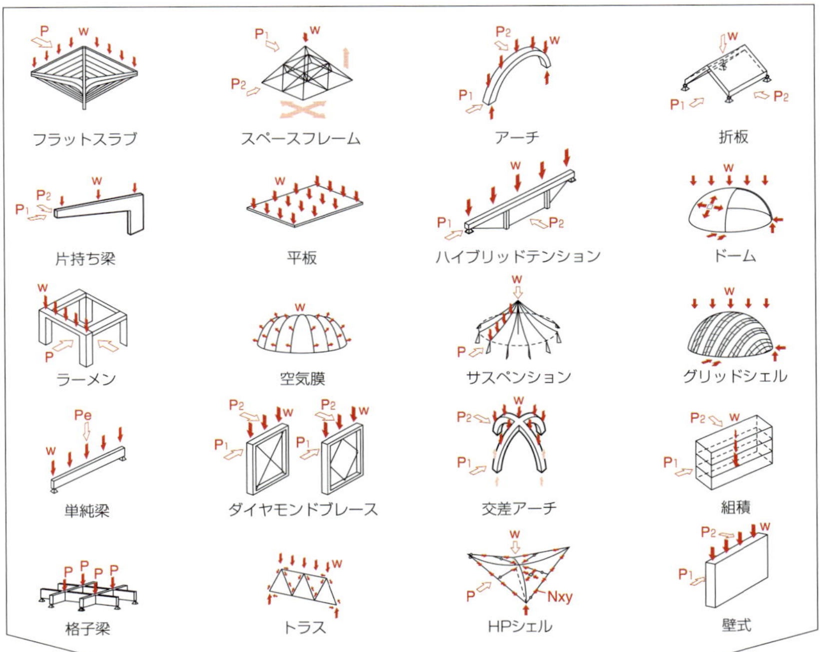

図13　空間をつくる20の基本骨格

P：集中荷重
w：等分布荷重
Nxy：境界のエッジ方向せん断力

集中荷重［concentrated load］構造物の応力解析を行うとき、部材の任意の点もしくは部材の集まる節点（骨組部材の接合点）に集中して作用する外力。例えば、トラス構造は外力が節点に集中して作用するものと仮定し、構造解析を行って各部材の応力および変形、支点反力を求める。

等分布荷重［uniformly distributed load］面あるいは線状に一様な分布で作用する荷重。線材であれば単位長さ、面材に対しては単位面積当たりの荷重が一様に分布している荷重。

外力　⇨19ページ

反力［reaction force］外力を受ける構造物や部材の支点に作用する力。

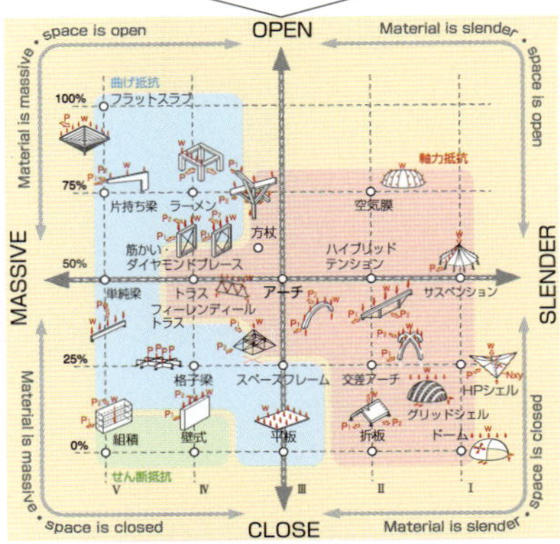

図15　素材と空間の骨格デザイン認識図

2-2 素材と骨格を結ぶ構造デザイン

骨格（架構）をデザインする場合、素材の基本形である素形の認識と素材の性質を理解することが重要である。この素形には、塊材、線材、面材の3種類がある。

①塊材は、材料の大きさ（小さい材、大きい材）を表し、塊で骨格を支える(屋根や床等)。

②線材は、材料の太さ（細い材、太い材）を表し、線で骨格を支える（柱や梁等）。

③面材は、材料の厚み（薄い材、厚い材）を表し、面で骨格を支える（壁や屋根等）。

建築に使用される、氷、石、レンガ、木、鋼材、鉄筋コンクリート、ガラス、化学繊維といった素材は、①塊材、②線材、③面材という3種類の素形のどれかに属しており、さらに5つのパターンに分類される（図17）。

つまり、石やレンガといった塊材は直線や曲線を構成し、木や鋼材といった線材は立体空間や離散系連続体曲面を構成し、鋼材や鉄筋コンクリート、ガラス、化学繊維（空気膜構造）といった面材は、風を受けるヨットの帆のように立体空間を構成している。

離散系連続体曲面　⇨31ページ

空気膜構造［pneumatic structure］気密性の高い膜材の内部に空気やヘリウムガスを注入し、膜材に張力を与えて曲面を構成する自立した構造。「エアサポーテッド構造」（一重膜）や空気膨張型の「エアビーム」（二重膜）、空気充填型の「エアクッション」（二重膜）がある。

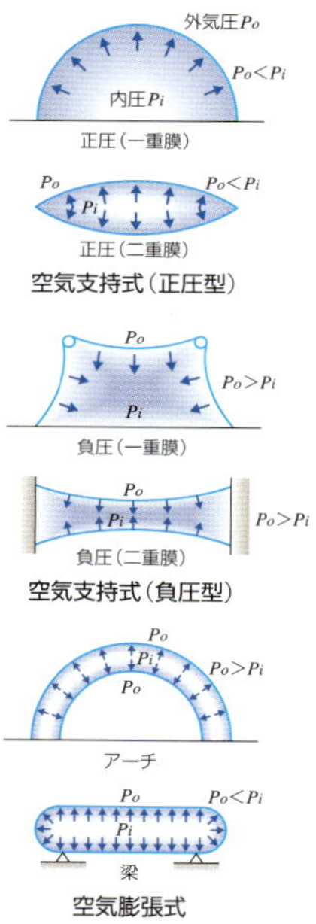

図16　空気膜構造

2-2-1　素材の素形と空間の骨格デザイン認識図

デザインするということは、「無」から「実像」を出現させるということで、たいへん難しい仕事である。しかし、通常行われている構造設計は、柱と梁、壁を立体的に組み上げる「ラーメン構造」か、あるいは「壁構造」が大部分を占めている。この2種類の空間の骨格が多用されているのには理由がある。それは、日頃から「素材」の性質や性能をていねいに分類、分析していないからである。つまり、「ラーメン構造」も「壁構造」も日本の伝統建築である木造の骨組である柱、梁に由来していること、さらには日本建築学会が骨格の基本形を、「素材」の性質、性能にかかわらず線材中心の設計方法を一般的な骨格と位置づけ、その解析方法を推奨してきたからである。

近年の建築は、住宅ひとつ取り上げても、日本の伝統文化ともいえる「木」を表現する

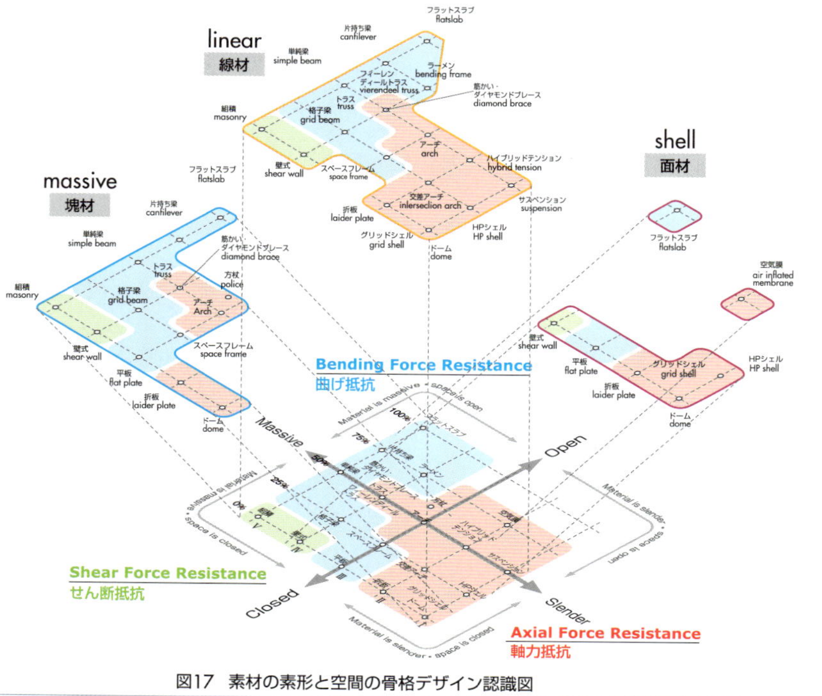

図17　素材の素形と空間の骨格デザイン認識図

ことがますます少なくなってきているように感じられる。私はこれまで、国内47都道府県すべての地域で住宅の設計に携わってきたが、これは誠に残念なことである。

本書で紹介する「木」の骨格デザインは、20種類余りの基本骨格を利用すれば、たとえ台風や地震に見舞われたとしても、十分な耐久性によって支える能力があると考えている。

なぜなら、「木」は素材の素形である塊材、線材、面材の3種類を兼ね備えた素材であるからである。

①木の塊材

校倉造、ログハウスに使用される。原木として、あるいは太い、または厚い素材で立体構造を構成する。荷重に対しておもにせん断力で抵抗する。

②木の線材

伝統木造、近代木造を問わず、細い材から太い材を用いて柱や梁による立体構造を構成する。荷重に対して曲げ、せん断、軸力で抵抗し、重力や台風、地震等による空間の損傷を防ぐ。

③木の面材

伝統木造においては、柱や梁で囲まれるおもに矩形のスペースに、土壁の下地材として組まれる小舞や貫、小幅板を連続して配置することによって、台風や地震時における柱や梁の補強として使用される。

現代の木造建築では、ベニヤ板や構造用合板、クロスラミネーティッドティンバー(CLT)、エンジニアードウッドのように、人工的に面材を準備し、壁や床に直接使用することで柱や梁を空間から取り除いた計画ができる。また、これらの材料は、輸送可能な大きさに工場で組み立てられるため、現場における組立時間の短縮が図れるというわけである。

塊材、線材、面材といった種類の異なる骨格において、それぞれの素形には荷重抵抗システムが働いていることがわかる(図18)。

空間をつくる20の基本骨格 ⇨27ページ

校倉造 ⇨42ページ
ログハウス ⇨42ページ

小舞(こまい)屋根や壁の下地として竹や細く削った木を縦横に細かく組んだもの。

貫 ⇨16ページ

クロスラミネーティッドティンバー[cross laminated timber]略称CLT。挽き板を並べた後、繊維方向が直交するように積層接着した木質系材料。厚みのある大きな板で、建築の構造材料のほか、土木用材、家具などにも使用される。

エンジニアードウッド[engineered wood]ある一定の強度性能を保証した木材製材品または製品の総称。

荷重抵抗システム ⇨19ページ

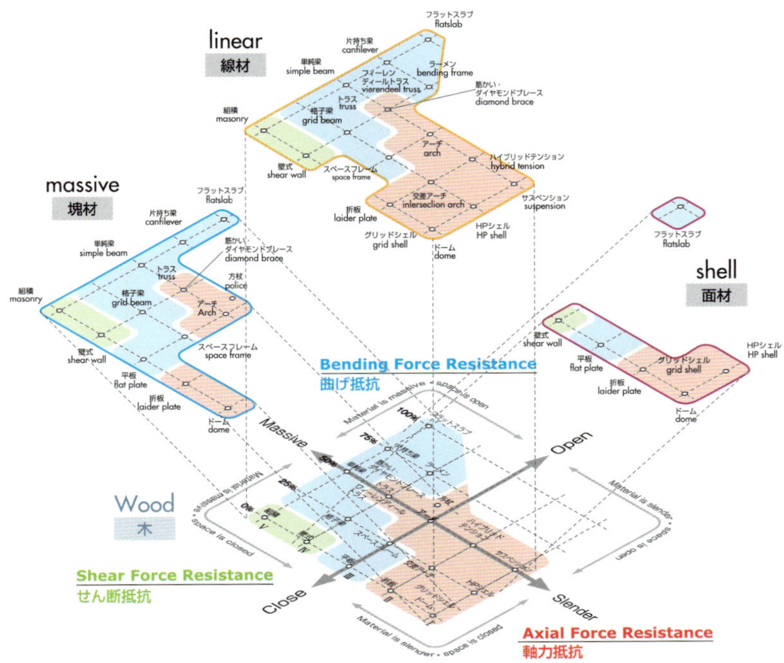

図18 素材が木の場合の素形と架構の関係

2-2-2　素材と架構を結ぶ空間の骨格デザイン認識図

離散系連続体曲面　⇨31ページ
空気膜構造　⇨28ページ

「素材と空間の骨格デザイン認識図」は、「素形」による分類のほかに、意匠設計者によって選択された「素材」に対し、適した「骨格（架構）」を認識することができる。「素材」が「木」や「鋼材」、「鉄筋コンクリート」の場合には、未開発である空気膜構造を除いてほとんどの架構が可能である（図19）。また、鋼材は線形の立体空間や離散系連続体曲面空間、石やガラスは線形の立体空間や曲面空間、化学繊維は立体空間（空気膜構造を含む）が可能である。

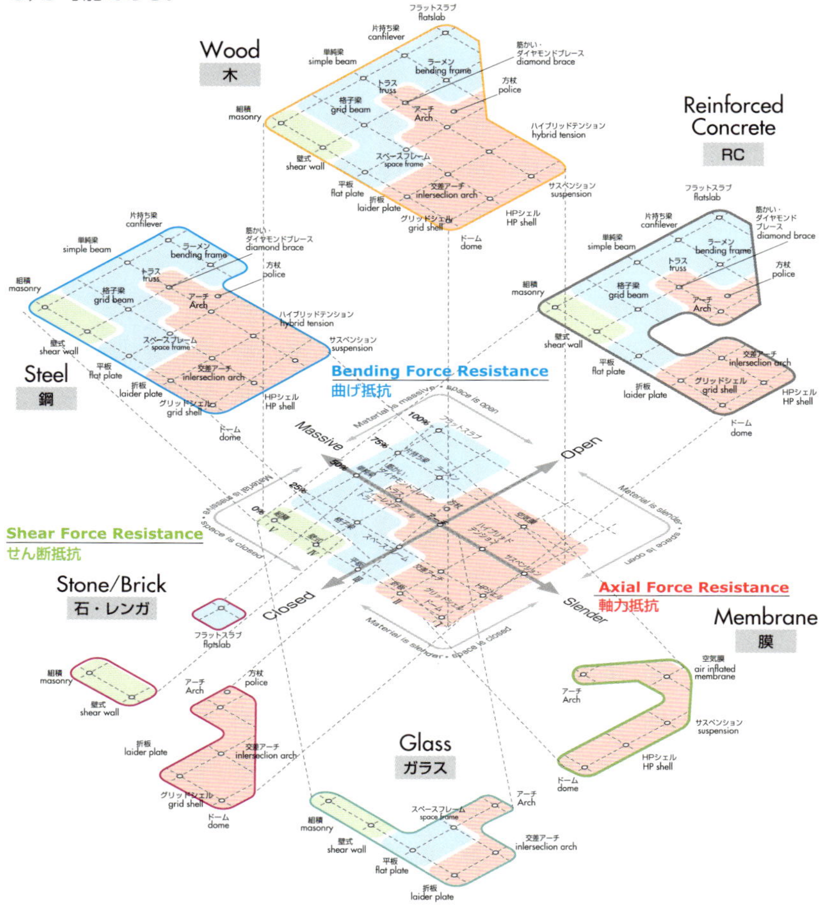

図19　素材と架構を結ぶ空間の骨格デザイン認識図

2-2-3　ガウス曲率と空間の骨格デザイン認識図

ガウス曲率

本章ではこれまで、空間の骨格デザインについての共通認識を図るため、世界の人との言葉の壁を乗り越える有効な方法（Non-verbal）として「素材と空間の骨格デザイン認識関数」および「素材と空間の骨格デザイン認識図」について説明してきたが、さらに、平面構造および曲面構造の幾何学的空間を認識する方法である「ガウス曲率と空間の骨格デザイン認識図」について解説する。

ガウス曲率（K）は、1827年、ドイツの数学者であるカール・フリードリッヒ・ガウス（Carl Friedrich Gauss）により発表された、曲面を数式によって定義する関数である。例えばドームなどの曲面形状の曲がり度合いを曲率とした場合、最大曲率と最小曲率との積で表し、正のガウス曲率（$K>0$）には球形曲面など、負のガウス曲率（$K<0$）には鞍型、HP曲面、ホルン曲面など、零（0）のガウス曲率（$K=0$）には円筒型、円錐型

曲率［curvature］曲線や曲面がどれだけ曲がっているかを表す量のこと。

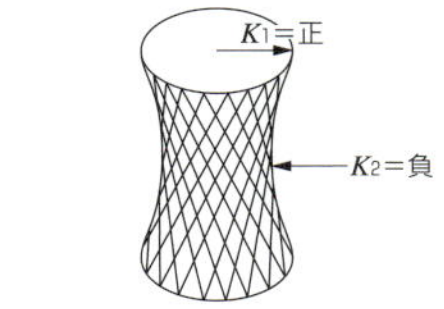

$K<0$
曲率の中心が曲面の反対にある
「負」の曲面

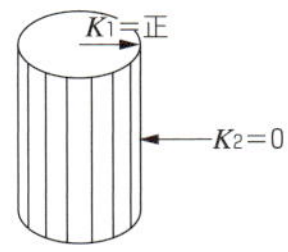

$K=0$
曲率の中心が曲面上にある
「0」の曲面

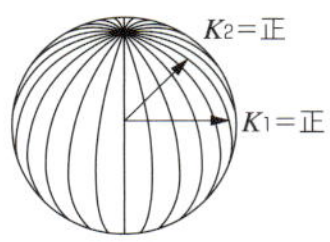

$K>0$
曲率の中心が曲面の同じ側にある
「正」の曲面

図20　曲面の分類

HP曲面 [hyperbolic paraboloid curved surface] 双曲放物面とも呼ばれ、直線によって曲面を構成することができる。

コノイド [conoid] 円錐曲線体とも呼ばれ、頂点を通る鉛直線を軸に傾斜直線を回転させてできる曲面のこと。頂点に線を伸ばして対辺の円と直線で結ぶ曲面もコノイドの一つで、一辺が直線、他辺が曲線を結ぶ屋根に用いられる。例として、鉄筋コンクリートの屋根ではあるが、エーロ・サーリネンが設計したジョン・F・ケネディ国際空港のTWAターミナルビルがある。

などがある(図21)。

つまり、ガウス曲率(K)は、

$$K=k1\cdot k2$$

と定義され、$k1$、$k2$はおのおののある点の主曲率である。

曲面にはさまざまな形状があるが、ガウスの定義により分類整理したものが図20である。また、図21より、

①両方向に曲がっている曲線で構成する曲面($K<0$:負の曲面)
②断面が円でその他の面が直線で構成する曲面($K=0$:0の曲面)
③同じ方向に曲がっている曲線で構成する曲面($K>0$:正の曲面)

ということを知ることができ、この認識から直線で空間の骨格デザインが可能なHP曲面、コノイド、円錐、ドームという曲面を建物の設計に応用することが可能となる。

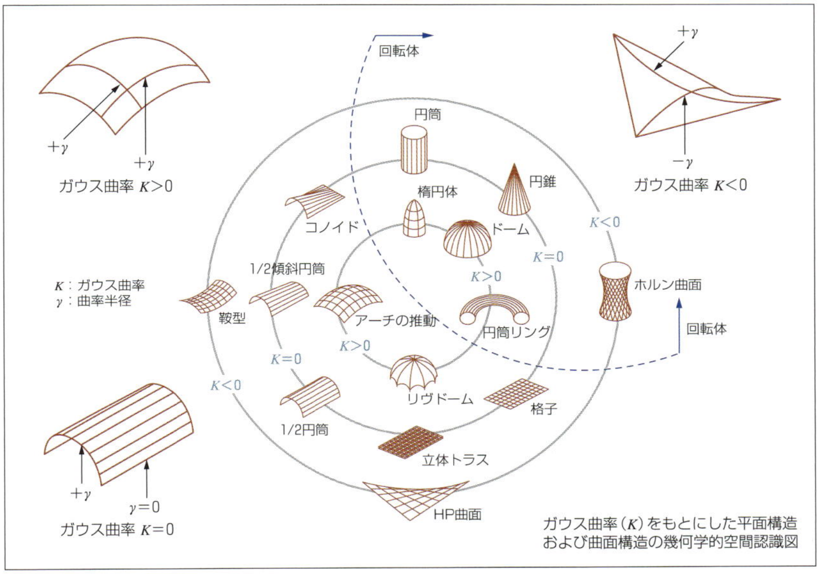

図21　ガウス曲率と空間の骨格デザイン認識図

空間と骨格デザインへの応用

ガウス曲率に基づいた曲面の分類が理解できれば、任意曲面や自然界の曲面とは異なる幾何学、つまり立体幾何学の理解にもつながり、点対称、線対称といった回転体も容易に分類することができる。また、直線であっても曲面(多面体を含む)というような複雑な空間の骨格デザインの実現が可能となる。視点を変えれば、今日のコンピュータ時代において多様な形の解析が簡単にできることから、ガウス曲率の$K<0$(負の曲面)、$K=0$(0の曲面)、$K>0$(正の曲面)を理解することによって、形とその形に働く力の関係を分類し、さらに分析を行うことができる。

空間を構成する平面版や曲面版は、その骨格の違いによって分類、認識する方法が一般的である。木や鋼材という線材で構成する平面板や曲面板は、比較的短い部材を組み合わせ、多角形や曲線形によって曲面の骨格を構成する。平面板や曲面板の立体トラス構造や格子曲面がその代表例である。

それらの骨格は、その断面を見れば部材と部材はつながってはいないが、力の流れは構成部材の接点を介して伝達される。このような曲面構造を「離散系連続体曲面(非連続曲面)」と呼ぶ。一方、コンクリート系部材で構成する曲面は、曲面の断面も不連続ではないため、この立体曲面構造や平面曲面構造を連続系曲面と呼ぶ。

$K>0$　ドーム

$K=0$　3/4円筒

$K<0$　HP曲面

図22　曲面構造

3-素材と骨格の仕事量

3-1 素材と空間の骨格エネルギー関数

耐力［strength］構造物や部材が荷重・外力に抵抗する能力の最大値。作用する力の種類には、引張り力、圧縮強度、曲げ強度、せん断強度、コンクリートのクリープ強度、鋼材の降伏強度（素材に力を加え続けていくうちに素材が力に抵抗できなくなる強度）、座屈強度などがある。特に、降伏や破断することなく高い応力に耐えられる力。「強度」ともいう。

建物の本当の耐力、寿命を検証するには、実施設計図面と完成設計図面（引渡し図面）を比較する必要がある。残念ながら、すでに建っているすべての建物を、構造的な効率を振り返って査定するシステムやプログラムは存在しない。

そこで、これまで私が携わった国内外2500のプロジェクトより、骨格を支える「素材」と「骨格（架構）」の積算データを基に研究、解析を重ねた結果、「素材と空間の骨格エネルギー関数（*Ess*）」として、建物の構造的性能効率（素材が空間の骨格に働く仕事量）を認識するためのシステムを構築することができた。

3-1-1 素材と空間の骨格エネルギー関数（*Ess*）

「素材と空間の骨格エネルギー関数（*Ess*）」は、アインシュタイン（Albert Einstein）の特殊相対性理論によって導きだされた$E=mc^2$という式に着目したもので、「質量とエネルギーは等価である」という理論によって、質量をエネルギーに換算する関数として考えたものである。

すなわち、エネルギーは、

エネルギー（E）＝質量（m）×光束（c^2）

で表すことができ、1gの質量をエネルギーに換算すると以下のようになる。

$E=mc^2$＝0.001［kg］×300,000,000［m/s］×300,000,000［m/s］

＝90,000,000,000,000［kg·m^2/s^2］

＝90,000,000,000,000［J］

ジュール［J］ 質量1kgの物体を1m/s^2の加速度を与えながら1m動かすために必要なエネルギー。1J＝1kg·m·m/s^2＝1kg·m^2/s^2

ヤング係数 ⇨11ページ

また、素材固有のヤング係数E［kN/m^2］と素材$1m^3$の体積を考えると、この2つを乗じることによってその単位はkNm＝Jとなり、素材固有の単位体積当たりのエネルギーが認識できるというわけである。

よって、「素材と空間の骨格エネルギー関数（*Ess*）」は以下の式によって求めることができる。

$$Ess = \sum_{n=1}^{n} mEn \times mVn$$

Ess：素材と空間の骨格エネルギー［kNm＝J］
E：素材のヤング係数［kN/m^2］
m：各種素材
V：素材の使用量（体積）［m^3］
n：異なる素材数

図1 素材と空間の骨格エネルギー関数（*Ess*）

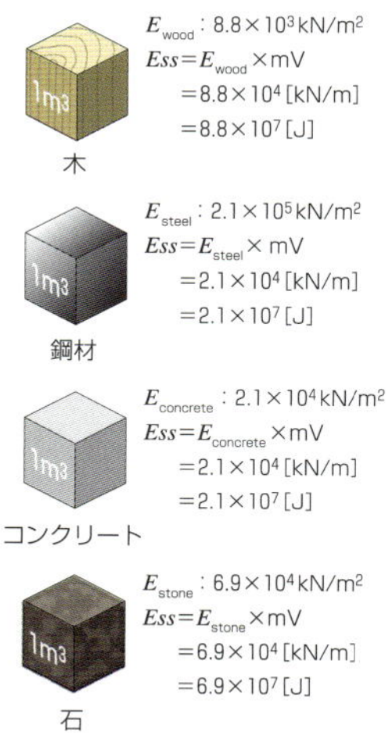

図2 素材のエネルギー比較

この「素材と空間の骨格エネルギー関数（*Ess*）」は、「素材」という建物の最小単位のユニットを基準としているため、「素材」はもちろんのこと、時代や建物の規模、荷重システムが異なる建物どうしでの比較が可能である。さらに、この関数は建物が放出するCO_2の計算も可能である。そのため、「素材と空間の骨格エネルギー関数（*Ess*）」によって導き出される値から建物を分析することによって、環境に配慮した建築を目指すのにも有効な検証システムといえる。

3-1-2　素材と空間の骨格エネルギーとCO_2放出効率

「素材と空間の骨格エネルギー関数（*Ess*）」によって導き出された建物に働くエネルギー量と、対象とする建物の特徴を示す5つの仕事量（空間体積、建築面積、空間延べ床面積、最大スパン、最高高さ）とCO_2放出効率を同時に表現したヘキサゴンダイアグラムを活用することによって、より具体的に建物の構造的性能効率の比較ができる。

ヘキサゴンダイアグラムの特徴は、以下のとおりである。

①時代と素材を超えて建物の比較が可能

②骨格の抵抗システムにおける素材の効率が比較できる

③素材と規模が異なる建物の比較が可能

ヘキサゴンダイアグラム（「素材と空間の骨格エネルギーとCO_2放出効率」）に示した各項目の仕事量を「*Ess*（素材と空間の骨格エネルギー）」で割ると、「素材」に対する仕事量が定量的に認識できる。この仕事量に対する関数は、「素材」の量が多数であっても使用することができ、それらを無次元化することによって、異種素材や時代を超えて「素材」の仕事の比較が可能となる。さらに、CO_2放出効率の比較もできる優れたダイアグラムとなっている。

なお、ヘキサゴンダイアグラム（図3）を作成するに当たっての基礎データは、126〜127ページに収録している。

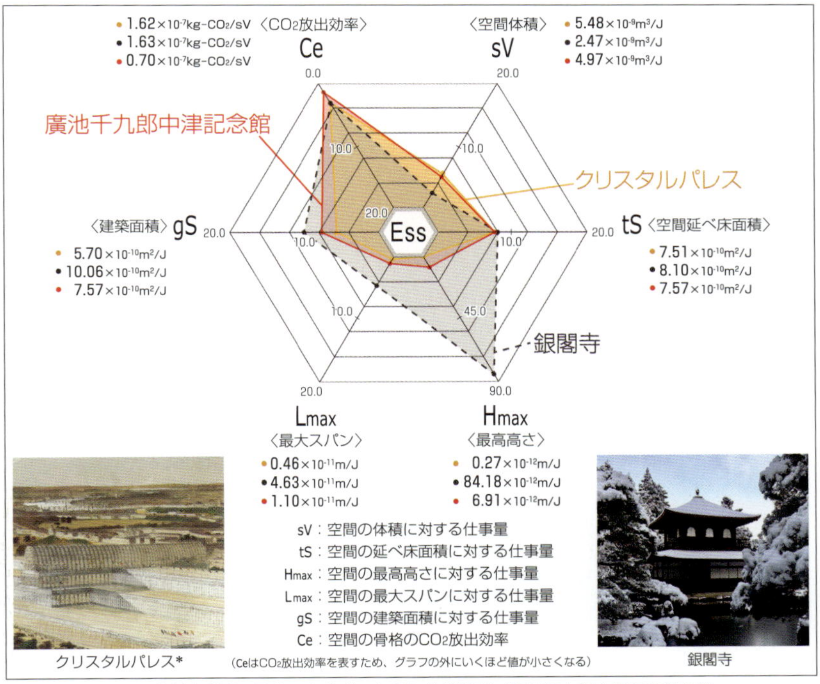

図3　素材と空間の骨格エネルギーとCO_2放出効率／廣池千九郎中津記念館の例

3-1-3　ヘキサゴンダイアグラムの見方

21世紀に入り、CO_2削減への取組みがより一層求められ、建設業界でもこうした課題に対するさまざまな活動が行われている。ここで紹介しているヘキサゴンダイアグラムも、こうした取組みに対する指針となるNon-verbalな手法の一つである。建物に使われている「素材」1m³当たりの体積を利用してエネルギー量を算出すると、「素材」のエネルギーが空間構成にいかに寄与しているかを知ることができる。すなわち、ヘキサゴンダイアグラムの面積が大きいほど、素材効率やCO_2放出効率に優れていることを示している。

CO_2放出効率
建築物全体を構成している素材のCO_2放出量を算出した値を空間体積で除したもので、建物の空間体積当たりのCO_2放出量を「CO_2放出効率」と定義している。

ヘキサゴンダイアグラム
[Hexagon Diagram]
本書の「Ⅱ 素材が語る多様な木の空間」には、これまで手がけてきた2500のプロジェクトの中から、22の木造の建物事例を紹介している。これらの事例すべてにヘキサゴンダイアグラムを掲載している。
ヘキサゴンダイアグラムには、空間体積、建築面積、空間延べ床面積、最大スパン、最高高さ、各事例のCO_2放出効率という6つのパラメータを表示し、この6つの点と点を結んでできる面積の大きさから、空間の骨格エネルギー効率がどの程度であるのかが認識できる仕組みになっている（面積が大きいほど素材と空間の骨格エネルギー効率が良いと判断できる）。
しかし、当該事例における空間の骨格エネルギー効率を客観的に把握するためには、比較対象となる建物が必要であることから、海外と国内から1例ずつ選び出した。海外からはクリスタルパレス（ロンドン）で、国内からは銀閣寺である。この2例を選んだ理由については、資料[3]を参照のこと。

資料[3]　⇨128ページ

Non-verbal　⇨10ページ

＊参考　MCKEAN, John: Crystal Palace: Joseph Paxton and Charles Fox. London 1994: Phaidon Press.

Material speaks

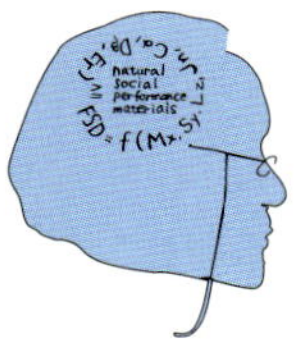

[II]
素材が語る多様な木の空間

0–素材が語る22の建築構造デザイン 22 Structural Types

1 木で可能な22の建築構造デザイン

本章では、「I すべては素材から始まる」の内容を踏まえ、これまで手がけた国内外2500のプロジェクトの中から、基本的な架構をベースに独創的な発想を取り入れた国内の22の木造の建物について、素材と空間の骨格デザイン（構造概要）、FEM解析、ヘキサゴンダイアグラム、外科医的建築家のアイディア等を紹介する。

1 ネットの森
組積造

2 しずおか国際園芸博覧会・中央管理棟
巨大壁構造

3 大原山七福天寺・本堂
V字柱構造

4 せせらぎのほとりの家
和風軸組構造

5 南三陸あさひ幼稚園
貫構造

6 住吉のゲストハウス
ダイヤモンドブレース構造

7 水前寺江津湖公園・管理棟
単純支持梁構造

8 KEL軽井沢山荘
格子梁構造

9 今井病院付属託児所
アーチ構造

10 川上村林業総合センター・森の交流館
フラットスラブ構造

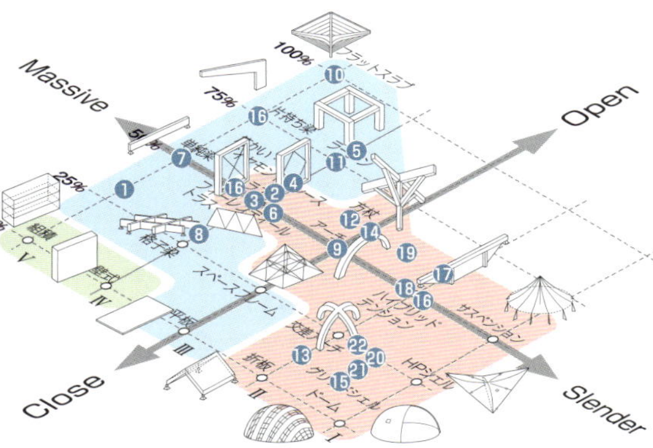

11 南三陸あさひ幼稚園（増築）
ラーメン構造

12 よしの保育園
3方向方杖構造

13 ヘルスピア白根
折板構造

14 うつくしま未来博・21世紀建設館
ツリー構造

15 今井篤記念体育館
ドーム構造

16 廣池千九郎中津記念館
切妻型サスペンションユニット構造

17 新宮健康増進センター
サスペンアーチ構造

18 引本小学校・屋内運動場
切妻型ハイブリッドテンショントラス構造

19 甲斐東部材プレカット協同組合/プレカット工場
ハイブリッドワーレントラス構造

20 甲斐東部材製材工場協同組合/製材工場
木造格子シェル構造

21 尾道市しまなみ交流館
木造格子シェル構造

22 苓北町民ホール
HPシェル壁構造

（Photo：①⑤⑫Katsuhisa Kida／FOTOTECA、④O.MURAI、⑨⑮Hiroyuki Hirai、⑩石黒守、㉒DAICI ANO）

2 本章の構成と見方

本章で紹介する22の木造の建物は、1事例当たり2～6ページでまとめ、次のような構成とした。

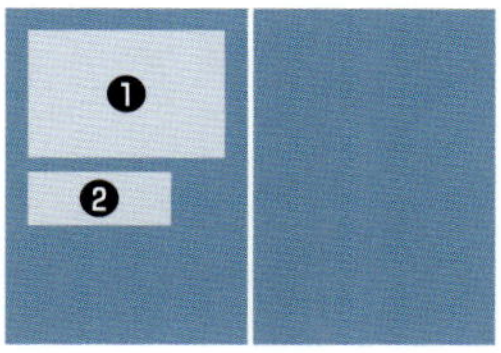

❶構造名・建物名

事例ごとに主構造の名称とその英語表記、メイン写真内にはPROFILEとして建物名、竣工年、所在地を記載した。

❷CONCEPT（素材と空間を結ぶ）

当該建物に求められた性能や安全性を確保するために採用した手法と、自然条件、環境条件、社会条件など、空間の骨格を実現させるために満たすべき条件を記載した。

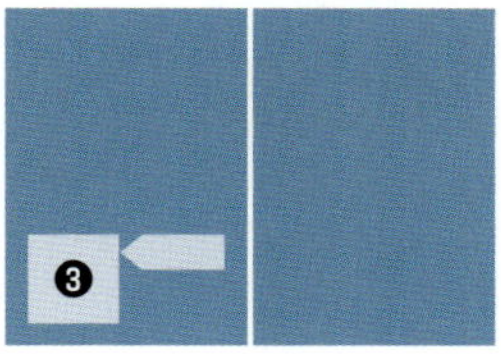

❸素材と空間と荷重抵抗（素材と空間の骨格デザイン認識図）

24ページで解説した「素材と空間の骨格デザイン認識図」に、当該建物の「開放率」と「量塊度」がわかるようその位置（★印）を示すとともに、空間の骨格に働く荷重の抵抗システムについて解説した。

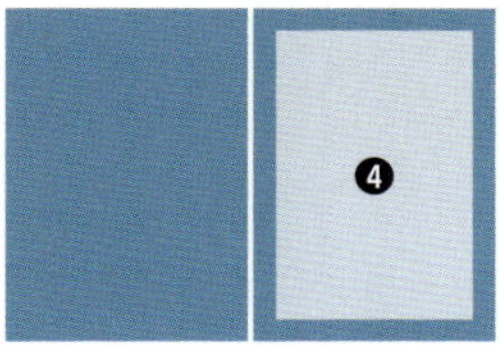

❹素材と空間の骨格デザイン

事例ごとに「基礎形式」をはじめ、空間の骨格を構成する主構造の概要をわかりやすく図解するとともに、建物の寿命にも影響を与える部材の接合方法も解説した。

また、当該事例のほかに、同じ構造形式を用いた事例がある場合には、「素材と空間の骨格デザイン（2）」として紹介した。

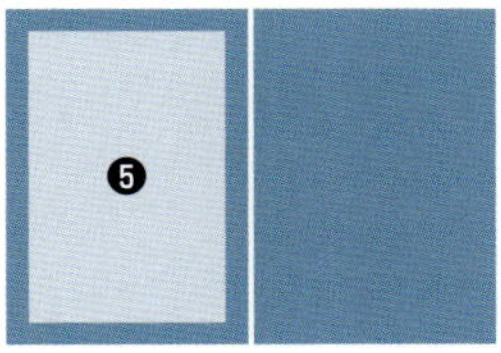

❺FEM解析（虹色で示す力の分布）

空間の骨格と接合部にかかる静的な長期荷重や短期荷重、地震に対する応力および変位量について、コンピュータによって解析した結果を掲載した。

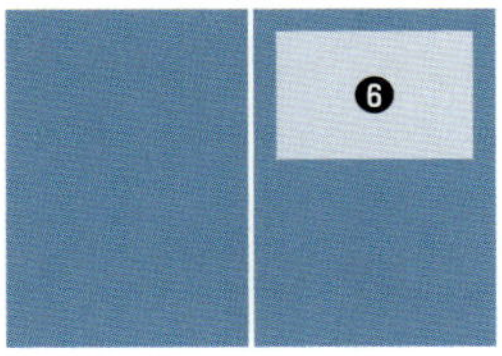

❻ヘキサゴンダイアグラム／作成用基礎データ（資料［2］参照）

No.	プロジェクト	木 mV [m³]	木 ヤング係数 [N/mm²]	…	CO₂放出量 Ce [kg-CO₂]	素材と空間の骨格エネルギー量 Ess [J]	仕事量 空間体積 sV / Ess [m³/J]	仕事量 空間延べ床面積 tS / Ess [m²/J]	仕事量 最高高さ Hmax / Ess [m/J]	仕事量 最大スパン Lmax / Ess [m/J]	仕事量 建築面積 gS / Ess [m²/J]	CO₂放出効率 Ce / sV [kg-CO₂/m³]
	ネットの森	303.0	12000	6.7	11.29×10^{-4}	36.65×10^{11}	0.65×10^{-9}	1.44×10^{-10}	3.27×10^{-12}	0.63×10^{-11}	1.44×10^{-10}	4.73×10^{-7}
1	新ネットの森	403.0	12000	6.7	14.92×10^{-4}	48.65×10^{11}	0.49×10^{-9}	1.09×10^{-10}	2.47×10^{-12}	0.47×10^{-11}	1.09×10^{-10}	6.25×10^{-7}
	あぜくら山荘	100.0	10000	6.7	3.63×10^{-4}	10.00×10^{11}	1.41×10^{-9}	4.87×10^{-10}	7.00×10^{-12}	2.50×10^{-11}	2.68×10^{-10}	2.57×10^{-7}
2	しずおか国際園芸博覧会	73.7	12000	6.7	12.91×10^{-4}	19.59×10^{11}	1.63×10^{-9}	3.52×10^{-10}	5.61×10^{-12}	0.85×10^{-11}	3.52×10^{-10}	4.05×10^{-7}

32ページで解説した「素材と空間のエネルギー関数」によって導き出された「素材と空間の骨格エネルギー（*Ess*）」と「素材（木）の部材量（体積、ヤング係数）」を基に、当該建物の空間体積、建築面積、空間延べ床面積、最大スパン、最高高さの5項目に対する仕事量と、単位体積当たりのCO_2放出効率を計算したものを2次元の幾何学モデル（ヘキサゴンダイアグラム）として表示した。

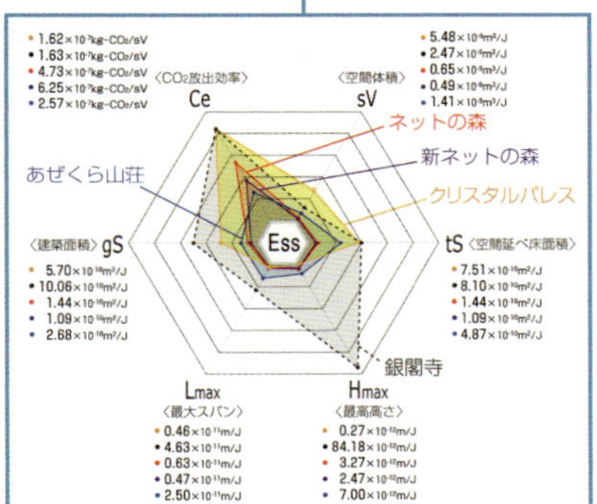

素材と空間の骨格エネルギーとCO_2放出効率

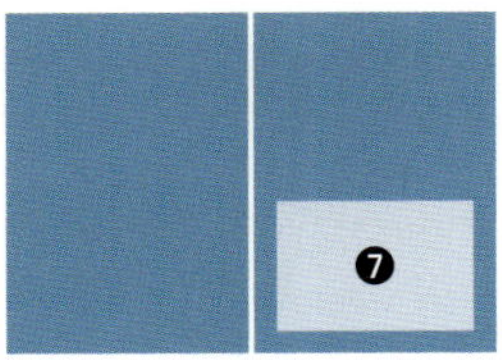

❼外科医的建築家のアイディア

「木」の性質が生きるデザインが完成したとき、長寿命の建築空間をつくることが可能となる。「素材と空間の骨格デザイン認識図」や「素材と空間の骨格エネルギー関数」によって得られた情報を踏まえ、従来の木造の架構方法はもちろんのこと、異種素材と組み合わせたハイブリッド構造、独自に開発した接合方法など、要求される性能以上の骨格をつくるためのさまざまなアイディアを紹介している。

用語解説等について

紙面左欄には、本文中に出てきた建築の基本用語の解説と、図表および難解な事項の補足説明、さらに38ページ以降の22の事例で、基本的構造形式のものについては、各事例の最初のページ欄外下部にその解説を記した。

1-組積造

Timber Beam Masonry

Photo：Katsuhisa Kida／FOTOTECA

PROFILE
名　称　ネットの森
（彫刻の森美術館）
竣工年　2009年
所在地　神奈川県足柄郡箱根町

CONCEPT

1. 同時に80人の子どもたちが遊べる巨大ネットアート（張力構造）を包み込むように骨太の木を使って組み上げる組積造とするが、開放的な空間を実現させる。
2. 箱根の自然の中に立地する箱根彫刻の森美術館の展示作品の一つとして、背景の箱根の山々に溶け込むような骨格にする。
3. 風や自然を適度に感じることができ、子どもがのびのびと自由に動ける空間とする。
4. 組積ビームドーム、張力ネット、テントの力学的融合を視覚的に演出する。
5. 制振性、耐荷重抵抗性に優れた骨格とするため、3種類の接合方法を開発する。

素材と空間を結ぶ

LOCATION

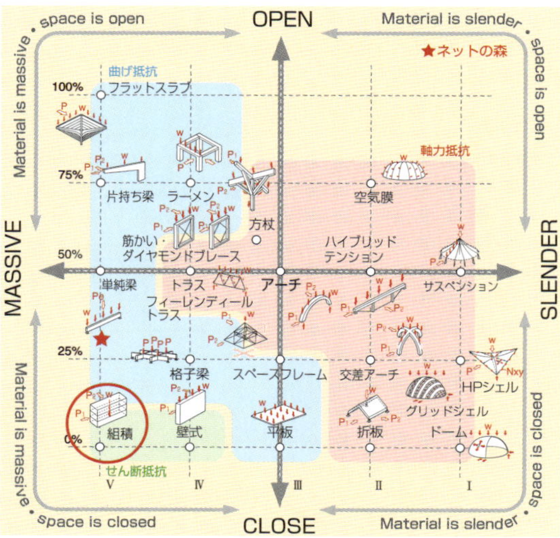

素材と空間の骨格デザイン認識図

素材と空間と荷重抵抗

構造的空間認識は、認識図上第3象限、開放率30%、量塊度Vに位置する。

この組積ビームドームでは、ビームの両端において個性的な接合方法（ジョイント）を開発し、ビームの接合にダボと蟻（あり）状の楔（くさび）を用いることで、制振的剛接合を実現している。

すなわち、まず上下2段のビームを「埋込みダボ」で接合した後、両端のあり状楔を挿入すると、この上下は剛接合となる。2段目までが完成した後、3段、4段と同じ手順で積み上げると、平面ではパラレル配置のビーム材が、4段で立体的に完結した空間構造として誕生する。この1層4段のユニットを約10層重ね合わせることで、高さ12mの組積ビームドームが完成している。

ビーム材が曲げ、せん断力、軸力に抵抗し、接合部のダボ材が水平せん断力、楔材がせん断抵抗となる。

組積造：主要構造を石、レンガ、コンクリートブロック、木材などの材料を積み上げてつくった構造物をいう。

素材と空間の骨格デザイン(1)

基礎形式：べた基礎

3種類の接合方法(ジョイント)の役割

①鋳物ジョイント
組積ビームと張力テント、ネットをつなぐ。

②球座ジョイント
複雑な構成で組み上がったドームが、地震に対して柔軟に荷重を吸収できる。

③ローテグリティジョイント
組積ビームどうしを金物を使わずにつなぐ。

H_2Oテント ⇨40ページ

ビーム［beam］建築の構造上重要な部材で、柱と柱、壁と壁、柱と壁を結び、屋根と床を支える部材の総称で、「梁」ともいう。建築部材の性能は、材軸に対して直角または斜めの荷重を受け、その荷重で生じる曲げモーメントとせん断力を両端または1端以上の鉛直部材に伝達する。梁の両端を柱と剛接合した構造がラーメン構造(76ページ)で、片側のみを剛接合で支持した梁を片持ち梁(97ページ)、両端を曲げが伝達しない条件の梁を単純梁(64ページ)という。

彫刻の森美術館の屋外型巨大アートである「ネットの森」は、子どもたちが光と風を感じつつ、色とりどりのネットの形状を楽しみながら、雨天でものびのびと活動できる安全な空間である。この開放的でユニークな組積ビームドームの実現の鍵は、新たに開発した3つの接合方法(ジョイント)と、木造の伝統技術を取り入れた組積ビームドームの建方にある。

①鋳物ジョイント

組積ビームドーム、張力テント、ネットの部材は、ほぼ直交方向に交わるが、木は繊維と直交方向の力とめり込む力には弱いため、ネオプレンゴムを緩衝材として採用し、小さくて脱着可能な鋳物のジョイントを開発した。

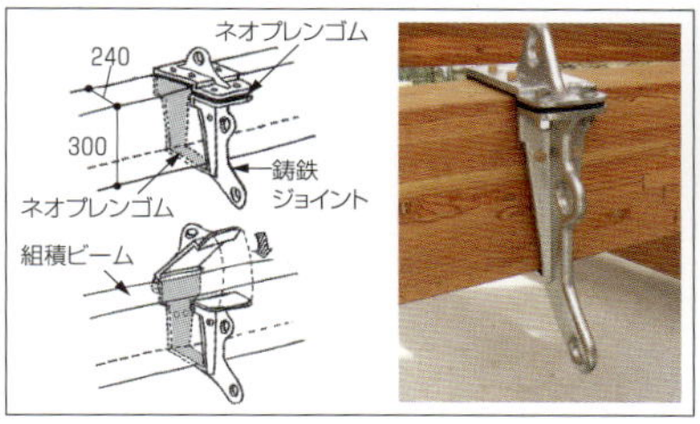

1 鋳物ジョイント

2 5つの架構でつくられた内部空間
(テンション系サスペンションネット)

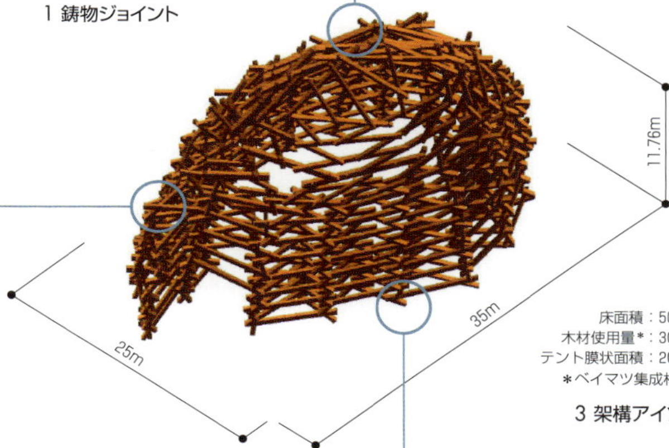

床面積：500.7m^2
木材使用量*：303.0m^3
テント膜状面積：206.0m^2
*ベイマツ集成材598本

3 架構アイソメ図

②球座(きゅうざ)ジョイント

組積ビームドームは、30の球座支点で支えられ、この支点が地震時にフレキシブルに動くことで地震に耐える。
最下段のビームが30の支持点部で有限回転角となる球座支点で支持され、球座と最下段ビームはアンカーボルトで上下動に抵抗する性能をもつ。

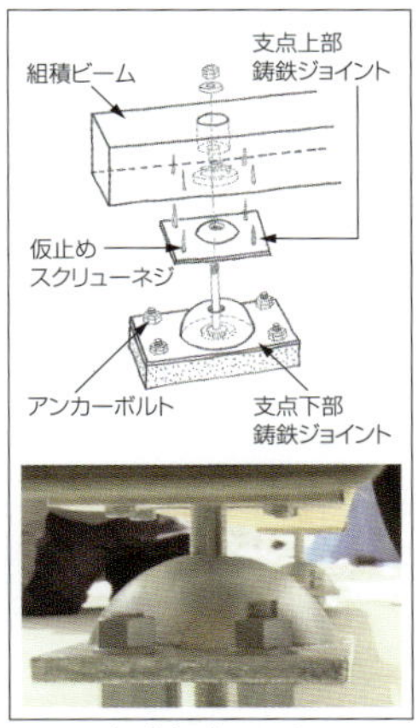

4 球座ジョイント

③ローテグリティジョイント

上下弦材のビームを接合するジョイントを「ローテグリティジョイント」と名づけた。
特徴は、ダボとダボ穴の関係を1mm 大きくすることで回転が自由にできる点にあり、施工の時間短縮につながる。
さらに、蟻状の楔をビーム両端に1本ずつ同時に挿入すると、瞬時にビームの回転を拘束し、固定ジョイントが誕生する。

ローテグリティ［Rotegrity］「回転」という意味のrotationと、「完全な状態」という意味のintegrityとの造語で、ジョイントが回転から完全固定に変化することを意味する。

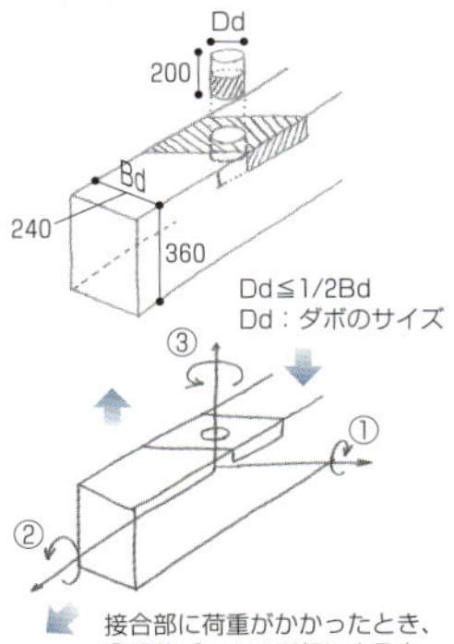

接合部に荷重がかかったとき、
①組積ビームの回転による力
②組積ビームの軸力(水平方向)
③ダボの軸力(垂直方向)
が生じる。

5 ローテグリティジョイント

6 ローテグリティジョイントの組立

組積ビームドーム

上下2段のビームを「打込みダボ」で接合した後、両端の蟻状クサビを挿入すると、この上下は剛接合となる。2段目までが完成した後、3段、4段と同じ手段で積み上げると、平面ではパラレル配置のビーム材が4段で立体的に完結した空間構造として誕生する。この1層4段のユニットを約10層重ね合わせることで、高さ12mの組積ビームドームが完成する。

組積ビームドームの役割

①ドーム内部に雨天、積雪対応のH2Oテントを吊る。

②巨大ネット遊具、落下防止の安全ネットを吊るすことによって、ドームはこれらの荷重で圧縮ドームとなる。

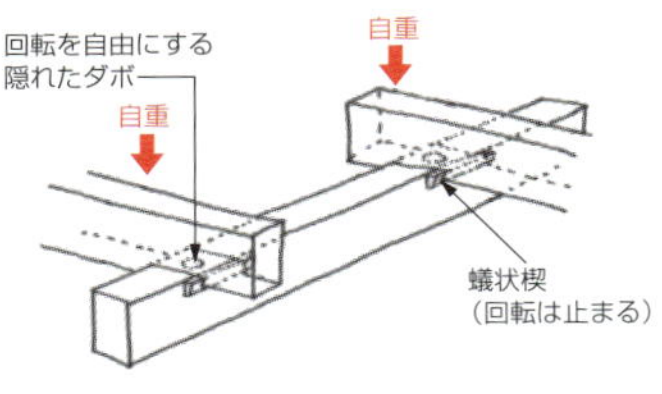

接合をシンプルにするため、ダボを上下ビーム交点に内蔵する。建方時は自由に水平回転し、ビーム端部に2箇所の蟻状楔を打ち込むと、それぞれ剛的接合となる。

ローテグリティジョイント

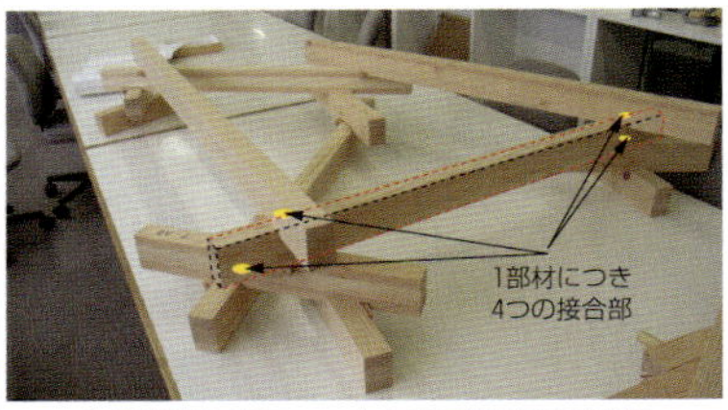

1/5模型の4層ユニットによる接合部の検証

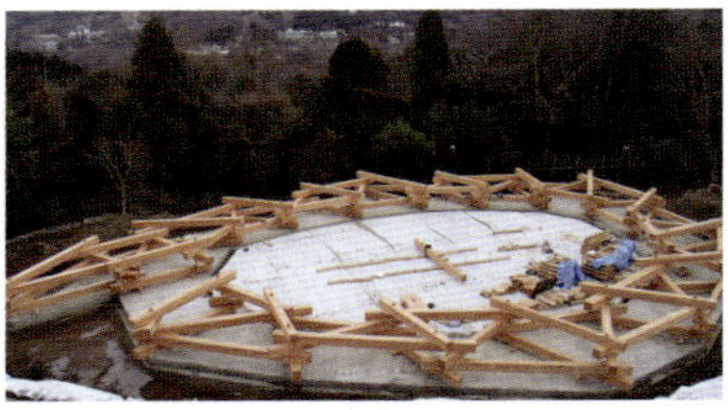

建方

7 組積ビームドームの組立

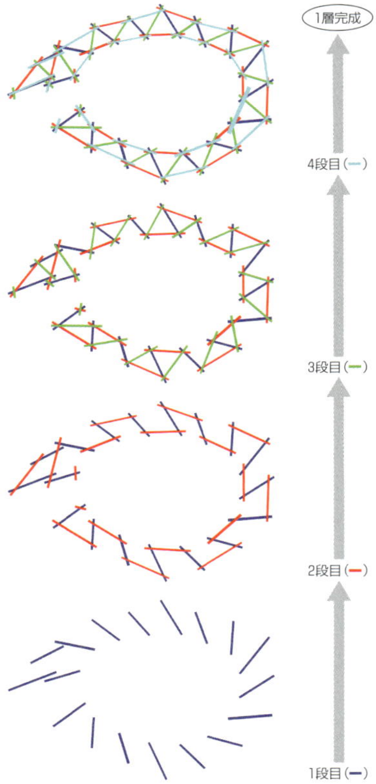

ビームのボリューム約300m³の部材598本を1カ月以内で組み立てる。

8 ローテグリティジョイントを用いた1層4段の組積ビームドームの建方手順

H2Oテント

本体ネットは、手染めによるさまざまな色のナイロン組紐を手編みでつくった有機形状の遊具(作品名「おくりもの：未知のポケット」堀内紀子作)で、子ども(32.5kg)が同時に80人乗ることを想定している。H2Oテントは、この本体ネットを雨、雪、紫外線から守るために掛けられたもので、雨、雪によるポンディング現象(屋根面に水が溜まること)対策として、中間部にも吊り点を設けている。

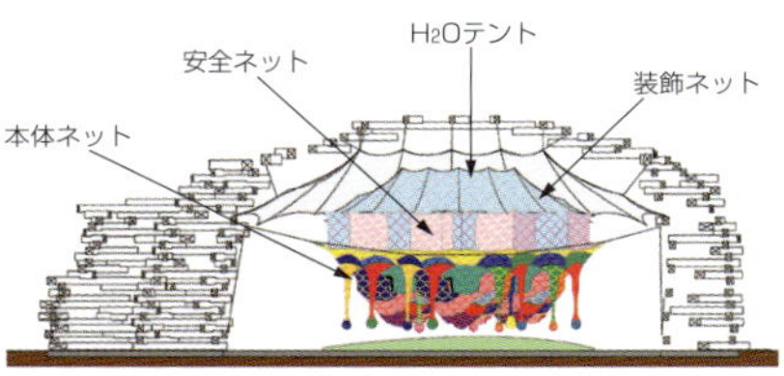

9 張力テント・ネット断面図

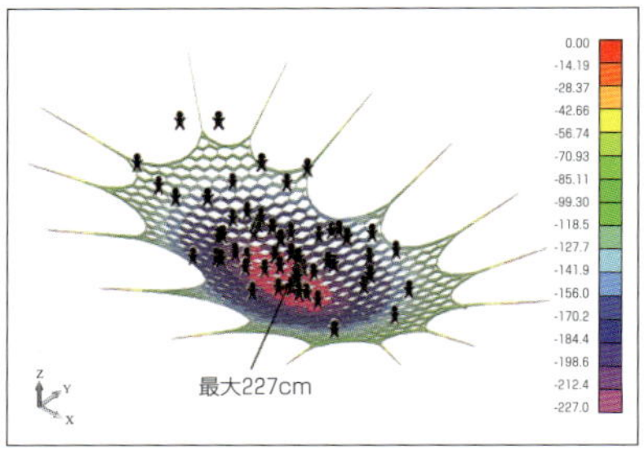

10 80人の子どもが同時に遊ぶネットの非線型解析

FEM解析

ダボ埋込み型嵌合接合の解析モデル化

ローテグリティジョイントは、基本的には嵌合(かんごう)接合であり、接触接合である。しかし本プロジェクトでは、埋込み「ダボ」を利用して上下の組積ビームを線材接合として解析を行う。ダボを上下ビーム剛接合とし、ダボの「曲げ、せん断、軸力」を用いてダボおよび接合部のせん断等の検討を行っている。また、ダボの寸法は右図のとおり300mmとしている。

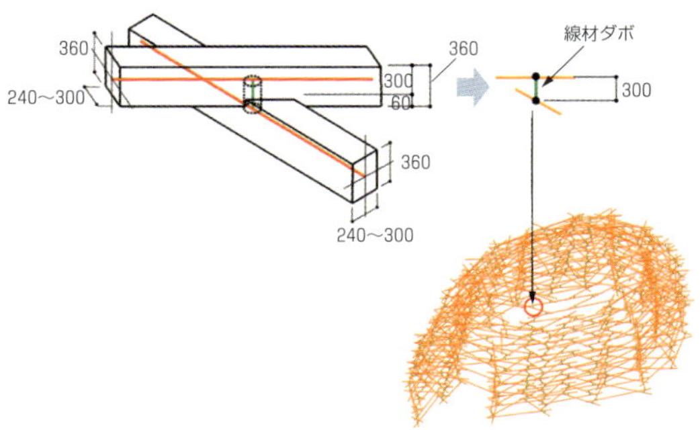

11 ダボ埋込み型嵌合接合の解析モデル

線材ダボでつながれた全体架構のFEM解析モデル

FEM解析結果の表示
赤：引張り力　青・紫：圧縮力
全体座標系：X、Y、Z
要素座標系（部材）：x、y、z

ビームの最大曲げ応力
図12-1の長期荷重時でM_X＝67.4kN·m。
地震荷重時の最大曲げ応力
図12-3、図12-4のX、Y方向はともにほぼ同じ曲げ応力でM≒15.0kN·m。
変位量
図12-2の長期荷重時の鉛直変位量がδ_Z＝5.7cm、
図12-5の地震荷重時の水平変位量がδ_Y＝5.9cm。
部材のねじりモーメント
図12-6のY方向ねじりモーメントでM_Y＝2.5kN·m。

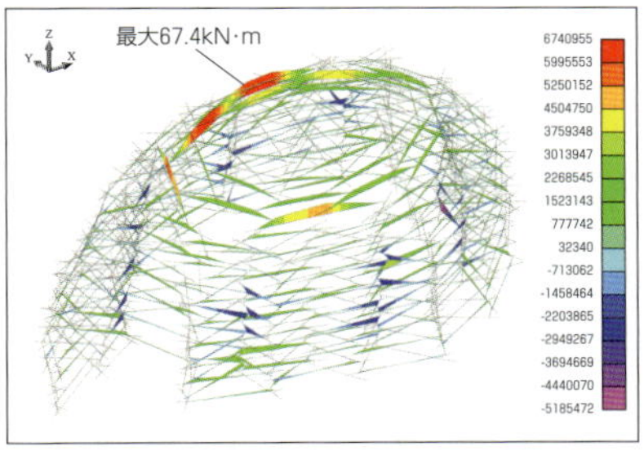

12-1 長期荷重時 x軸曲げモーメント[N·cm]

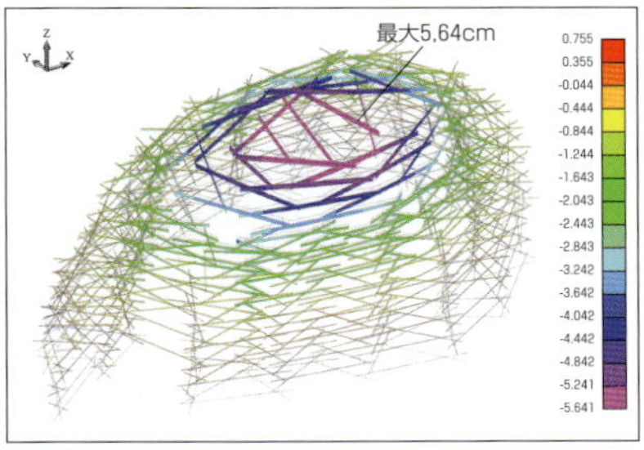

12-2 長期荷重時 Z方向変位量[cm]

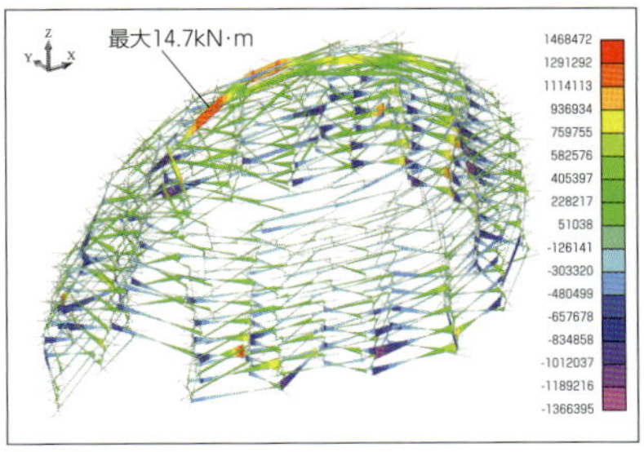

12-3 Y方向地震荷重時 x軸曲げモーメント[N·cm]

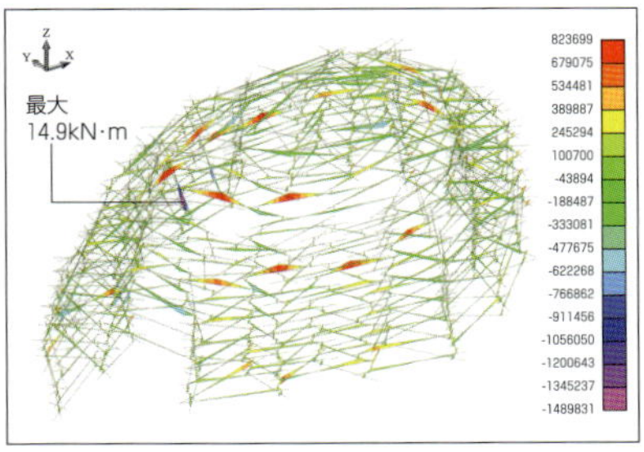

12-4 Y方向地震荷重時 y軸曲げモーメント[N·cm]

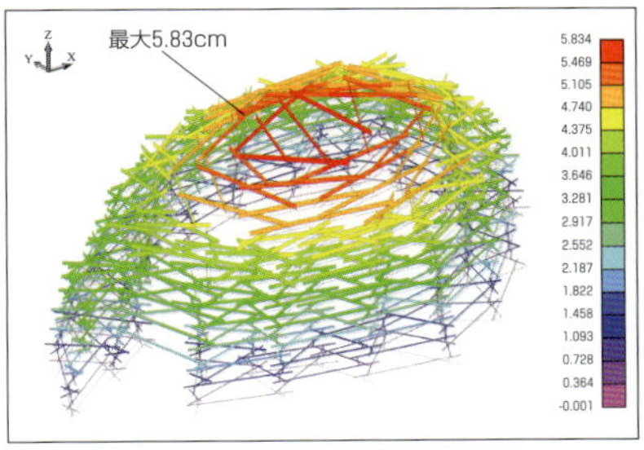

12-5 Y方向地震荷重時 Y方向変位量[cm]

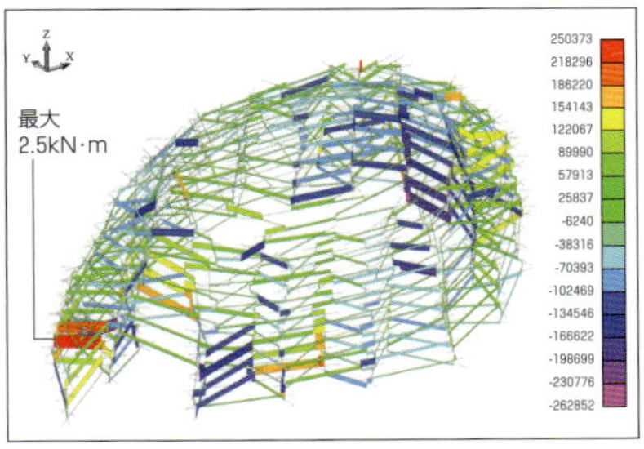

12-6 Y方向地震荷重時 ねじり力[N·cm]

鋳物ジョイントのFEM解析モデル（ネットによる長期荷重時）

FEM解析結果の表示
赤：引張り力　青・紫：圧縮力
要素座標系（部材）：x、y、z

縁（ふち）応力度　梁断面の上端や下端における垂直応力度（部材断面に垂直に生じる曲げ応力度）のこと。

フォン・ミーゼス応力 [von Mises stress] リヒャルト・フォン・ミーゼスによって提唱された応力で、材料の内部に多方向から複合的に荷重が加わるような応力場において、1軸の引張りまたは圧縮応力下で投影した値のこと。フォン・ミーゼス応力は方向をもたないスカラー値であるため、ある部位の応力を参照する場合、最大主応力や最小主応力など多方向の応力を見る必要がなく、1つの値で判断できるのが特徴。

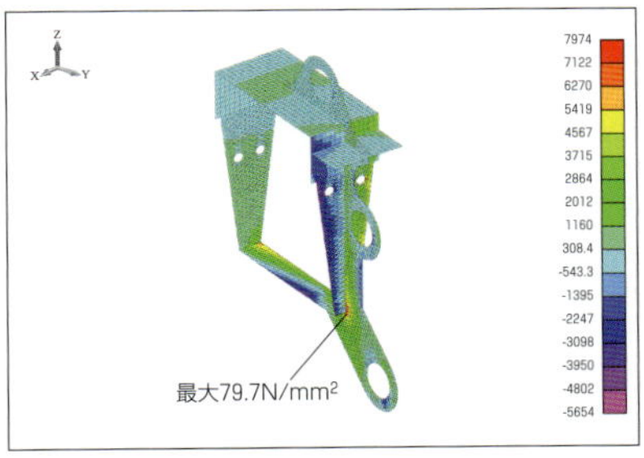

13-1 材軸方向縁応力度[N/cm²]

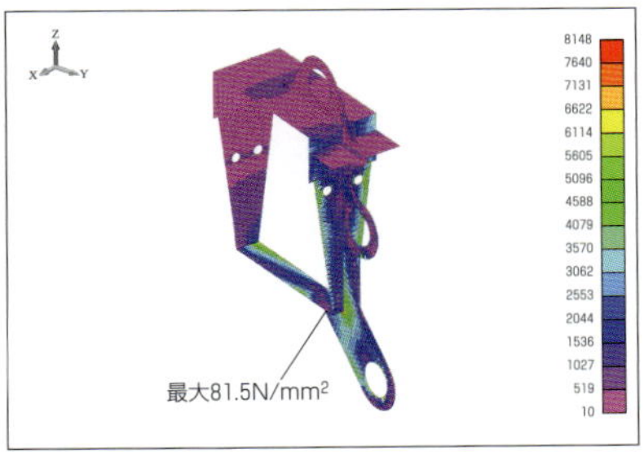

13-2 フォン・ミーゼス応力度[N/cm²]

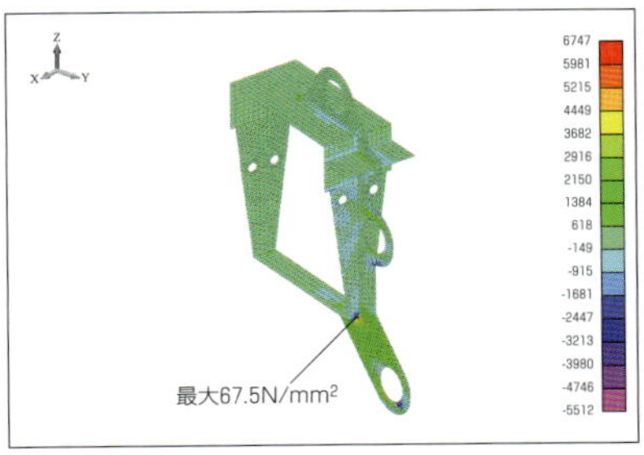

13-3 材軸直交方向縁応力度[N/cm²]

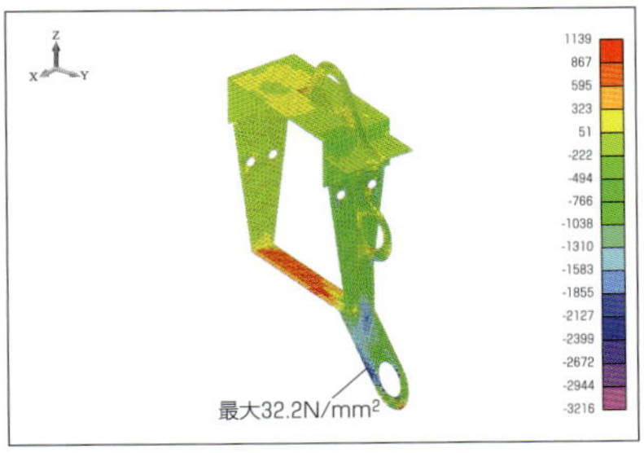

13-4 面内せん断応力度[N/cm²]

新・ネットの森（リニューアル）

2009年に完成した初代の「ネットの森」は、一部の部材に腐朽による劣化が進んだこともあって解体されたが、2017年に新しい「ネットの森」として再建された。主材が腐朽した原因について検討したところ、次のことが判明した。

「ネットの森」の建設地では、冬季に湿潤状態が1カ月以上連続する自然環境であること。また、初代の「ネットの森」では部材としてベイマツを使用していた。以上を踏まえ、以下の2点について部材の腐朽対策を講じた。

①腐朽に強い木材（ヒバ）を使用する。

②1カ月以上連続して風雪にさらされる自然環境に対して、主材に屋根または庇を設置し（写真16、17）、直接主材に積雪しない納まりとした。

この結果、構造形式は初代と同じ組積ビームドームであるが、空間体積は変わらずに、木材体積は25%（100m^3）増加し、素材と骨格の寿命を5倍にする木材量を明らかにすることができた。

14 概観

15 内部空間

16 屋根・庇付き組積ビーム①

17 屋根・庇付き組積ビーム②

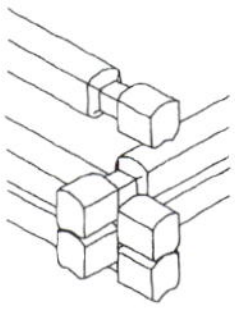

新・ネットの森

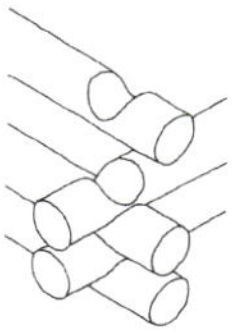

あぜくら山荘

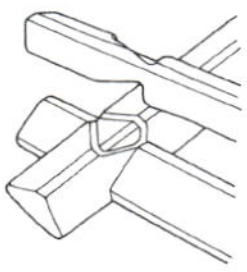

東大寺・正倉院

18 組積交差部の組み方

素材と空間の骨格デザイン（2）

名　称：あぜくら山荘
竣工年：1983年
所在地：長野県北安曇郡白馬村
基礎形式：布基礎
丸太組構法（ログハウス）によって建てられた宿泊施設。

丸太組構法（ログハウス）、校倉造

組積造の建築物は、海外における丸太組構法（ログハウス）や、日本の代表的な校倉造（あぜくらづくり）など、国内外に多数ある。

特にログハウスは住居を目的に開発されてきたため、可能な限りの開口を確保する工夫がなされている。ログハウスと校倉造の大きな違いは束材の断面形状にあり、間伐材も利用が可能である

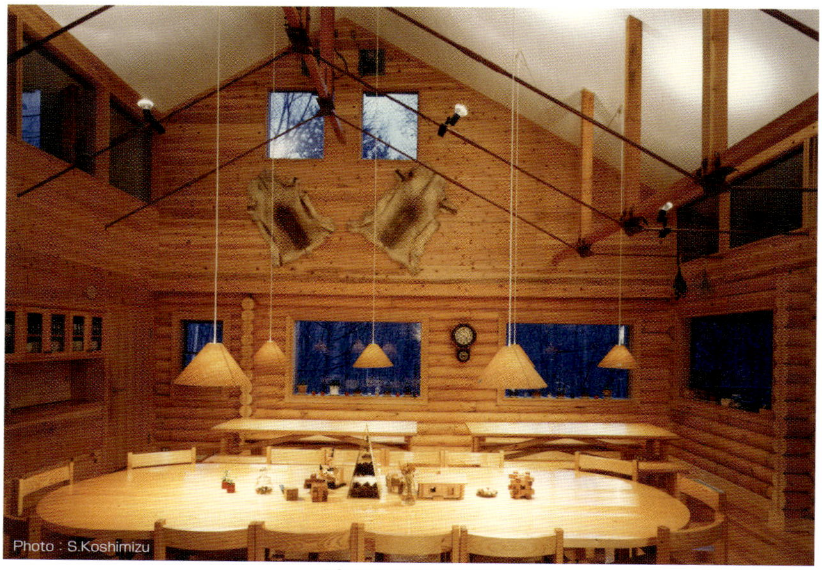

19 あぜくら山荘の内観

ログハウスの開口部

入口や窓など開口部に縦材を設けると、材の縮み量が2～3年で2～3cm、10年を超えると10cmを超え、横材が縮んでも縦枠が残るため、縮み量を考慮した縦材の余長を備える設計が重要である。これは、開口上部の縦材の切離しが容易にできることを利用している。

丸太断面がログハウス、三角形の断面を積層するのが校倉造である。ちなみに、ネットの森は矩形断面で、全方位開口を可能にしている。
一方、校倉造による東大寺・正倉院(奈良県)は宝物殿であることから、高気密な空間を確保する必要がある。そこで、木を横使いに積み上げて自重で圧縮される作用を利用し、縮み量が適度な気密性と木の多孔質繊維の呼吸を可能にした構造となっている。

素材の仕事比較

Hexagon Diagram

「CO_2放出効率」は、土壁を考慮していない銀閣寺、鋳物と錬鉄とガラス、そして木材を効率良く使用しているクリスタルパレスが同じくらいの効果で、これに次いでネットの森、新・ネットの森、あぜくら山荘(ログハウス)の順である。
空間体積の仕事量[sV/Ess]は、クリスタルパレス、銀閣寺、あぜくら山荘、ネットの森、そして新・ネットの森の順に低くなっており、新・ネットの森が最も開放的空間であることがわかる。

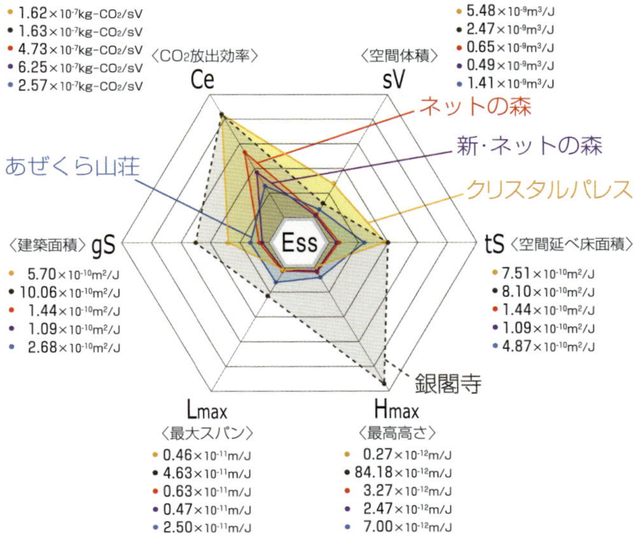

素材と空間の骨格エネルギーとCO_2放出効率

外科医的建築家のアイディア

ネットの森

ジョイントに金具を使用しなくても剛接合、半剛接合が「木」でできる。

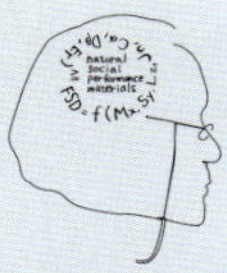

素材が形になるとき[1]

Idea of the surgical architect

- 本プロジェクトは、メインアートの雨・雪対策用テントと、ネット遊具に対する風荷重を軽減するために考えた開放型木造組積ビームドームである。
- 接合部材の「ダボ」を組積ビーム内に埋め込むHidden(隠し)ジョイントを開発し、組積ビームが落下しない仕組みとして「蟻加工した楔」を採用した。
- 組積ビームの両端2箇所の楔で、水平回転を瞬時に拘束し、組積ビーム4段で1層の立体的完結型トラスを構築した。
- 基礎と土台の間には、地震応力を減ずるために、36箇所に360度回転が可能な球座支点によるジョイントを設置した。
- ダボと楔による接合方法のローテグリティジョイントを開発した。
- ローテグリティジョイントは金属製のジョイントを用いない、工期短縮に役立つジョイントである。
- 組積ビームとネット、テントの接合には、ビームのどの位置でも着脱が可能なオリジナル鋳物ジョイントを使用した。木材と鋳物ジョイントの間には、木材保護のため、スペーサを兼ねた緩衝材(ネオプレンゴム)を用いている。

2-巨大壁構造

Giant Wall Structure

PROFILE
名　称　しずおか国際園芸博覧会・中央管理棟
竣工年　2004年
所在地　静岡県浜松市

CONCEPT

1. 2004年に開催されたしずおか国際園芸博覧会の中央管理棟（現在は浜名湖ガーデンパークの中心施設）として、主役である花と緑の景観のなかでランドマークとなるようなダイナミックかつ簡明な木質空間を実現する。
2. 台形状の敷地に建つ建築面積約1,700m²のこの施設に、1、2階が一体となる高さ約10mの吹抜け空間を計画する。
3. この吹抜け空間を実現するため、20枚の木造集成材の巨大壁と、異形鉄筋とフラットバーによる開放的な立体トラス構造で空間全体を支えるデザインとする。

素材と空間を結ぶ

LOCATION

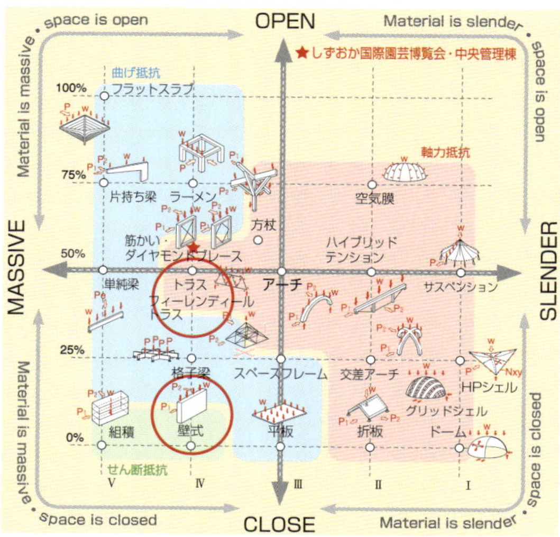

素材と空間の骨格デザイン認識図

素材と空間と荷重抵抗

構造的空間認識は、認識図上第2象限、フィーレンデールトラスの上、開放率55%、量塊度Ⅳに位置する。
木造のフィーレンデールトラス（はしごを横にした形状で、各接点を剛接合としたトラス）のフレーム内にカテナリー状の張力ロッドを組み入れ、架構全体に緊張力を導入した木＋鋼によるハイブリッド架構で、大断面集成材を列状に並べて一体化した20枚の壁と、最長25mの大梁で大空間をつくる。
長期荷重に対しては鉄筋の張力、地震時はフィーレンデールビーム（梁）で抵抗する。
フィーレンデールトラス内のロッド張力の処理は、両端の木造巨大壁（厚さ240mm）に伝達される。

壁構造：柱梁の軸組構造に対して、平面板状のパネル形状の床や壁を組み合わせて構造体を構築する構造方式。

素材と空間の骨格デザイン

基礎形式：PHC杭

木造フィーレンデール構造と鋼材（D51）カテナリーによるハイブリッドシステム
「はしご（フィーレンデールトラス）」内に配置したカテナリー状の張力ロッド（異形棒鋼D51）によって屋根の重さを支える。
また、カテナリー状の張力ロッドは、2-□-120×300の上下弦材ではさむ接合とし、加工および組立、施工にかかる時間の短縮が可能である。

フィーレンデールトラス　⇨94ページ

木造巨大壁と直交方向の骨格
鉛直（上下方向）には斜め材がない上弦材と下弦材による2段状のフィーレンデール構造で弱曲げ応力に抵抗し、水平方向は細い異形棒鋼D51を水平ダイヤモンドブレースでスパンを1/2とし、おもに軸力抵抗システムとしている（図1）。

Hidden（隠し）ジョイント　鋼製のフィーレンデールジョイントによって、引張り力だけでなく、曲げモーメント、せん断力、圧縮力といった主要な応力すべてを木造巨大壁に伝える接合システムのことで、木造巨大壁の中心部を隠すように納めることから名づけた。また、類似の定着方法として、PCコンクリートのプレストレスケーブルが抜けないよう、端部をコンクリートの中に埋め込むジョイント（これをデッドアンカー、dead anchorという）がある。

木とスチールのヤング係数を利用したハイブリッドジョイント
木の繊維方向のヤング係数
$E_{木} \fallingdotseq 1.0 \times 10^4$ [N/mm²]
鋼のヤング係数
$E_{steel} \fallingdotseq 2.0 \times 10^5$ [N/mm²]
したがって、木と鋼をハイブリッド曲げ接合するとき、木は鋼の20倍以上の断面積が必要となる。この等価断面積の比を利用して、ジョイントを木の中立面に定着してハイブリッドジョイントをデザインしている。

シアウォール［shear wall］おもにせん断力で抵抗する壁。

集成材　⇨53ページ

中央管理棟の空間の骨格は、木造巨大壁を主に、その大断面集成材（200×330×1,100を36本使用）の壁をはしご状のビーム（梁）で結んだハイブリッドラーメン構造であり、さらに直交方向はその壁の外面抵抗を利用して、異形棒鋼とフラットバーを使った2段式フィーレンデールビーム（梁）でデザインしたハイブリッドフィーレンラーメン構造という3種類の基本構造によって構成されている。

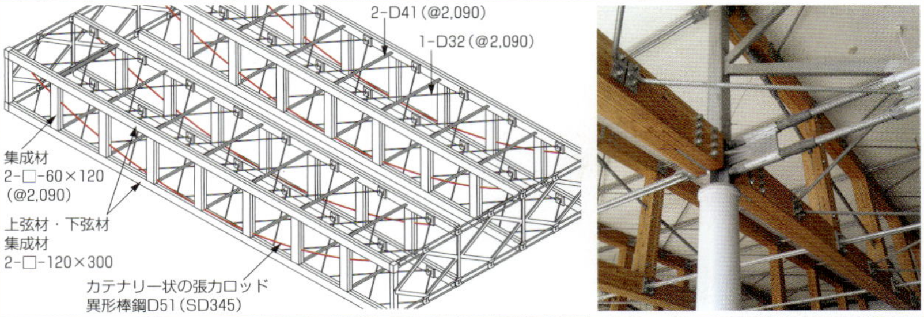

1 カナテリー（左）と接合部（右）

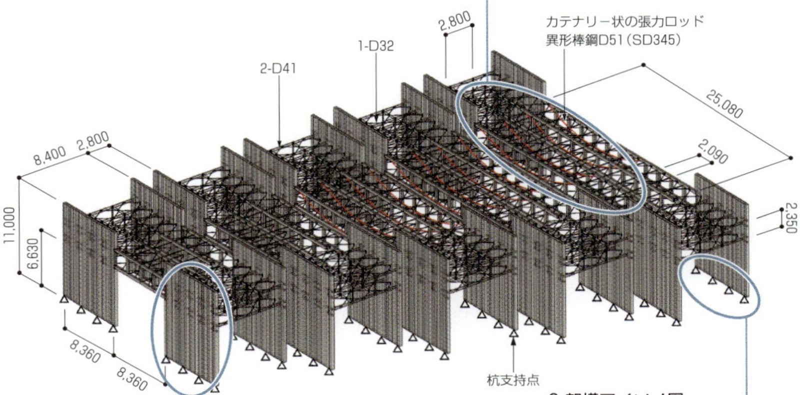

2 架構アイソメ図

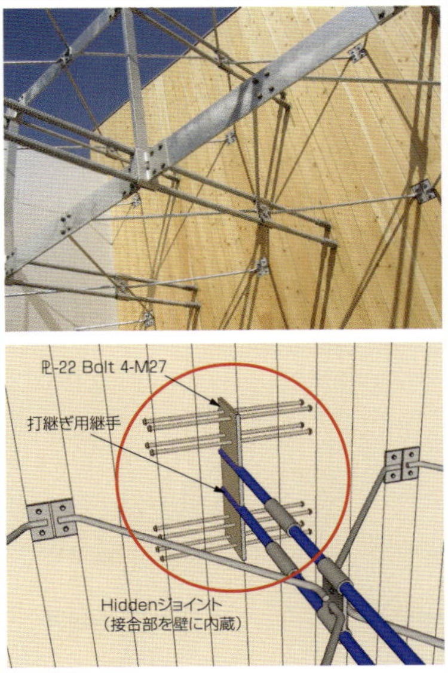

フィーレンデール内のロッド張力の処理は、両端の木造シアウォール（厚さ240mm）に伝達される。

3 木造巨大壁に内蔵された Hidden（隠し）ジョイントによる接合部と、2段状のフィーレンデール構造

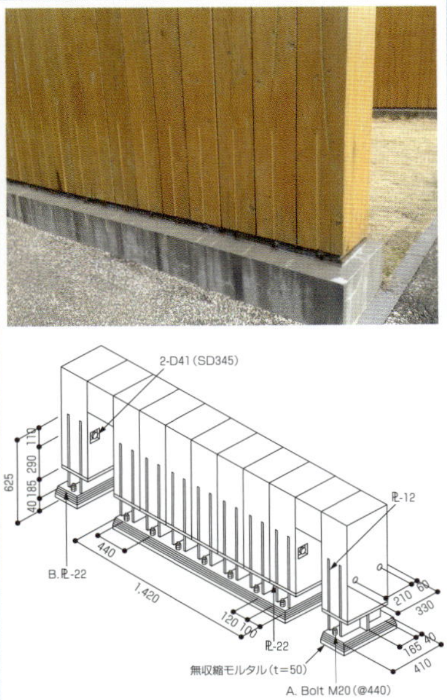

4 木とスチールによる木造巨大壁柱脚固定ジョイントの納まり

FEM解析

木造巨大壁＋フィーレンデールハイブリット構造のFEM解析モデル
この解析結果では、自重時、地震時の応力の傾向のみを紹介する。

FEM解析結果の表示
赤：引張り力　青・紫：圧縮力

屋根の長期荷重は1-D51のカテナリー材で吊り支え、両側の木造壁に伝達する。

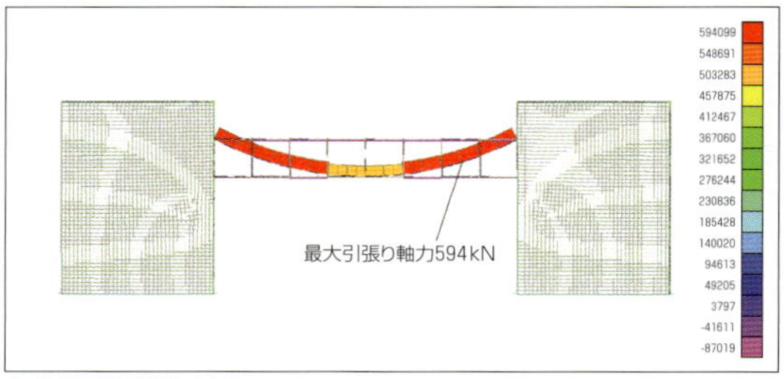

5-1 長期荷重時 軸力[N]

フィーレンデールトラス　⇨94ページ

1-D51のカナテリー材で屋根荷重を吊り上げているため、フィーレンデールトラスの上弦材、下弦材への応力は垂直ラチス間がビーム（梁）の支点となる。

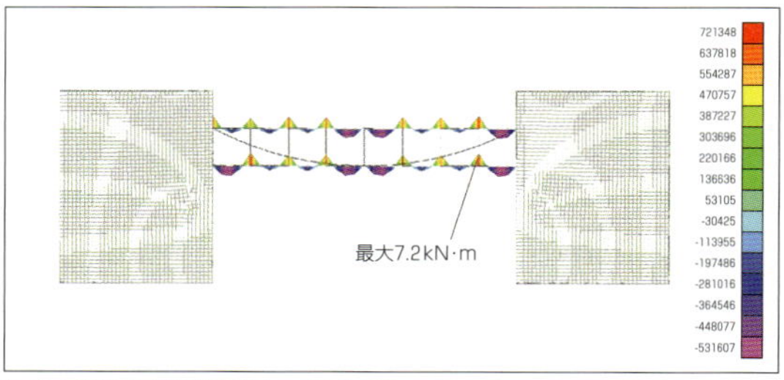

5-2 長期荷重時 曲げモーメント[N·cm]

地震荷重時のハイブリッドフィーレンデールビーム（梁）の応力は、1-D51のカナテリー材で吊られているため、フィーレンデールトラスの上弦材、下弦材は、おもに軸力が支配的となる。

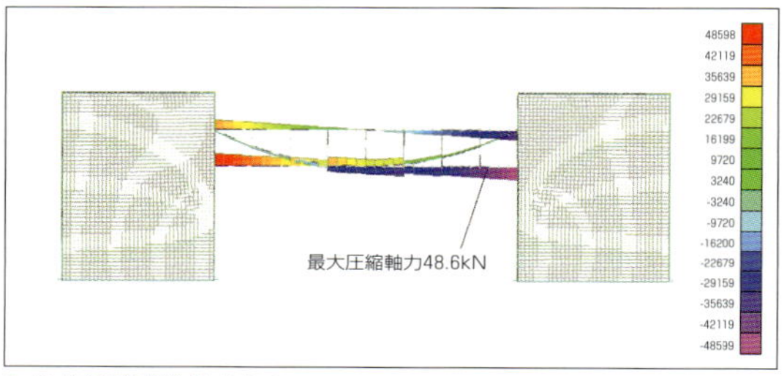

5-3 地震荷重時 軸力[N]

地震荷重時のフィーレンデールトラスの上弦材、下弦材のせん断力は、フィーレンデールトラス中央部に対称的になる。

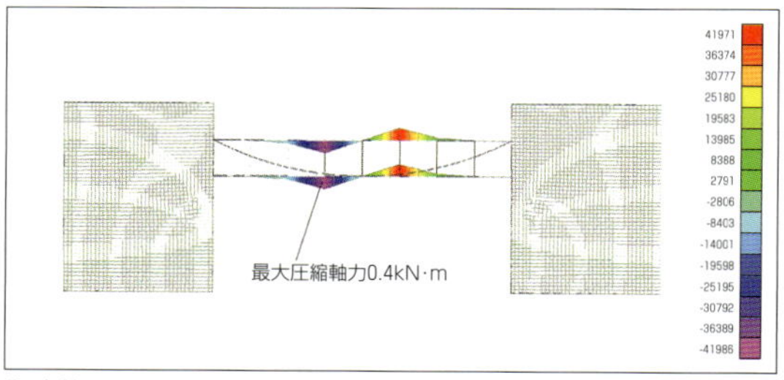

5-4 地震荷重時 曲げモーメント[N·cm]

Hidden（隠し）ジョイントのFEM解析モデル
集成材の木造巨大壁に内蔵されたスチールプレートの応力の傾向を示す。

FEM解析結果の表示
赤：引張り力　青・紫：圧縮力

Hidden（隠し）ジョイント　⇨45ページ

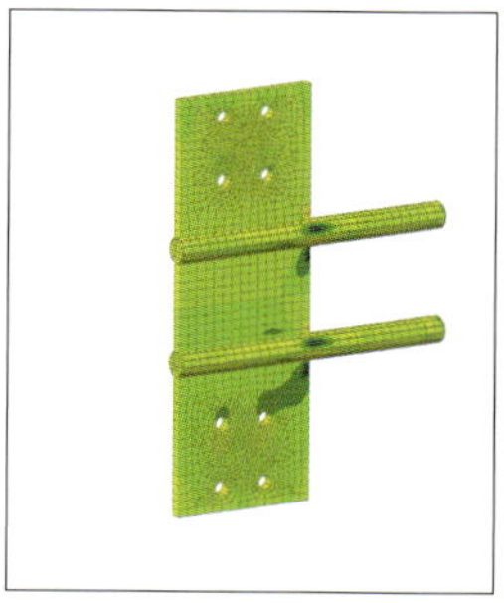

6-1 軸応力度

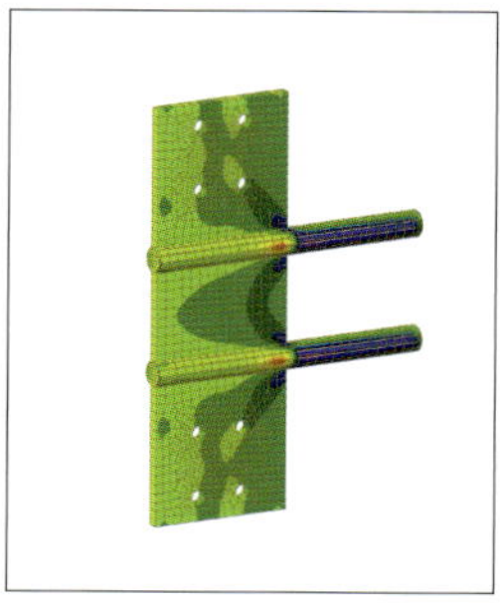

6-2 せん断応力度

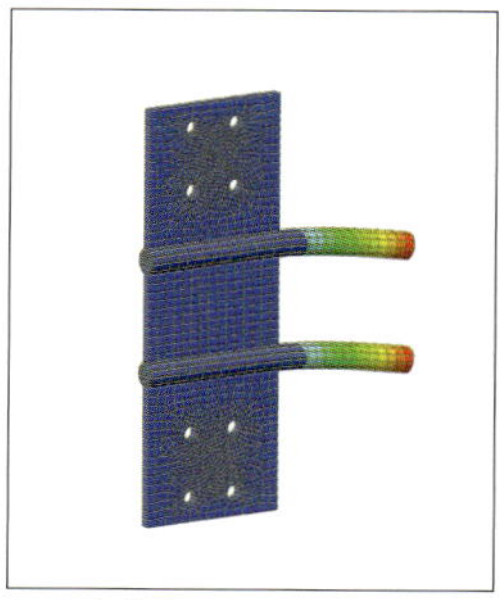

6-3 変位量

素材の仕事比較

Hexagon Diagram

しずおか国際園芸博覧会・中央管理棟は、大量のベイマツ集成材と細い異形棒鋼を使用していることから「CO_2放出効率」が低いように思われるが、大量のベイマツ集成材とのハイブリッド構造では、少量の鋼材を使用すると効果的であることがわかった。しかし、空間体積の仕事量[sV/Ess]は、クリスタルパレスより低い素材効率(仕事量)となっている。

さらに、木造フィーレンデールトラスを地震力に対する抵抗としてカテナリー状の張力ロッド(異形棒鋼D-51)で屋根を支えるハイブリッド構造も「Ess効率」を向上させている。

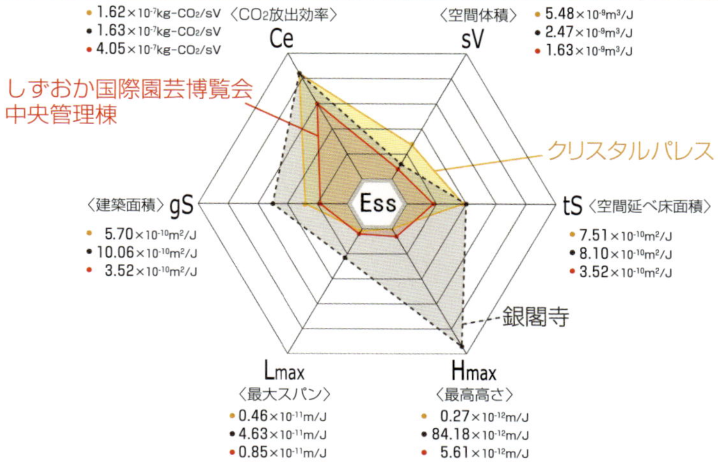

素材と空間の骨格エネルギーとCO_2放出効率

外科医的建築家のアイディア

はしご状の木造フレームは、異形棒鋼の張力抵抗を利用すると大スパンが可能である。

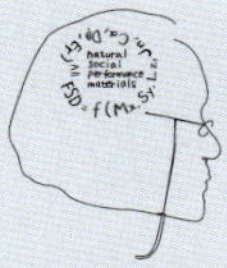

素材が形になるとき[2]

Idea of the surgical architect

- 集成材と異形棒鋼という異種素材のヤング係数比を素材の体積比に置き換えるという発想から「Hidden(隠し)ジョイント」を開発した。
- 集成材のフィーレンデールビーム(梁)と異形棒鋼(1-D51)のカナテリー状の張力ロッドシステムによって、木と鋼によるハイブリッドフィーレンデールビーム(梁)を実現した。
- スパン方向への木造巨大壁とハイブリッドフィーレンデールビーム(梁)により、巨大ラーメン構造を可能にした。
- 桁方向にHidden(隠し)ジョイントを効果的に活用することによって、2段式ハイブリッドフィーレンデールビーム(梁)を実現した。
- 木造巨大壁の面外性能と2段式ハイブリッドフィーレンデールビーム(梁)により、ラーメン構造を実現した。
- 集成材の屋外露出使用は、耐腐朽に関するメンテナンスが重要であり、特に積雪時など1週間程度で乾燥しない部材は、乾燥対策が必要である。

  木材の耐腐朽性

  大:ヒノキ、ベイヒ、ヒバ、コウヤマキ、クリ、ベイスギ、ケヤキ

  中:スギ、カラマツ、ベイマツ、ダフリカカラマツ

  小:アカマツ、クロマツ、ベイツガ

3-V字柱構造

V-shape Column Structure

PROFILE
名　称　大原山七福天寺・本堂
竣工年　1996年
所在地　千葉県いすみ市

CONCEPT

1. 太平洋を一望する急傾斜の崖地に、七福天の御堂と舞台を実現させる。
2. 御堂の内陣と外陣(げじん)を無柱空間とする。
3. 伝統的な懸造(かけづくり)は曲げせん断抵抗系の貫構造がよく使用されるが、本構造においては、軸力抵抗でかつ引張り力が小さいV字柱を使った新しい懸造を実現させる。
4. 懸造の貫構造に比べ、V字柱構造は細い部材でも建設が可能なため、コストや調達面での利点を考慮した。

LOCATION

素材と空間を結ぶ

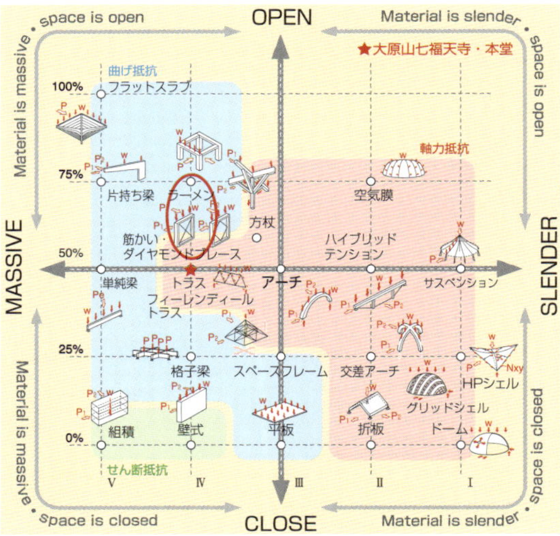

素材と空間の骨格デザイン認識図

素材と空間と荷重抵抗

V字柱は筋かい構造に分類され、構造的空間認識は、認識図上第2象限、開放率50%、量塊度Ⅳに位置する。2方向V字柱構造を採用することにより、骨格の安定が図れる。V字柱は交点がないため、角度を鋭角(10°以下)にすることで軸力抵抗力の強化が可能となる。また、スパン方向の地震力に対しては、七福天の背壁を利用した木造耐力壁と、屋外舞台の境界に配置した両袖壁が耐力壁として抵抗している。これにより、御堂内は3方向が開放的な無柱空間とすることができる。

懸造(かけづくり):崖地や山の斜面や池などの上に、床下に足代(あじろ)を組んでつくる建物、またはその構法のことで、「崖づくり」ともいう。

素材と空間の骨格デザイン（1）

基礎形式：布基礎、独立基礎

御堂両側の二対のV字柱
図3の中の赤色で示したV字柱は、懸造からの通し柱で、下階と上階の力の連続性を確保している。

Hidden（隠し）ジョイント ➪ 45ページ

本プロジェクトでは、御堂をラーメン構造＋筋かい構造、床下をV字柱の懸造によって骨格を構成している。一般的な懸造は、地震時の浮き上がる力に対して、柱が負担する自重で抵抗する。
ここでは、御堂の両側の二対のV字柱を土台から本堂に貫き、屋根まで伸ばして構造を一体化した。この結果、V字柱の圧縮力を増加させ、浮き上がりを最小限に抑えている。
また、引張り、圧縮の負担がかかる柱頭部、柱脚部には、鋼板プレートをV字柱に内蔵することで木造の景観になじませた（①②）。
通しジョイントは、ドリフトピンを使い金属が見えない、いわゆるHidden（隠し）ジョイントに仕上げている。

1 舞台

2 舞台より大平洋を望む

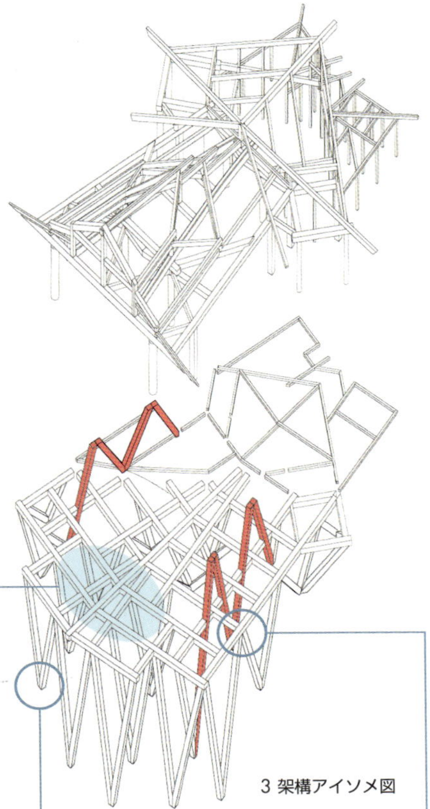

3 架構アイソメ図

ドリフトピン［drift pin］鉄骨の建方で接合部材のボルト穴がずれている場合、部材を引き寄せて穴を合わせるためにその穴にたたき込む鉄製のピン。木造の接合部にピンと同径の穴をあけ、鋼板を挿入して用いることで、ボルト接合と同等のせん断抵抗のある接合部として使用する。

①V字柱の柱脚部の接合
おもにせん断力と浮き上がり力を基礎に伝える。圧縮力は木造V字柱から直接基礎に伝える。木材とジョイントプレートはドリフトピンを使用。

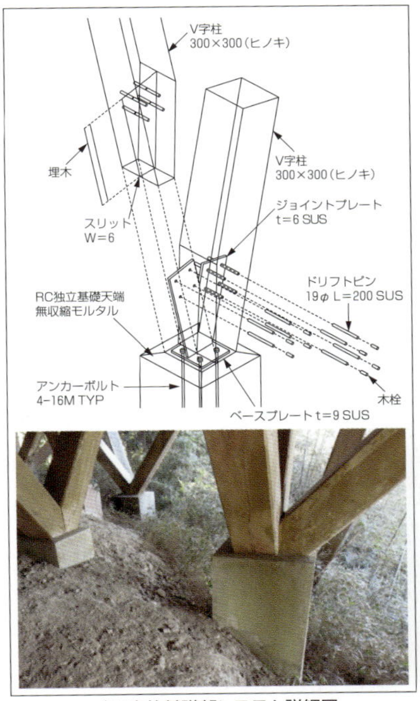

4 V字柱基礎部システム詳細図

②V字柱の柱頭部の接合
特にV字柱や1階柱の引張り力が大きい接合に使用する。➪50ページ「V字ジョイントプレートのFEM解析モデル」参照

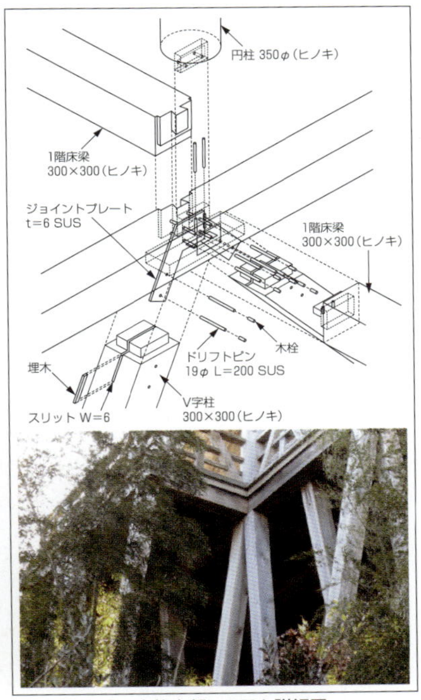

5 V字柱上部システム詳細図

FEM解析

FEM解析結果の表示
赤：引張り力　青・紫：圧縮力
全体座標系：X、Y、Z

V字ジョイントプレートのFEM解析モデル
V字柱の構造システムは、V字柱の柱頭、柱脚の接合部における力の伝達システムである。柱頭部の要の接合であるV字ジョイントプレートのFEM解析を行い、その応力分布を紹介する。

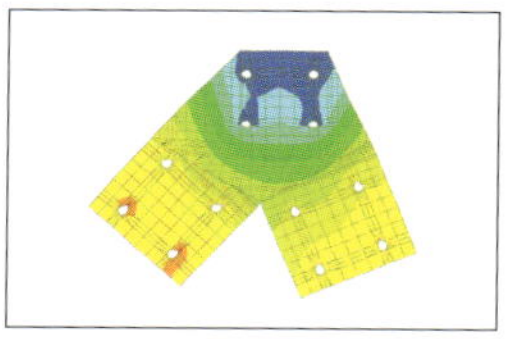
7-1 長期荷重時 変位量

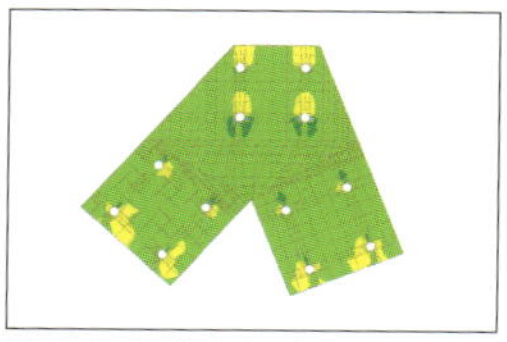
7-2 長期荷重時 軸力

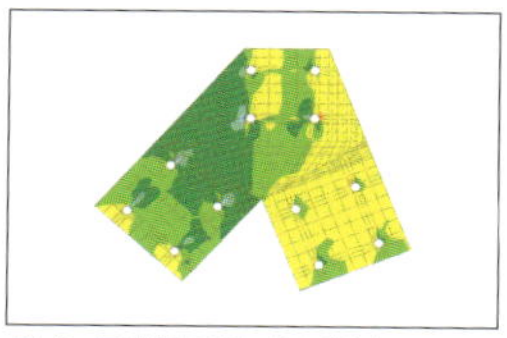
7-3 長期荷重時 せん断力

崖部および1階V字柱のFEM解析モデル
V字柱は柱といえども柱固有の曲げせん断力が小さく、軸力（圧縮力、張力）が大きい構造となる特徴をもつ。したがって、御堂の応力解析結果は、軸力と変位量のみを紹介する。

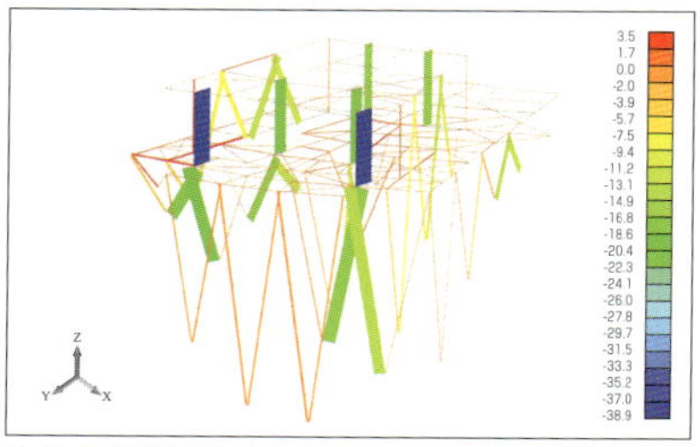
6-1 長期荷重時 軸力［kN］

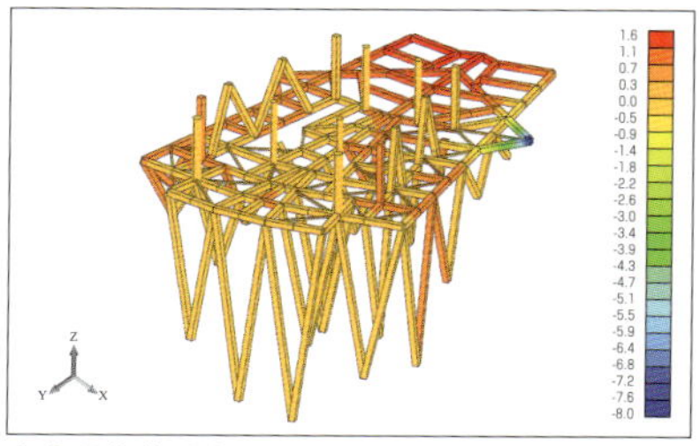
6-2 長期荷重時 Z方向変位量［mm］

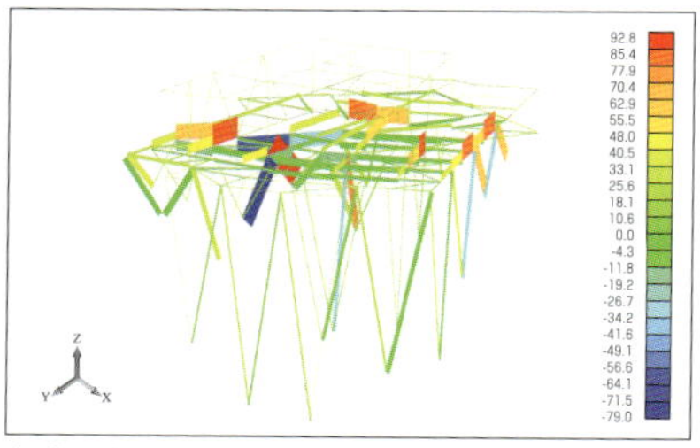
6-3 X方向地震荷重時 軸力［kN］

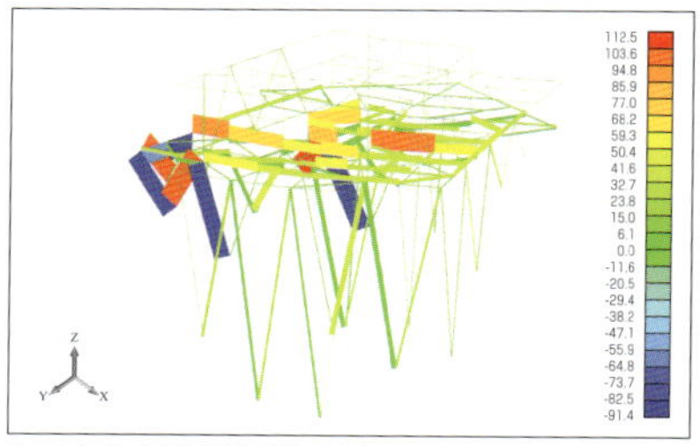
6-4 Y方向地震荷重時 軸力［kN］

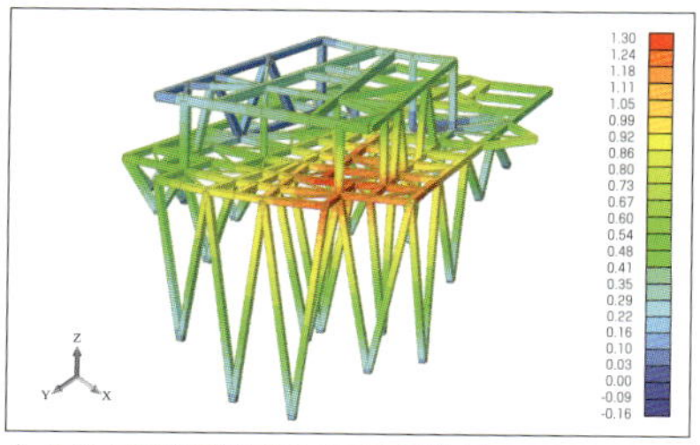
6-5 X方向地震荷重時 X方向変位量［mm］

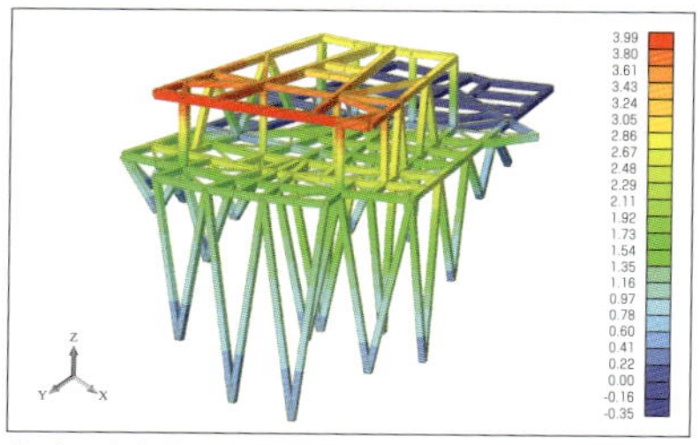
6-6 Y方向地震荷重時 Y方向変位量［mm］

素材と空間の骨格デザイン（2）

名　称：五条坂の家
竣工年：2016年
所在地：京都府京都市
基礎形式：べた基礎
オープンジョイントV字柱構造による事務所兼住宅。木造＋RC造の混構造。

オープンジョイントV字柱構造
V字柱と筋かいを同一面内に配置してできる構造システムで、従来の同システムの場合、柱または筋かいのどちらかの部材を合せ梁、あるいは柱として使用し、その間に柱と梁を挿入して軸組を構成させていたが、この事例では、部材交点でひし形のボックスにプレートを溶接し、鋼材の剛性を利用したオープンジョイントのV字柱構造にすることにより開放感を演出している。

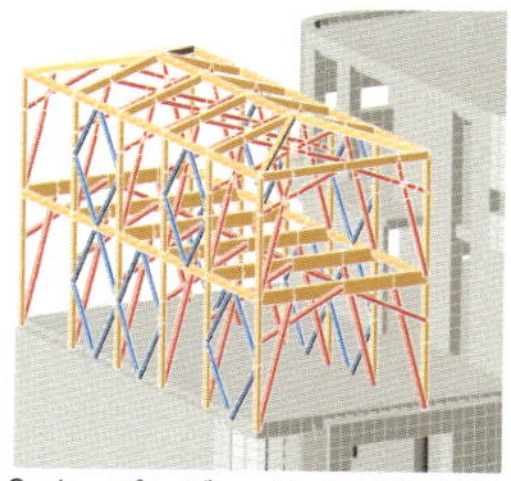
8 オープンジョイントV字柱構造部分

オープンジョイントのFEM解析モデル
鋼材を利用したオープンジョイントは剛性が高いため、アウトプットデータはXY方向（梁（張り）間）地震時における接合部プレートの面内せん断力、軸力、変位量を紹介する。

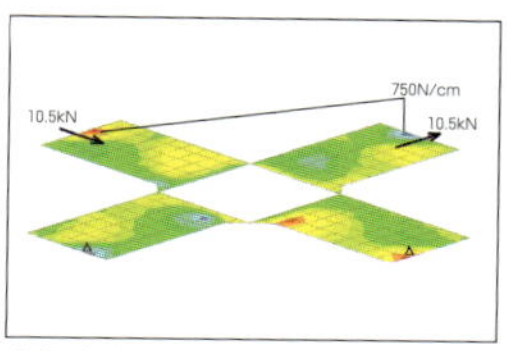

12-1 地震荷重時 面内せん断力

(Photo：キアラ建築研究機関)
9 五条坂の家・外観

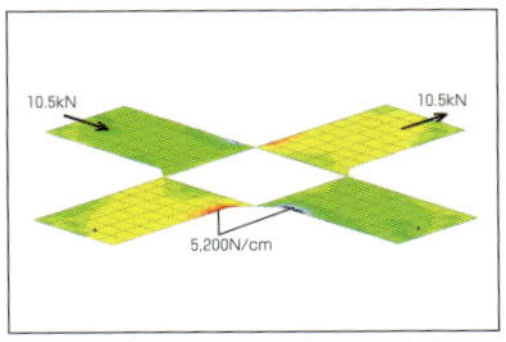

12-2 地震荷重時 材軸方向軸力

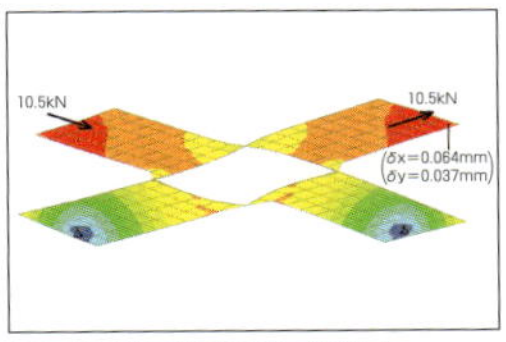

12-3 地震荷重時 変位量

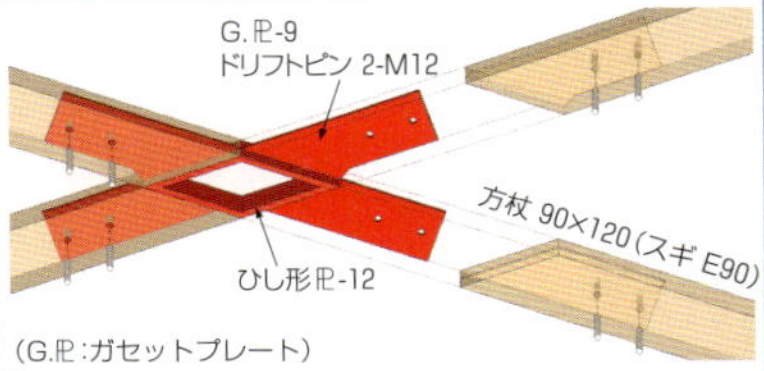

(G.PL:ガセットプレート)
鋼材を使用したひし形ジョイントボックスの幅(B=90mm)は、V字柱の部材幅(B×D=90×120mm)と同厚としている。また、ブラケット幅は100mmとし、部材丈(D)より上下10mmずつ小さくした。

10 オープンジョイント

11 五条坂の家・内部 (Photo:キアラ建築研究機関)

素材の仕事比較

Hexagon Diagram

大原七山福天寺・本堂は、懸造を多数のV字柱によって御堂と舞台を支える新しい崖対策の構造である。V字柱接合角度を限りなく10°以下で接合することによって、接合金物の体積を小さくすることができ、木の軸力効果も十分に発揮している。
また、穴あきひし形金物でシングルレイヤーV字筋かいを使用した五条坂の家は、「CO_2放出効率」は大原山七福天寺・本堂とほぼ同じ効果があり、空間体積の仕事量[sV/Ess]ではクリスタルパレス、大原山七福天寺・本堂、五条坂の家、銀閣寺の順に効果が下がる。また、空間延べ床面積の仕事量[tS/Ess]では、大原山七福天寺・本堂と五条坂の家が逆転している。

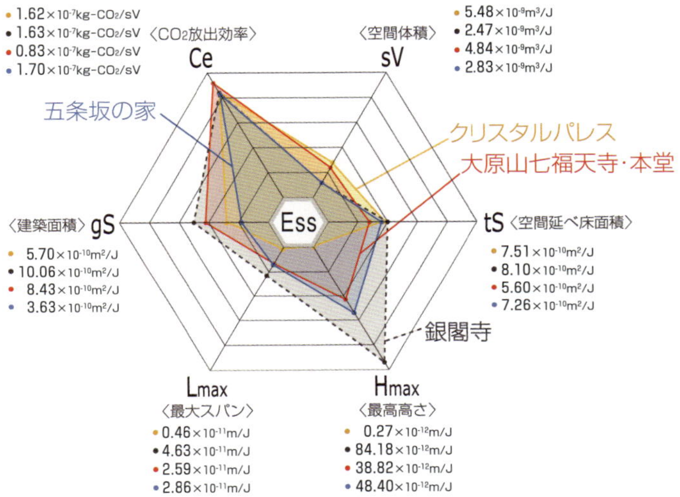

素材と空間の骨格エネルギーとCO_2放出効率

外科医的建築家のアイディア

大原山七福天寺・本堂

圧縮力が大きく、引張り力が小さいV字柱は、傾斜地の構造に適している。

筋かい接合部に鋼製の「丸形ジョイント」や「ひし形ジョイント」を用いると、新しい開放的な空間が計画できる。

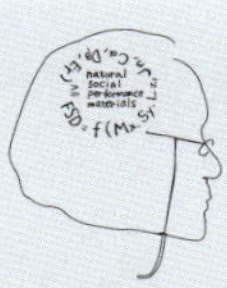

素材が形になるとき[3]

Idea of the surgical architect

- 伝統的な懸造は通常、曲げせん断抵抗系の貫構造が使われるが、大原七福天寺では、軸力抵抗で、かつ、引張り力が小さいV字柱を使うことにより、新しい懸造を実現した。
- 従来からの懸造の貫構造に比べて、V字柱構造は細い部材による架構が可能なため、コストも抑えられ、また調達もしやすいという利点がある。
- V字柱は交点がないため、V字の角度を鋭角(10°以下)にすることで軸力抵抗の強化を可能にした。
- スパン方向(X方向)の地震に対して、背壁を利用した耐力壁と屋外舞台の境界に配置した両袖壁(耐力壁)で抵抗するため、御堂内部は3方向が開放的な無柱空間を可能にした。
- 引張り、圧縮の負担がかかる柱頭部、柱脚部には鋼板プレートをV字柱に内蔵し、通しジョイントにはドリフトピンを使いHidden(隠し)ジョイントにすることで、木部に金物が見えない仕上げを可能にした。

4-和風軸組構造 Japanese Framework Structure

PROFILE

名　称　せせらぎのほとりの家
竣工年　1996年
所在地　長野県佐久市

CONCEPT

1. 敷地の自然条件を生かし、豊かな緑とせせらぎの音が同時に楽しめる近代和風の木造軸組構造の住宅を計画する。
2. 母屋の方形（ほうぎょう）屋根の四隅には山型の鉄骨火打ち梁を設けることで、母屋の四隅には柱を設けず、モダンかつ開放的な空間を実現する。
3. 母屋とゲストルームをつなぐ12mの「橋（ブリッジ）」の施工では、運搬の手間や材料コストを抑える必要があるため、資材長さを小さくできる単純梁固有の曲げモーメントの応力に沿った段数と幅で構成する。

素材と空間を結ぶ

LOCATION

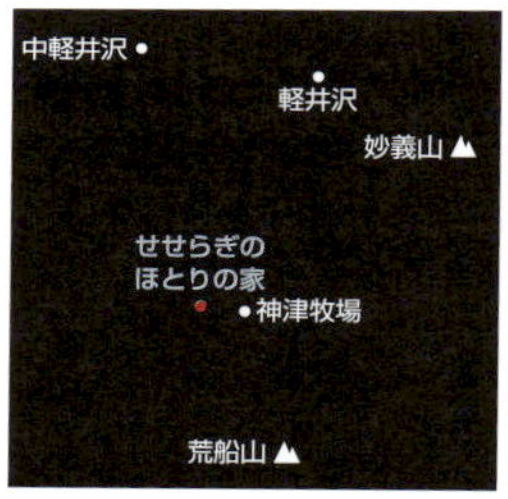

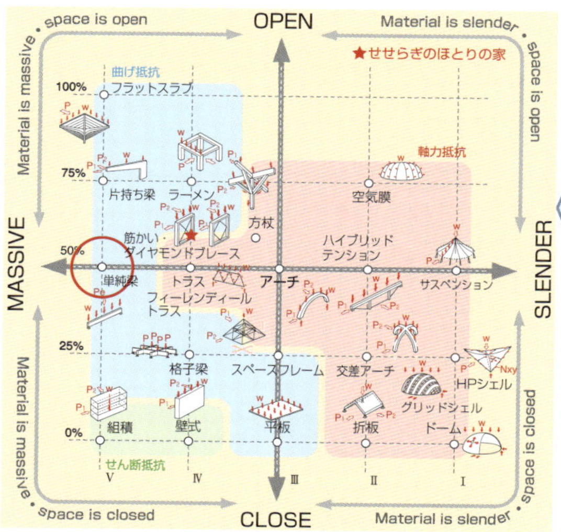

素材と空間の骨格デザイン認識図

素材と空間と荷重抵抗

構造的空間認識は、認識図上第2象限、開放率60%、量塊度Ⅳに位置する。

母屋の南角に位置する暖炉の煙突による耐火を確保するために、方形屋根の一部を切り取り、軒回りの片持ち梁を支持できるように山型の鉄骨火打ち梁を設けた。この立体鉄骨火打ち梁を他のコーナーにも設けることで、四隅から柱をなくし、開放率を上げることにも成功している。

母屋およびゲストルームの東西南北各面2箇所の筋かいと、中央部の三角形コアを利用することにより地震と台風に抵抗する軸力抵抗システムとした。

軸組構造：柱、梁、桁、筋かい等の軸材で構成される構造体。高層建築物等で代表されるラーメン構造、工場等の屋根構造で代表されるトラス構造が代表的なもの。

素材と空間の骨格デザイン

基礎形式：
母屋－べた基礎、布基礎
ゲストルーム－独立基礎

自然の敷地条件にはなるべく手を入れず、母屋アトリエ・工房とゲストルームを計画している。3棟のつながりは、敷地の高低差を利用し、室内の間取りに生かすデザインとした。母屋から「橋（ブリッジ）」でつながっているゲストルームは、基礎工事を最小限にできる一本柱の土台で完成させた。

1 隅角部 上：外部／下：内部
(Photo : O.MURAI)

①山型の鉄骨火打ち梁

暖炉の煙突が接する木造方形部分を切り取り、軒に向かって2列の立体的な鉄骨火打ち梁を設けている。他のコーナーは、1列の鉄骨火打ち梁とした。
この鉄骨火打ち梁により、母屋の四隅から柱をなくすことを可能とした。

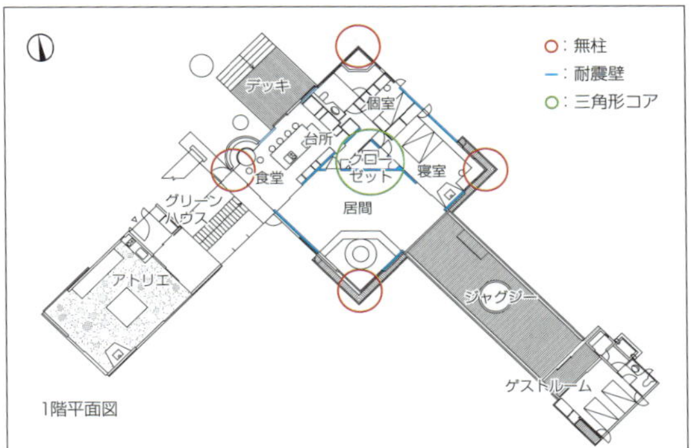

四隅は無柱としつつ、各面2箇所の耐力壁と中央部の三角形コアにより、地震、台風に抵抗する。

3 四隅の火打ち梁と耐力壁の配置

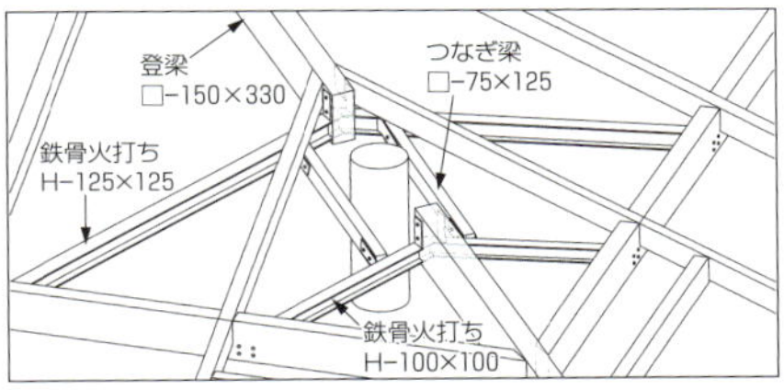

2 山型の鉄骨火打ち梁

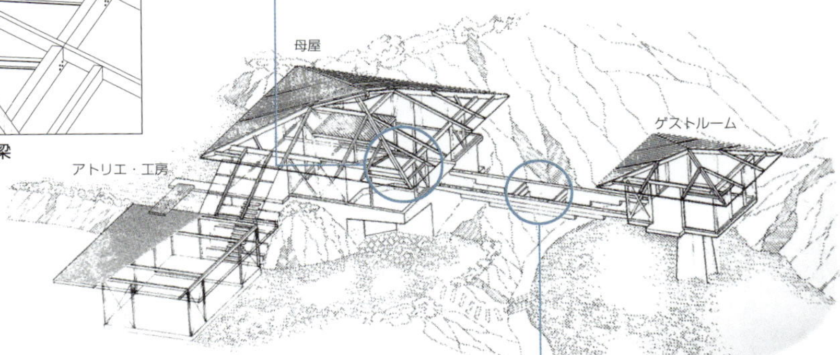

4 鳥瞰図

火打ち梁　床組または小屋組の水平構面の変形を防止するために各隅角部に設ける斜め材を「火打ち」といい、1階土台回りに用いるものを火打ち土台、2階床組または小屋組に用いるものを火打ち梁という。

②ジャグジー付き木造橋（ブリッジ）

母屋とゲストルームをつなぐスパン12mの橋（ブリッジ）は、7.5cm×30cmの集成材を単純梁固有の曲げモーメントの応力に沿った段数と幅で構成されている。
そして、両桁のつなぎ梁を2本設置し、その間にジャグジーを設置した。
十分な耐力を確保しつつ資材を小さくすることで、山間地への搬送を最小限の部材でまかなえるように配慮した構造とした。

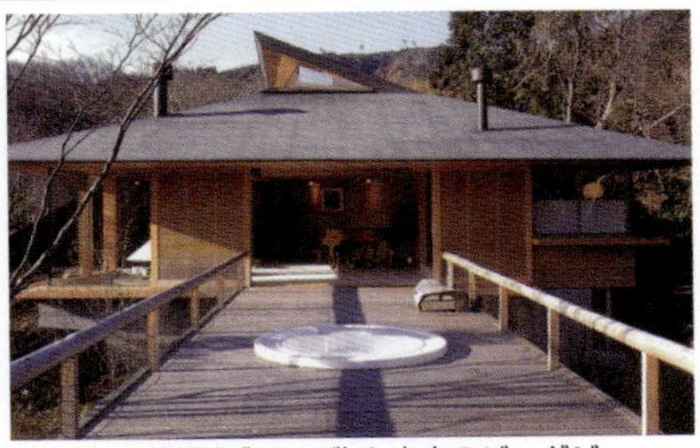

5 木造橋（ブリッジ）と中央のジャグジー

集成材 [laminated wood] 挽き板や小角材を、繊維方向を長手にそろえて接着剤で重ね張りし、角材や厚板材としたもの。日本農林規格（JAS）においては、造作用、化粧ばり造作用、化粧ばり構造用、構造用に区分される。積層材、合板とは区分される。

単純梁　⇨65ページ

つなぎ梁　小屋組を固めるために小屋梁間に渡す、束（つか）材程度の断面の横木。

FRP [fiberglass reinforced plastics]「ガラス繊維強化プラスチック」ともいい、プラスチックにガラス繊維を混ぜて強度を高めた複合材。

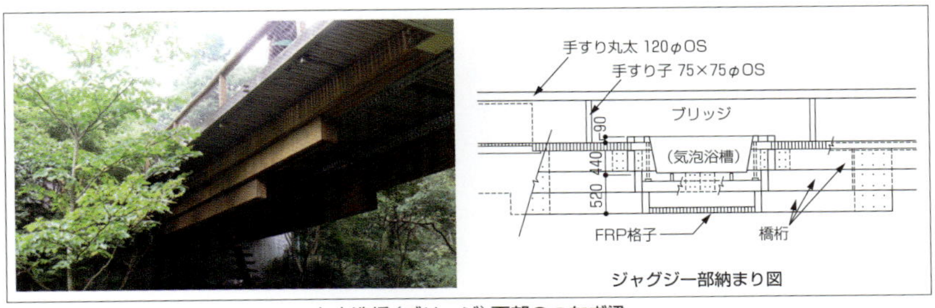

6 木造橋（ブリッジ）下部のつなぎ梁

FEM解析

FEM解析結果の表示
赤：引張り力　青・紫：圧縮力
全体座標系：X、Y、Z

軸組構造による屋根のFEM解析モデル
近代和風の軸組構造は、基本的に線材による立体構造であるため、方形屋根の立体解析を行っている。立体架構の四隅から柱を除いたデザインとしている。ここでは、鉄骨の「への字」立体火打ち梁の解析に注目してもらいたい。

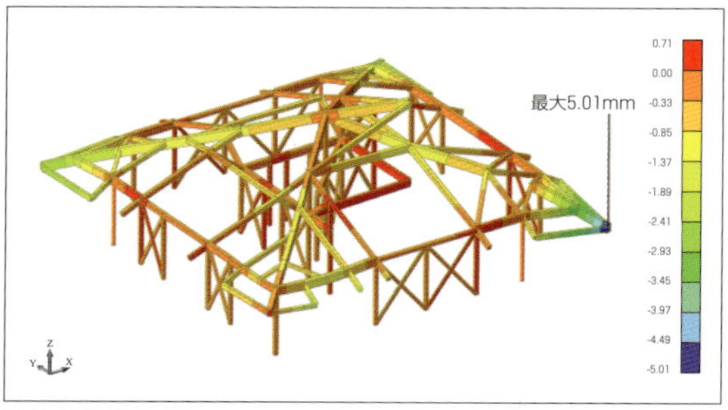

7-1 長期荷重時 Z方向変位量[mm]

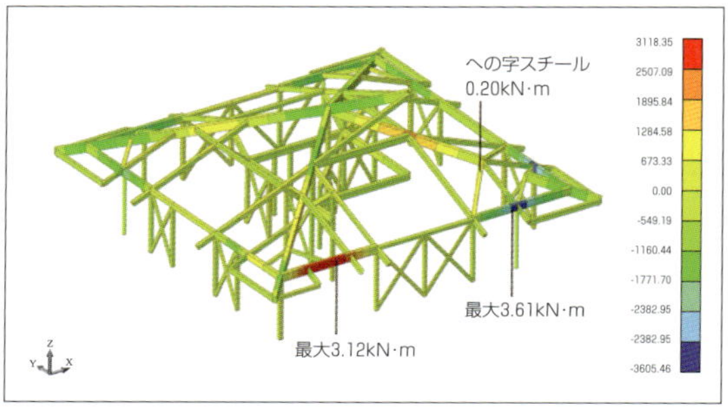

7-2 長期荷重時 曲げモーメント[N·m]

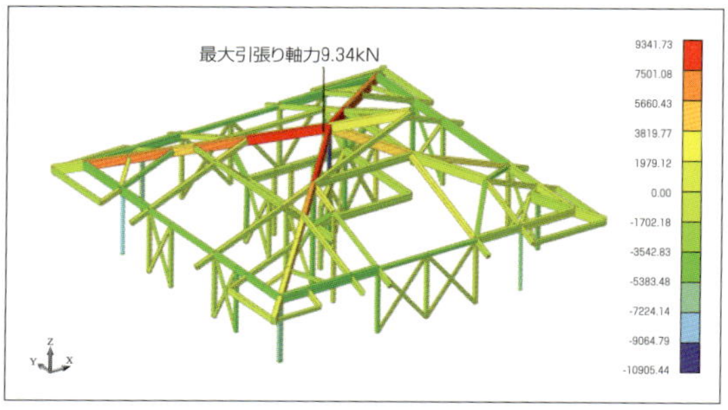

7-3 長期荷重時 軸力[N]

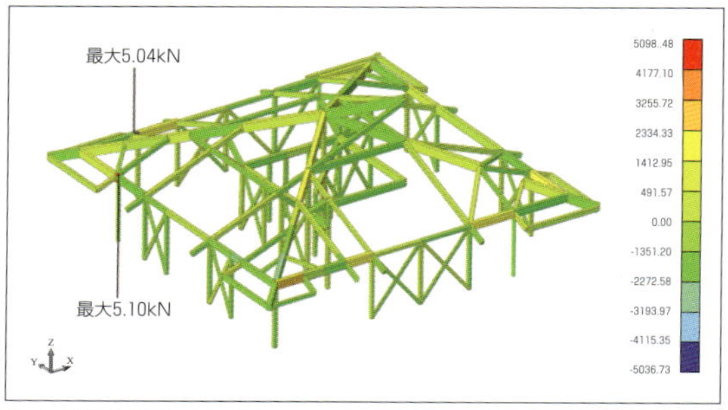

7-4 長期荷重時 せん断力[N]

FEM解析結果の表示
赤：引張り力　青・紫：圧縮力
全体座標系：X、Y、Z

木造橋（ブリッジ）のFEM解析モデル
せせらぎのほとりの橋（ブリッジ）は、先に述べた7.5×30cmの集成材を単純支持梁の応力に準じて組み合わせる計画をしている。
組合せ方法は、部材の縦方向は30cm×3段＝90cm、横方向は上段中央が4枚、中段が3枚、下段が2枚の部材配置で、最も応力が大きくなる中央上段を配慮した構成になっている。

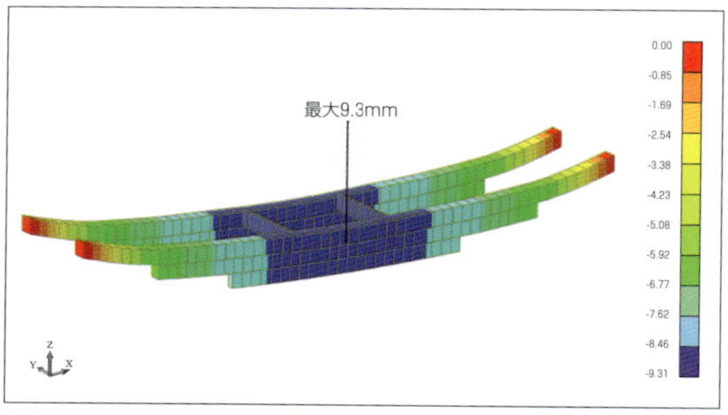

8-1 長期荷重時 Z方向変位量[mm]

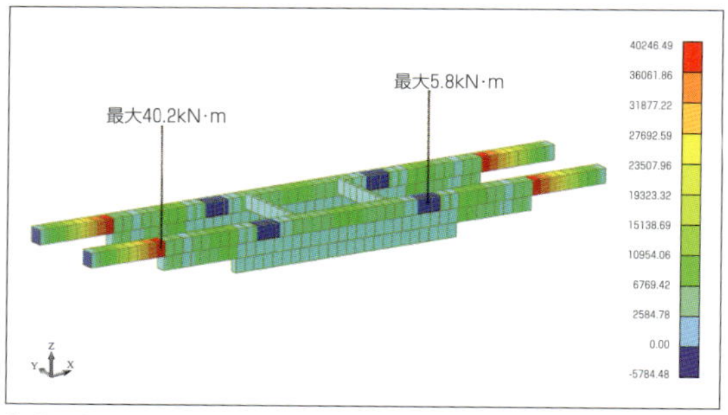

8-2 長期荷重時 曲げモーメント[N·m]

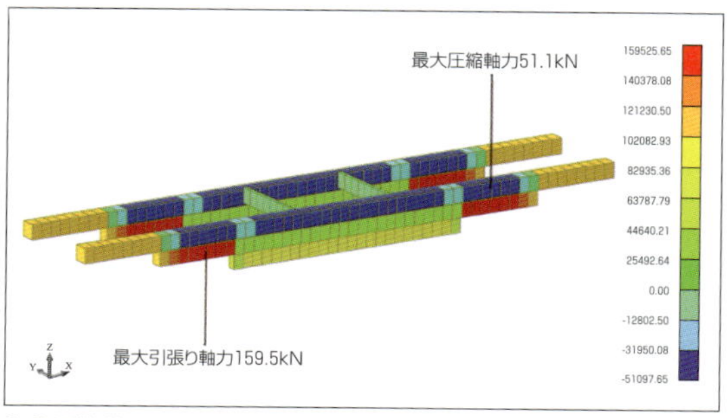

8-3 長期荷重時 軸力[N]

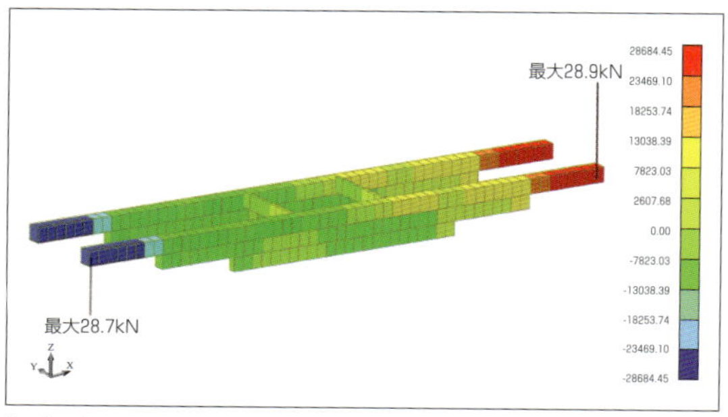

8-4 長期荷重時 せん断力[N]

アクリル板を用いた「せせらぎのほとりの家」の建築模型
空間と骨格を表現する建築模型を「空間の骨格模型」と称して、建築家・林雅子氏の追悼展で初めて素材にアクリル板を用いた13のプロジェクトを展示した。この「空間の骨格模型」は、模型の外側から空間のプラン、セクション、そして空間の骨格を同時に見ることができるという特徴をもっている。

空間の骨格模型

9 アクリル板による「空間の骨格模型」(全景)

素材の仕事比較

Hexagon Diagram
せせらぎのほとりの家は、1階に鉄筋コンクリートの躯体、耐震ブレース、そして軒裏には山型の鉄骨火打ち梁を使用していることから、「CO_2放出効率」は鋳鉄と錬鉄とガラス、そして木材を効率良く使用しているクリスタルパレスに比べて低い。
また、小さい空間の骨格ではあるが、接合ディテールと空間の質が高い分、素材と空間の骨格エネルギー量[Ess]は低い値(21.31×10^{11})となっている。

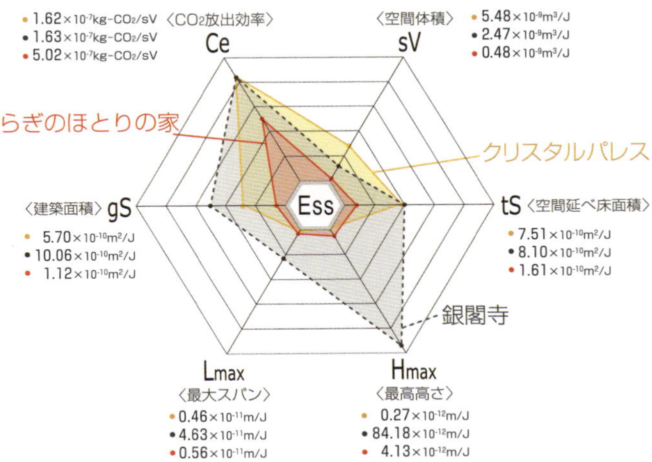

素材と空間の骨格エネルギーとCO_2放出効率

外科医的建築家のアイディア

建物の四隅に柱がなくても木造の骨格は可能である。

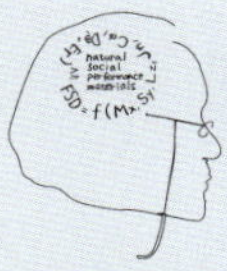

素材が形になるとき[4]

Idea of the surgical architect

- 母屋南側に位置する暖炉の煙突と屋根との取合い、さらに視界を遮らない開放的な空間演出のため、軒裏に山型の鉄骨火打ち梁を設置することによって、建物の四隅に柱を設けない骨格を実現している。
- 地震や台風に対しては、母屋中央部の三角形コアと各辺2箇所の耐震壁で抵抗する。
- 単純支持梁固有の応力に応じた大きさ・幅の部材を縦と横に積み重ねることで、効率的に大きな荷重に抵抗できる橋(ブリッジ)をデザインした。

5-貫構造

Nuki Structure

PROFILE

名　称　南三陸あさひ幼稚園
竣工年　2012年
所在地　宮城県本吉郡南三陸町

CONCEPT

1. 東日本大震災の津波被害に遭ったあさひ幼稚園を再生させ、希望と復興のシンボルとなる園舎をつくる。
2. 建築主（園長であり地元の大雄寺住職）の希望により、地域に根差し、愛されてきた樹齢300年を超える巨大な被災杉並木の木材を再利用する。
3. 短工期で建設可能な、しかも急斜面で巨大杉を生かせる工法として、日本古来の貫構造を採用する。
4. 木のぬくもりを感じながら園児が活動し、楽しい思い出をつくれる空間とする。

素材と空間を結ぶ

LOCATION

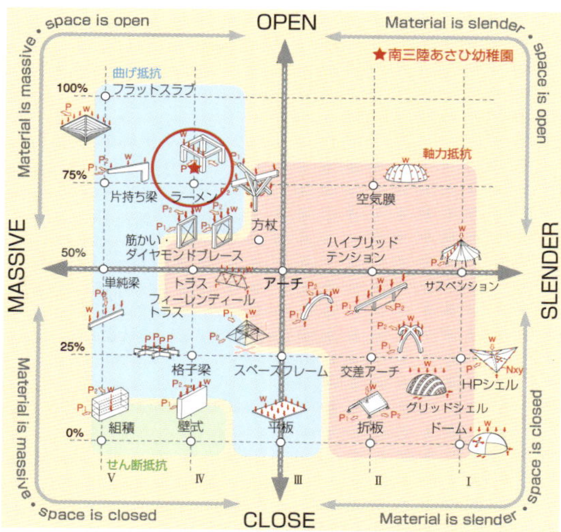

素材と空間の骨格デザイン認識図

素材と空間と荷重抵抗

構造的空間認識は、認識図上第2象限、ラーメン構造の上、開放率80%、量塊度Ⅳに位置する。
崖地や急斜面に建つ懸造（かけづくり）にならい、建物を支える屋根構造を貫構造とし、天井は2方向格子梁で、格子梁の支点接合は梁成（せい）の1/2をはめ込む篏合（かんごう）接合を取り入れた。
貫構造は完全な剛構造ではないが、楔（くさび）を用いることで制振的剛接合を実現している。
また、格子梁の接合は、8本のダボを用いて曲げせん断力に抵抗する方法を採用する。

貫構造：柱に貫（ぬき）を通して楔（くさび）で軸組を固める構造形式。その軸組は貫の成（せい）、段数、材質、楔での止め付け具合で変わるが、初期の剛性は下地材や仕上材に依存し、変形は大きくても比較的ねばり強い構造といえる。

素材と空間の骨格デザイン（1）

基礎形式：べた基礎

津波による被災杉の利用
杉の木は津波で被災すると1、2年で立ち枯れすると言われている。そのため本プロジェクトでは大雄寺の参道の巨大な杉を被災後1年半で伐採し、参道と杉の年月の記憶と文化をつなぐため、大雄寺あさひ幼稚園の空間の骨格に使用することとした。しかし、生木をすぐに構造材料として使用するには、木の性能を左右する含水率を適正値に近づける必要がある。この建物で使われる太い柱の含水率が高かったため、上棟式には含水率が18%前後にまで下がるよう、柱の中心部に「心貫」を施し、柱の中心からも水分が蒸発する工夫をした。

5 製材前の被災杉

心貫（しんぬき） ⇨58ページ

含水率　木材に含まれる水分の割合を示したもの。木材そのものの重さ（全乾重量）をもとにした比を百分率で表す。立木や伐採直後の木材には多量の水分が含まれており、含水率が100%を超えることもあるが、割れや狂いの原因となる。

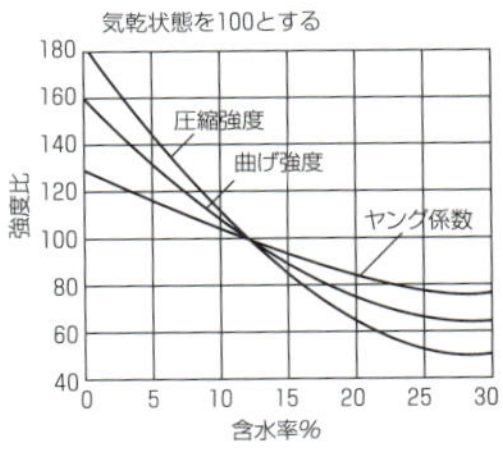

6 含水率と強度の関係

ダボ［太枘］材の位置決めや緊結、ずれを防ぐため、2つの材の接触面にそれぞれ穴をあけて打ち込む材をいう。堅木（かたぎ）など母材よりも堅い材が用いられ、がたつかないようダボ穴はダボよりわずかに小さめにつくる。

楔（くさび）ほぞ（枘）差しの仕口（しぐち）や貫（ぬき）などを固定するために打ち込む鋭角な三角形状をした堅木（かたぎ）の小片。

貫構造の構成は、太いダボと太い楔によるものとし、経年劣化による木の緩みは、楔を打ち直すことで接合部の強度を維持している（写真2）。この方法は、金物をできる限り使わない日本古来の方法を再現したものである。格子梁の接合部は、基本的に8本のダボで曲げせん断力に抵抗する方法とし（写真3）、基礎梁と柱の固定には2本のダボを用い、楔を打ち込むことにより剛接合とした（写真4）。また、今回下使用した材料は含水率が高かったため、特に柱脚はステンレスのバンドを2段に巻いた（写真4）。

2 ダボと楔を打った柱と貫の接合部

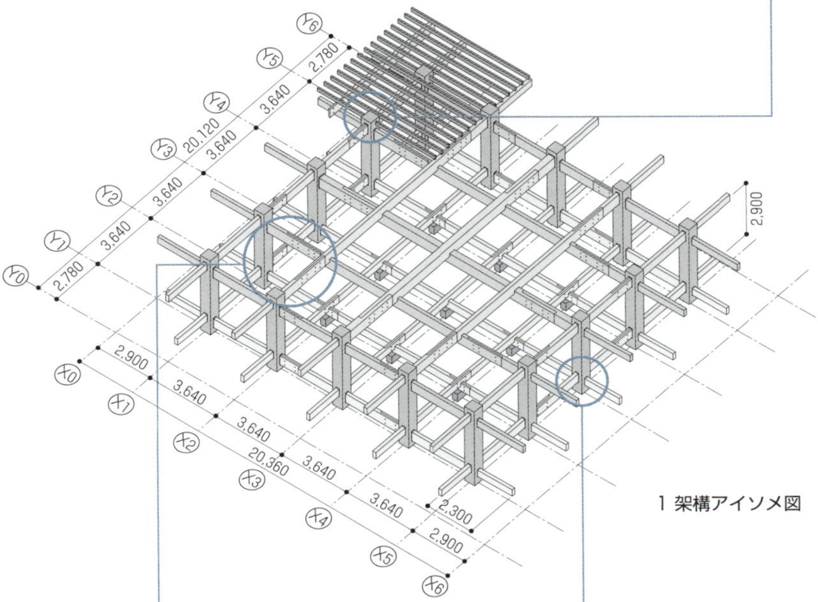

1 架構アイソメ図

3 8本のダボによる格子梁の接合部

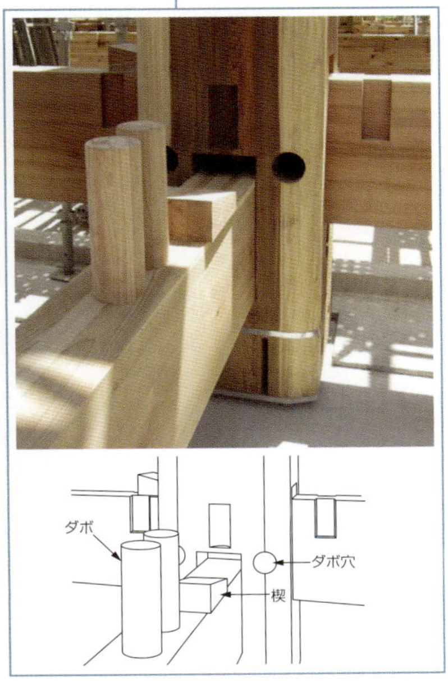

4 基礎梁と柱の固定
（ステンレスバンドによる接合部の補強）

剛接合 [rigid joint] 部材と部材の接合に関して、部材に生じる力すべて（おもに軸力、せん断力、曲げモーメントなど）を部材間で伝える接合。

木材の亀裂防止－心貫・背割り
木材の乾燥収縮による表面・内部の亀裂を防ぐため、心貫（しんぬき）と背割りを実施した。心貫は、柱中心部に直径10cmの穴を貫通させ、内側からも乾燥を促す処置をいう。背割りは、乾燥の偏りと変形を吸収するために樹心まで届くような鋸目を入れ、楔を打ち込み、材の表面にひび割れが現れるのを防止する。

7 心貫

FEM解析

FEM解析結果の表示
赤：引張り力　青・紫：圧縮力
全体座標系：X、Y、Z

ダボと楔による貫構造のFEM解析モデル
ダボと楔の接合の手順は、まずダボにより柱と梁を固定し、次に楔を打ち込む。こうすることによって剛接合となる。

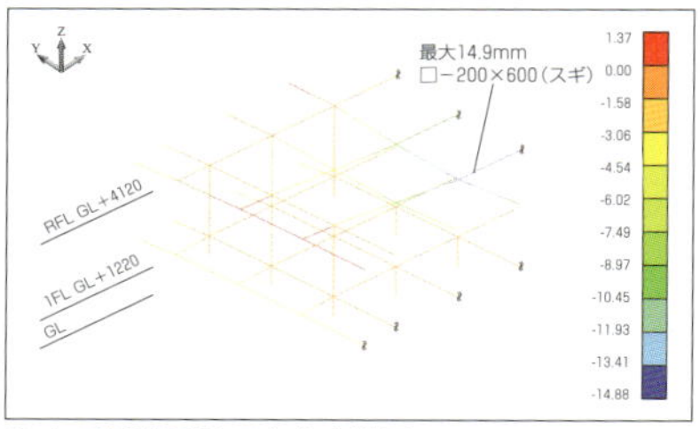

8-1 長期荷重時 Z方向変位量［mm］

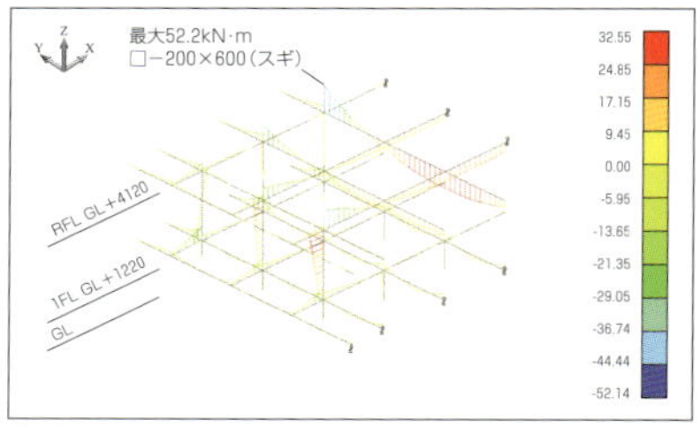

8-2 長期荷重時 曲げモーメント［kN·m］

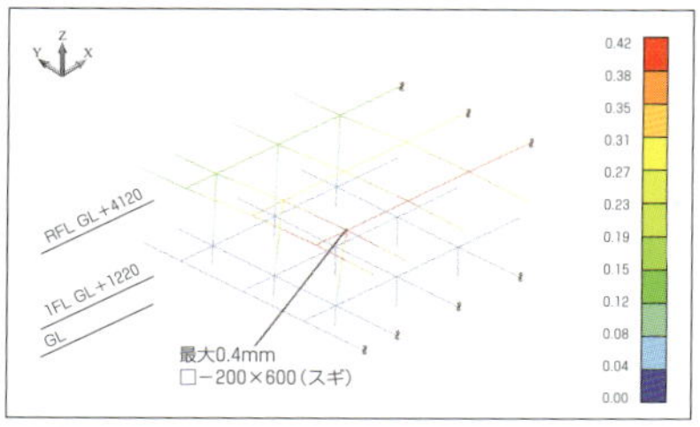

8-3 X方向地震荷重時 X方向変位量［mm］

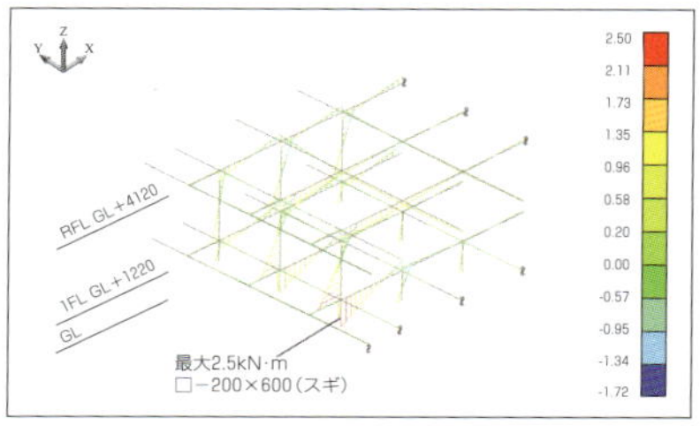

8-4 X方向地震荷重時 曲げモーメント［kN·m］

素材と空間の骨格デザイン（2）

名　称：清水寺・本堂の舞台
再　建：1633年
所在地：京都府京都市
基礎形式：玉石基礎
音羽山の崖地に建つ、日本古来の伝統工法よる木造建築。

懸造－清水寺・本堂の舞台
本堂から山の斜面にせり出した清水の舞台（730m²）は、98本の柱で支えられている。この清水の貫構造の特徴は、25mの一本の梁が柱を貫通しているように見えるが、実際はスパンごとに太さ60〜70cmの柱の中で台持ち継ぎを用いて接合されている。部材を柱内にセットした後、5cmのすき間に楔を打ち込むことで、ピン・ローラー接合から剛接合となる。
幾多の巨大地震のたびにこの楔を打ち込むことによって耐震、耐風強度を再生させてきた。また、柱は根継ぎや埋木等の修復技法を用いることで、380年を超える超寿命となっている。

台持ち継ぎ　支承位置で真継ぎにする場合に用いられる継手の一つ。上木と下木の両部材を継手の中央で半分ずつ目違いとし、接合面を水平に置き重ね、上木部から荷重がかかることで固められる。ダボやボルト締めなどにより補強される。

ピン・ローラー接合　接合部が回転も滑りも可能な接合。木造では完成時にピンまたは剛接合となる。

根継ぎ　⇨17ページ
埋木　⇨17ページ

9 98本の柱で清水の舞台を支える貫構造

仕口（しぐち）2つ以上の部材を組み合わせ、接合する方法で、構造部材である柱や梁、桁などに用いられる。また、その接合箇所のことを指す。従来は職人が手作業でほぞとほぞ穴を刻んでいたが、最近では仕口部分も工場であらかじめプレカットされた部材を現場に持ち込むことが多い。

継手（つぎて）部材を同一方向で接合する方法、またはその部分。木の元の関係や継手の基本形式によって分類される。

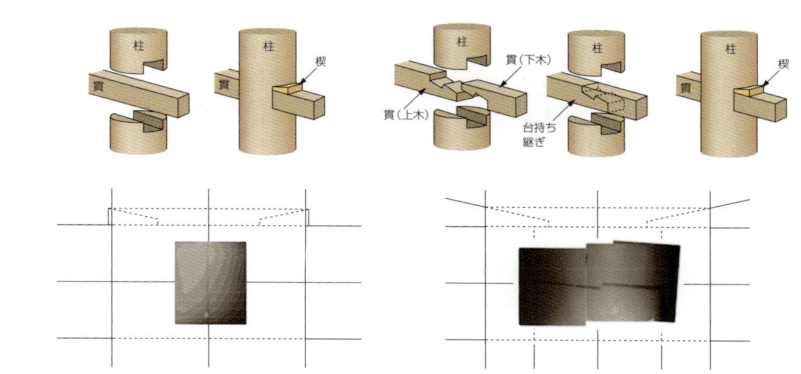

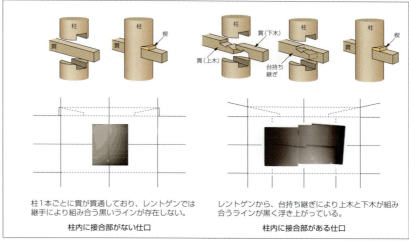

柱1本ごとに貫が貫通しており、レントゲンでは継手により組み合う黒いラインが存在しない。

柱内に接合部がない仕口

レントゲンから、台持ち継ぎにより上木と下木が組み合うラインが黒く浮き上がっている。

柱内に接合部がある仕口

10 仕口部のレントゲン撮影による検証

素材の仕事比較

Hexagon Diagram

南三陸あさひ幼稚園は、清水寺と同じ貫構造である。空間の違いは、清水寺が舞台を支える柱と貫が3〜4m間隔の配置に対して、南三陸あさひ幼稚園は内部に柱がない格子梁としたため、「CO_2放出効率」は銀閣寺やクリスタルパレスと同じような値となった。

また、空間体積の仕事量［sV/Ess］や空間延べ床面積の仕事量［tS/Ess］は、銀閣寺と同等の素材エネルギー効率を発揮している。

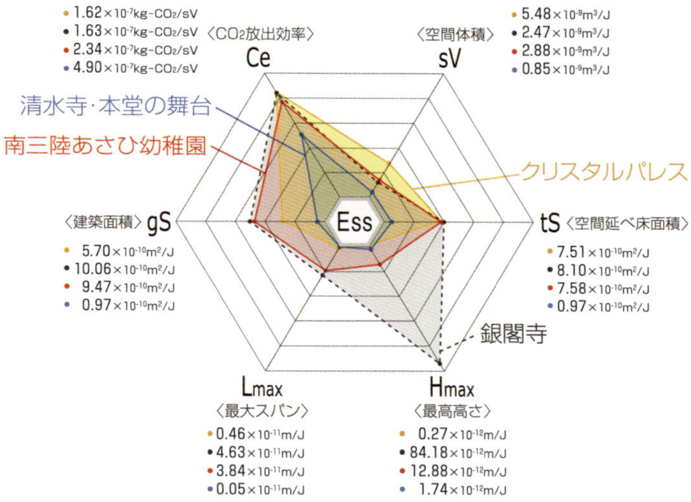

素材と空間の骨格エネルギーとCO_2放出効率

外科医的建築家のアイディア

南三陸あさひ幼稚園

伝統構法による柱と貫の接合は、楔によって固定するか、台持ち継ぎのせん断耐力で抵抗する。

貫構造は、太いダボを用いることでせん断耐力が確保できる。

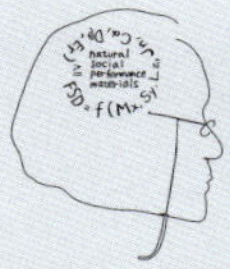

素材が形になるとき［5］

Idea of the surgical architect

- 木材を天然乾燥させる場合、断面が大きいものだと2〜3年を要するが、巨大被災杉の含水率は100％と非常に高く、天然乾燥後の乾燥収縮による亀裂防止のために、柱には直径10cmの心貫と背割りを実施した。
- 空間の骨格は、600×600mm角の柱と梁せいが400〜600mmの部材によるラーメン構造とし、柱と梁のみで構成することで壁のない自由な空間を実現した。
- 柱および梁の接合部は、金物を使用せずに篏合（かんごう）接合とすることで、接合部の固定力を確保した。
- 四周の貫構造は、直径18cmの貫通ダボにエポキシ樹脂を注入することにより接合部に働くせん断力に抵抗し、懸造（かけづくり）である清水寺・本堂と同様に楔を用いることにより、曲げに対して抵抗する接合とした。また、格子梁の部材継手には直径10cmのせん断ダボを用いることにより曲げせん断抵抗接合とした。

6-ダイヤモンドブレース構造 Diamond Brace Structure

PROFILE
名　称　住吉のゲストハウス
竣工年　2002年
所在地　大阪府大阪市

CONCEPT

1. 大阪の下町の住宅密集地に、開放的な近代和風のゲストハウスを計画する。
2. 開放感を演出するために、西側外部正面は1階から2階までをガラスのファサー ド仕上げとし、内部にはどの方向からも観賞できる中庭を設ける。
3. 正面のガラスのファサードは、大きな開口を確保するためにできる限り幅を小さくとり、ガラスを支える支柱の数で強度をもたせた。また耐力壁は、壁倍率7の強度が確認されているダイヤ型のブレース（ダイヤモンドブレース）を開発し採用することにより、最小限の幅と数による耐震システムを実現する。

素材と空間を結ぶ

LOCATION

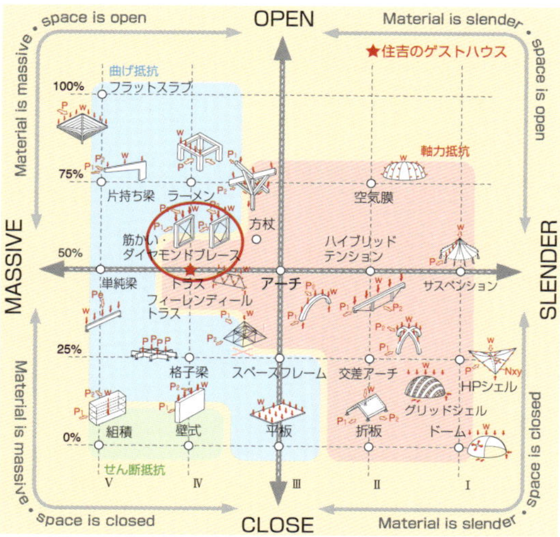

素材と空間の骨格デザイン認識図

素材と空間と荷重抵抗

構造的空間認識は、認識図上第2象限、開放率50%、量塊度Ⅳのダイヤモンドブレースに位置する。

ダイヤモンドブレースは、通常の耐力壁に比べて2〜3倍の耐力をもつ。さらに、柱幅と同寸のブレース（筋かい）とすることができるため、最小限の幅と数の耐震システムで50%以上の開放率を得ることが可能となる。

また、水平荷重に対しては、根太の上にコンクリートを打ち込むことにより、地震時に建物全体が一体となって揺れる制振効果が得られる。

ダイヤモンドブレース構造：ブレースと呼ばれる斜め部材で地震力を負担する構造を「ブレース構造」といい、このブレースを対角線方向ではなくダイヤ型に組んだ構造を「ダイヤモンドブレース構造」という。

素材と空間の骨格デザイン

基礎形式：べた基礎

壁倍率（かべばいりつ）建築基準法で定められた耐力壁のせん断力を表した数値。耐力壁の仕様により数値が異なり、0.5〜5倍まで設定されている。倍率1＝1.96kN/mとする。

ダイヤモンドブレースの壁倍率
⇨62ページ

耐力壁 ⇨62ページ

耐震壁（たいしんへき）構造体の一部として、おもに地震時の水平荷重に耐えて効果的に抵抗する壁。平面的および上下方向にバランス良く配置することで柱や梁の水平負担が軽減され、経済的で無理のない構造計画が可能となる。

水平剛性 地震や風圧などの水平方向の力に耐える強さ。木造の建物では、屋根は床の剛性を確保するため、火打ち梁や構造用合板が用いられる。

構造用合板 建築物の構造耐力上主要な部分に使用する合板。日本農林規格（JAS）では1級と2級に分けている。主として、1級は構造計算を必要とする構造部分や部品に使用するもの、2級は耐力壁、屋根下地、床の下張りとして使用するもの。

集成材 ⇨53ページ

耐圧版 建物の重さを支える直接基礎（べた基礎）としてのマット状のスラブ（鉄筋コンクリート構造の床版のこと）、または杭基礎の場合などで建物の重さを支えないが、地下水圧などに対して抵抗させる目的で建物の最下部に設けるスラブを指す。

ファサード［facade］建築物の立面のうち、外観の設計上、主要となる面。道路や広場に面した正面玄関のある立面を指す場合が多い。

強化ガラス フロート板ガラスの素板を強化熱炉に入れてガラスを軟化温度（650℃）近くまで加熱した後、板ガラス両面に空気を急激に吹き付けて急冷することにより、表面に圧縮応力層、内部に引張り応力層を形成したガラス。JIS R 3206

大黒柱（300×300mm）を空間の中心である中庭周りに配置する。
屋根裏をもつ3層の木造建築を開放的につくるには、最小限の幅と数で強度をもたせるための耐震システムであるダイヤモンドブレースを耐力壁とし、1階と2階の床には根太の上に水平剛性の高いコンクリートスラブを打ち込む。また、西側正面のガラスのファサードにはサッシレスフレーム（Gracy X システム）を採用した。

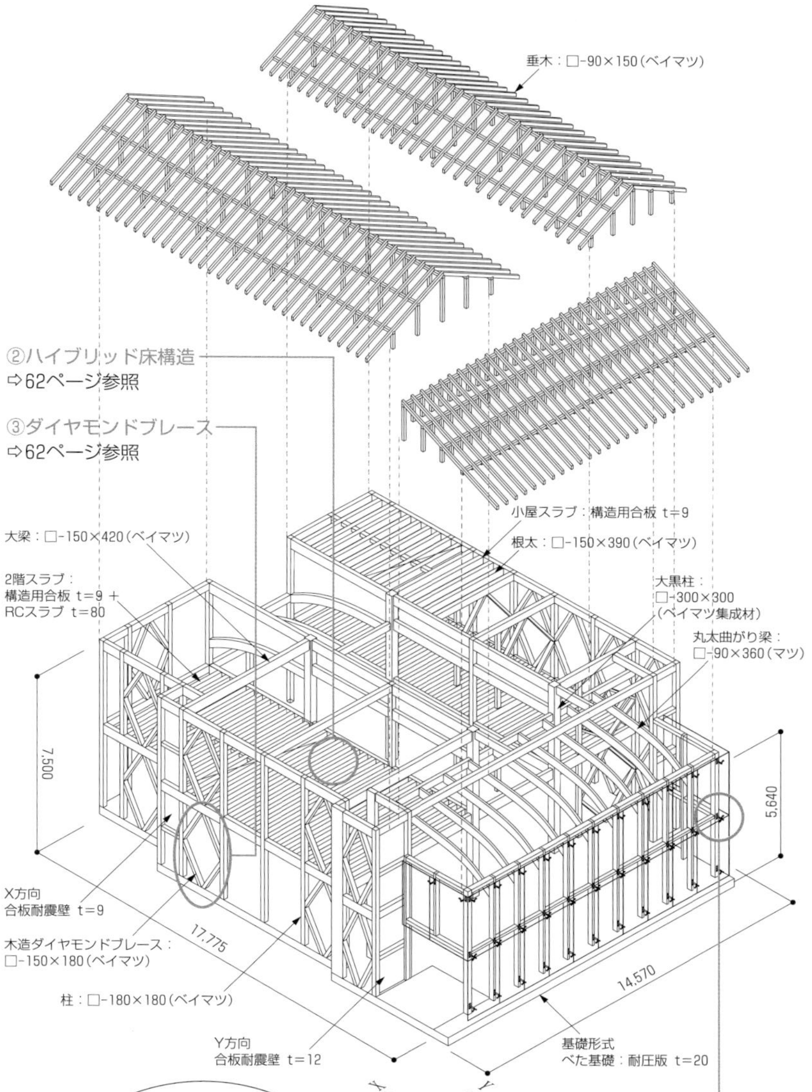

1 架構アイソメ図

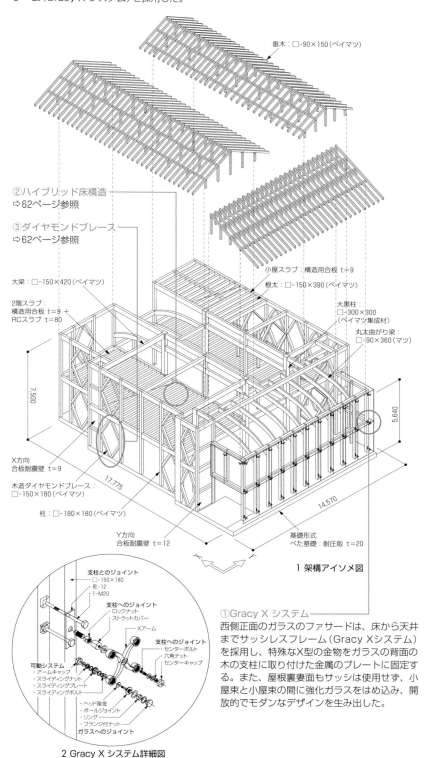

①Gracy X システム
西側正面のガラスのファサードは、床から天井までサッシレスフレーム（Gracy Xシステム）を採用し、特殊なX型の金物をガラスの背面の木の支柱に取り付けた金属のプレートに固定する。また、屋根裏妻面もサッシは使用せず、小屋束と小屋束の間に強化ガラスをはめ込み、開放的でモダンなデザインを生み出した。

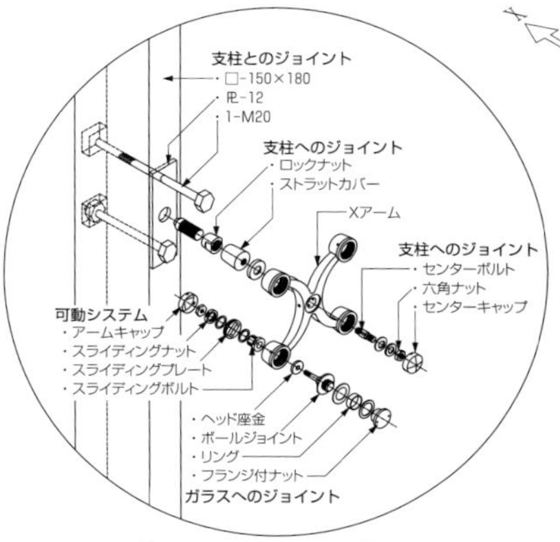

2 Gracy X システム詳細図

耐力壁（たいりょくかべ）地震、風（台風）などによる水平力や建物の自重、家具・人の重量、屋根の積雪荷重等による鉛直力に抵抗する壁。特に地震に対してのみ抵抗する「耐震壁」とは区別される。

本設の根太の仮設利用（図3）
コンクリート打込みに際し、300mm間隔に配した根太の上に厚さ15mmの構造用合板を乗せ、これを型枠として使用した。こうすることで、コンクリートの打込みから脱型までを短期間で行うことができる。

②ハイブリッド床構造

強度の高い耐力壁があっても、地震時に建物重量をその外壁面までスムーズに伝えられなければ十分な効果が得られない。木造の床だけでは荷重を伝えきれないため、2階の床には水平剛性の高いコンクリートスラブ（厚さ80mm）を用いて、上下階の振動・遮音性能も考慮し、住宅性能を高めた。

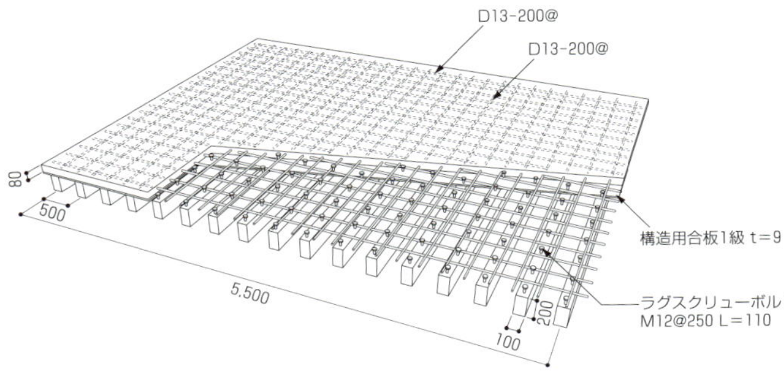

3 ハイブリッド床構造のディテール

ダイヤモンドブレースの壁倍率
耐力壁に求められる性能は壁倍率0.5〜5まで設定されているが（建築基準法施行令第46条）、壁にV字型やX字型のブレースを入れることで強度が高められる。本プロジェクトで採用したダイヤモンドブレースは、壁倍率7の強度が確認されている。

ダイヤモンドブレースの取付け
ダイヤモンドブレースは、図4のように柱と梁の中点に交差するように取り付けると耐震抵抗力が発揮できる。つまり、地震力が枠全体に作用すると、ダイヤモンドブレースに圧縮力（→）と引張り力（⇨）が同時に働く。このとき、接合点が柱・梁の中点であるため、圧縮力と引張り力は同じ大きさとなる。したがって、柱・梁の接合点では力が相殺されるため、柱・梁には曲げモーメントは発生しない。
また、X字型ブレース（交差筋かい）は交点でブレースを削るためブレース耐力に限界があるが、その点、ダイヤモンドブレースを削ることなく取り付けるため高耐力となる。

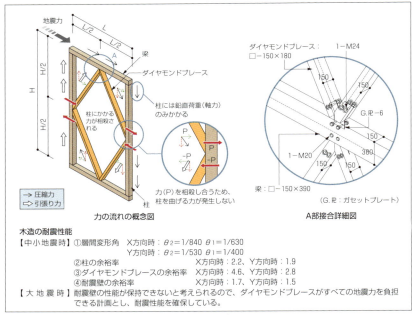

③ダイヤモンドブレース

X字型のブレース（筋かい）は支点があるが、ダイヤ型のダイヤモンドブレースには部材が変わる支点がないため、ブレース幅を柱幅・梁幅と同寸まで厚くすることが可能である。また、V字型のブレースに比べてもダイヤモンドブレースの部材は短くてすむため、強度が発揮できる。
地震時には、圧縮力と引張り力が同時に働くが、柱の上下のブレースの接合点で水平力が力学的に相殺されるため、柱、梁に曲げモーメントが発生しないという利点がある。

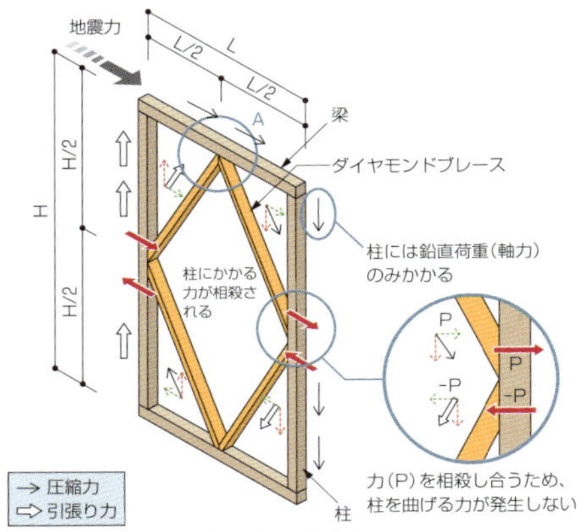

力の流れの概念図

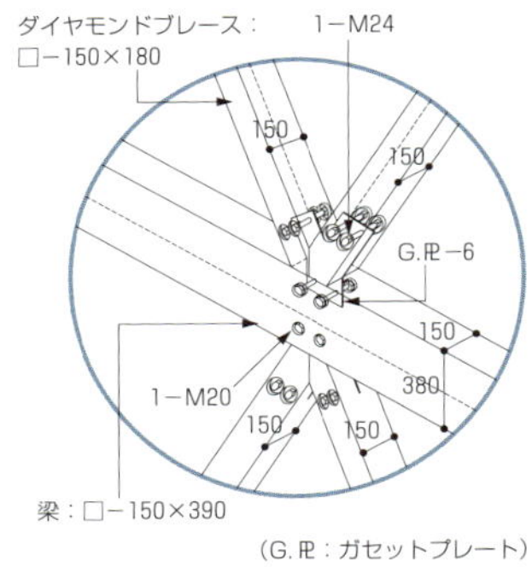

A部接合詳細図

木造の耐震性能

【中小地震時】①層間変形角　X方向時：θ_2=1/840 θ_1=1/630
Y方向時：θ_2=1/530 θ_1=1/400
②柱の余裕率　X方向時：2.2、Y方向時：1.9
③ダイヤモンドブレースの余裕率　X方向時：4.6、Y方向時：2.8
④耐震壁の余裕率　X方向時：1.7、Y方向時：1.5
【大地震時】耐震壁の性能が保持できないと考えられるので、ダイヤモンドブレースがすべての地震力を負担できる計画とし、耐震性能を確保している。

4 ダイヤモンドブレース

FEM解析

FEM解析結果の表示
赤：引張り力　青・紫：圧縮力
全体座標系：X、Y、Z

全体架構のFEM解析モデル
ダイヤモンドブレース構造の部材を流れる力は、地震力は柱とブレースで抵抗し、重力は梁で抵抗する。
したがって、重力を支える長期曲げモーメントを図5-1で、地震力はX、Y方向の大きい軸力のみを図5-2、図5-3で示した。また、おのおのの力の流れが最大となる解析結果もあわせて図示した。

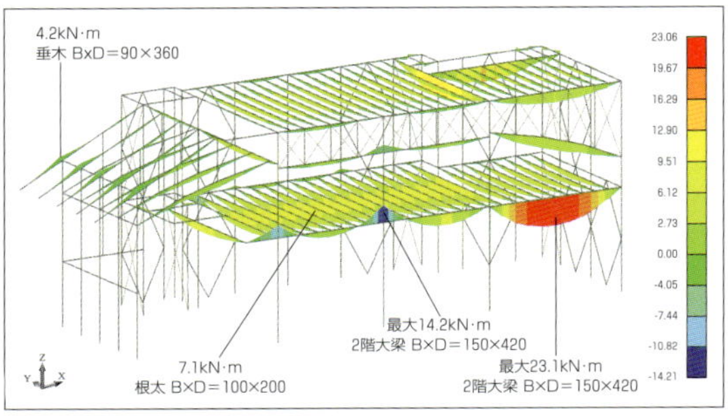

5-1 長期荷重時 曲げモーメント [kN·m]

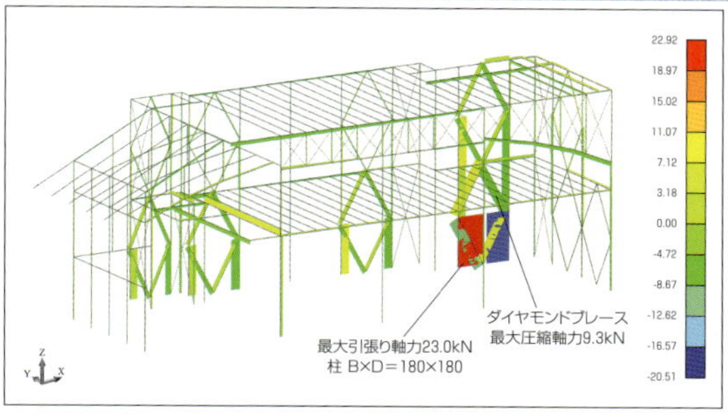

5-2 X方向地震荷重時 軸力［kN］

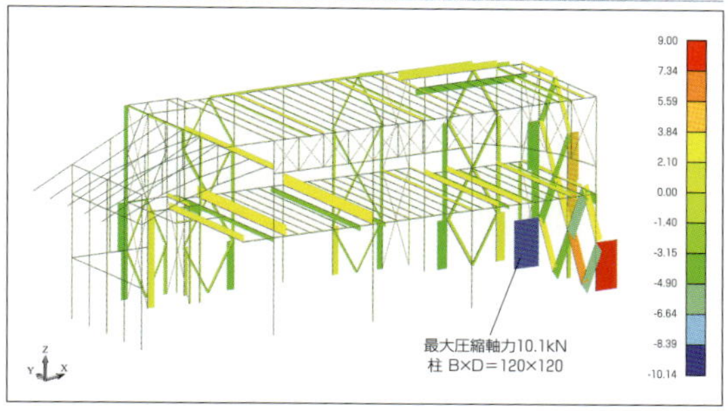

5-3 Y方向地震荷重時 軸力［kN］

素材の仕事比較

Hexagon Diagram

ダイヤモンドブレースを効果的に配置し、開放的な内部空間を実現した住吉のゲストハウスは、2、3階の床に振動対策、遮音対策、そして地震力を下階（1、2階）のダイヤモンドブレースに伝えるため、各階の床の水平剛性を確保するのにコンクリートスラブを使用している。
したがって、「CO_2放出効率」はクリスタルパレスや銀閣寺に比べて大きい値となっている。

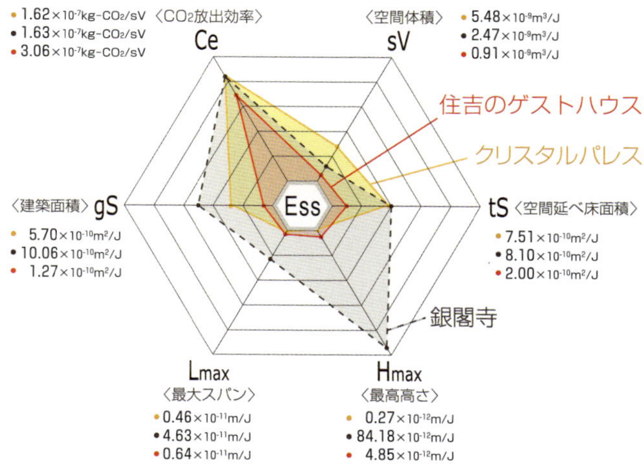

素材と空間の骨格エネルギーとCO_2放出効率

外科医的建築家のアイディア

ダイヤモンドブレースを使用することによって、壁倍率が15の耐力壁となる。

ダイヤモンドブレースは、ブレースの部材幅・厚さが柱または梁と同等の幅・厚さで設計することができる。

根太を利用すれば、型枠なしでコンクリートの打込みができる。

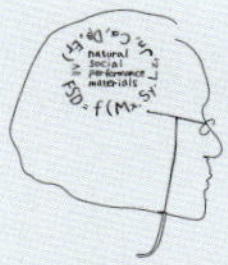

素材が形になるとき［6］

Idea of the surgical architect

・ダイヤモンドブレースを耐力壁として採用することで耐力壁を減らすことができ、開口部も多く取れて屋内に自然光を取り込むことができた。なお、ダイヤモンドブレースの構造的特徴は以下のとおりである。
　①ブレース幅を柱幅・梁幅と同寸まで厚くすることができるため、ダイヤモンドブレースは壁一面の耐力が大きくなる。
　②柱と上下のブレースの接合部で水平力が力学的に相殺されるため、地震時に柱に曲げモーメントが生じにくい。
　③柱・梁とブレースの接合部が断面欠損の少ない接合部となる。
・2階床の構造においては、地震時に効果的に力を伝える長スパン根太構造＋RCスラブを採用することで建物全体が一体化でき、さらに1、2階の遮音性、防音性も確保することができた。
・木造建築にRCスラブ構法を採用する場合、300mm間隔に配置した根太の上に構造用合板を乗せることで、型枠の役目を果たすとともに、脱型の必要のないことから、コンクリートの打込みから脱型までにかかる期間の短縮が図れた。

7-単純支持梁構造 Simple Beam Structure

PROFILE
名　称　水前寺江津湖公園・管理棟
竣工年　1999年
所在地　熊本県熊本市

CONCEPT

1. 市民の憩いの場として親しまれている水前寺江津湖公園内に、雄大な湖を背景に自然と調和（屋根面への緑化等）する公園管理棟を計画する。
2. 重たい印象の単純支持梁構造にあって、開放感のある空間の骨格を実現させるため、柱と梁の接合方法を新たに開発する。
3. 桁方向の梁をなくすことで、湖畔の景観が360°見渡せる憩いの空間を実現させる。
4. 台風や地震対策として、屋根は極力薄くするが、ある程度の重量をもたせることで、柱から梁が浮くことのないようRCスラブを採用する。

素材と空間を結ぶ

LOCATION

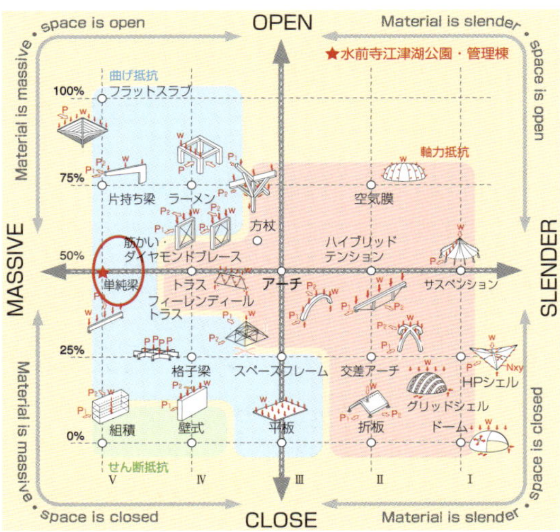

素材と空間の骨格デザイン認識図

素材と空間と荷重抵抗

構造的空間認識は、認識図上第2象限、開放率50%、量塊度Vに位置する。

重たい印象になりがちな単純支持梁構造を、柱と梁の接合をオープンジョイントにすることによって縦方向の屋根支持梁を省略し、外部空間と内部空間の連続性を確保している。

壁倍率10以上のダイヤモンドブレースを採用することで、地震力を100%負担することができ、地震時に必要な軒梁が省略可能となる。

柱脚部は固定、梁の両端を半剛接合とし、さらにRCスラブの重さによって曲げモーメントに抵抗している。

単純支持梁構造：一端がピン、他端がローラーという梁の両端の支点だけで支える最も簡単な静定構造（安定な構造で、その反力や応力が力のつり合い条件のみから定め得る構造）。

素材と空間の骨格デザイン

基礎形式：埋込み杭

単純梁［simple beam］一端がピン、他端がローラーで構成された梁。

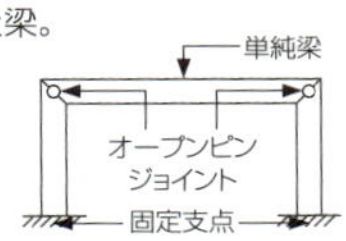

6 オープンピンジョイントによる単純梁

ピン［pin］骨組における部材の節点または支点の一種。回転は自由にできるが、鉛直と水平方向の移動は拘束されているためできない。また、部材力は伝達するが、曲げモーメントは伝達しない。

ローラー［roller］特定の方向に滑動できるメカニズム。水平、回転移動が可能な支点。「移動端」ともいう。

壁倍率 ⇨61ページ

強風による屋根の吹上げが発生しにくい偏平曲面RCスラブ（RCと木造格子シェルのハイブリッド屋根スラブ）を採用した。この屋根は、地震力をダイヤモンドブレースに伝える役目をもつ。また、部材断面の大きい柱梁部材をオープンピンジョイントによる接合とすることで、地震時においても地震荷重を逃がすことで被害を最小限に食い止めることができる。

1 外観・エントランス

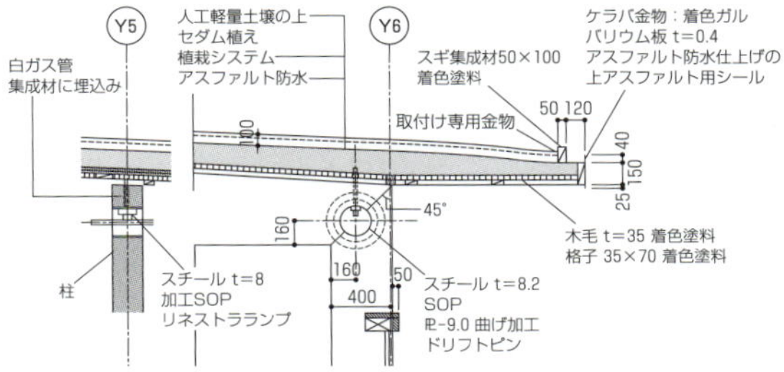

2 オープンピンジョイントと配管用炭素鋼管（白ガス管）の納まり

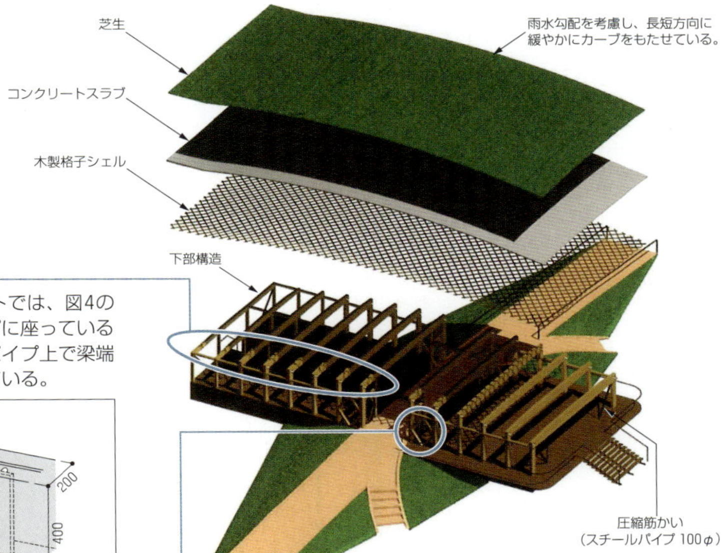

3 架構アイソメ図

①単純支持梁端部オープンピンジョイント

固定の接合が多用されるが、本プロジェクトでは、図4のように梁の鋼管パイプが柱頭のハーフパイプに座っているだけのジョイントである。この傾斜ハーフパイプ上で梁端部パイプが地震時に回転する仕組みとなっている。

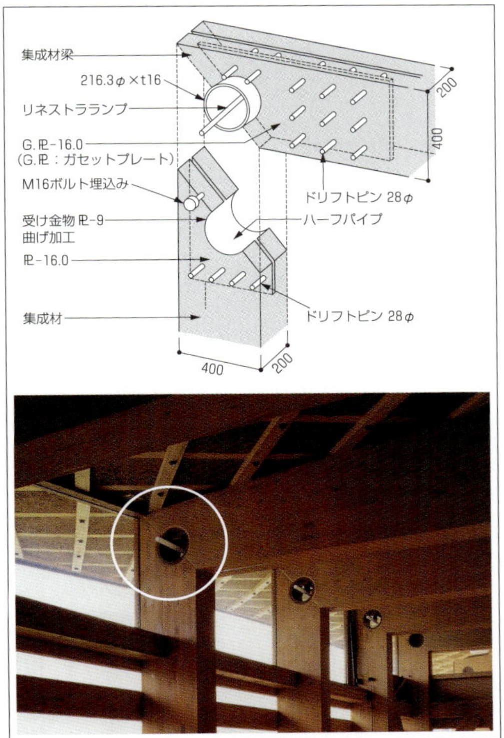

柱梁のオープンジョイントの円形部に鋼管を組み込み、照明器具（蛍光灯）も設置可能なジョイントを実現した。

4 蛍光灯を設けた柱梁のオープンピンジョイント

②地震力の1/6を負担する木造ダイヤモンドブレース

地震時に必要な軒梁を省略でき、かつ、本架構では壁倍率10のダイヤモンドブレースが100%地震力を負担することで実現した。
また、ダイヤモンドブレースは、X字型ブレース（交差筋かい）に比べブレースの材長が短く、柱幅Bcと同じ厚さまでブレース幅BBを厚くすることが可能であるため、壁倍率を必要に応じて増やすことができる。

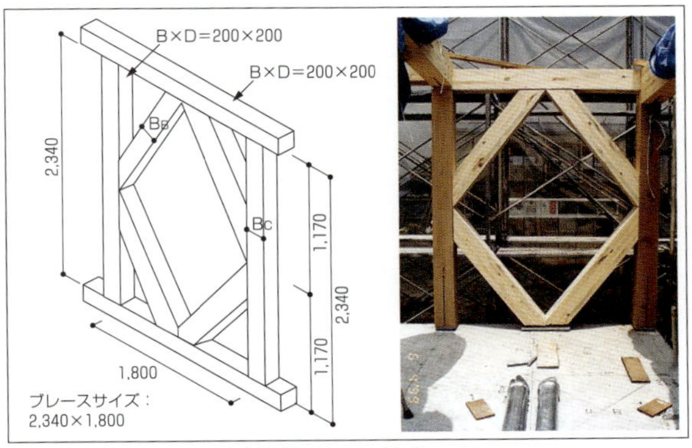

5 木造ダイヤモンドブレース

FEM解析

FEM解析結果の表示
赤：引張り力　青・紫：圧縮力
全体座標系：X、Y、Z

オープンピンジョイント接合部のガセットプレートとリングのFEM解析モデル
リングの曲げモーメントは、柱のハーフパイプと接するあたりが大きく、リングの側面は外側に膨れていることが青色でわかる。
リングのせん断力は、ガセットプレートとリングの接合中央部とリングの側面の黄色でその大きさがわかる。
リングの変位量では、赤色が変形の大きさを表し、青色部分はほどんと変形していない。

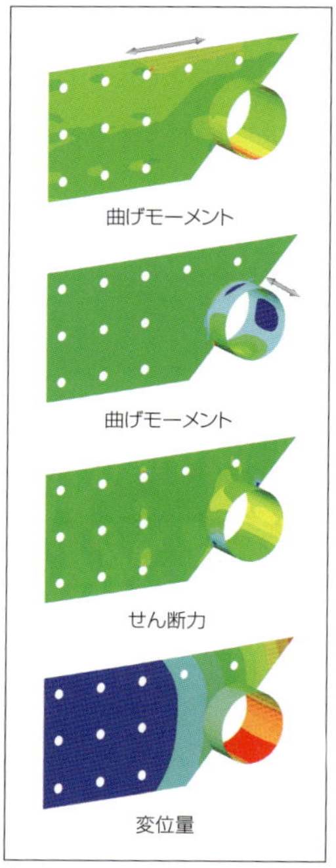

8 ガセットプレートとリングの応力と変形

ガセットプレート［gusset plate］鉄骨造のラーメン構造、ブレース構造などにおける接合部の節点に集まる部材相互の接合に用いられ、部材間の応力を伝達させる鋼板の総称。

セルフベンディング性　単純梁を偏平な曲率で階段状に配し、その上に組んで薄い木（または

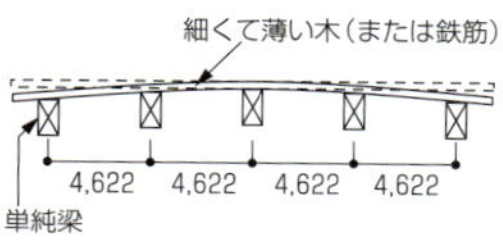

10 セルフベンディング性

空間の骨格のFEM解析モデル
単純支持梁で両端が回転可能なピン支持の変位量は中央部が最も大きく、本架構での最大変位量は27.1mmとなっている。

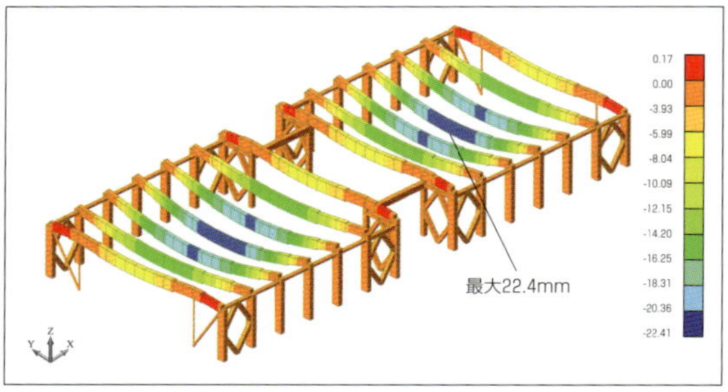

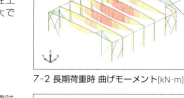

7-1 長期荷重時 Z方向変位量[mm]

単純支持梁の曲げモーメントの最大は中央下端であり、最大で20.7kN·mとなっている。また、梁上端の最大曲げモーメントはダイヤモンドブレースを構成する内側柱上端に発生しており、最大で17.3kN·mとなっている。

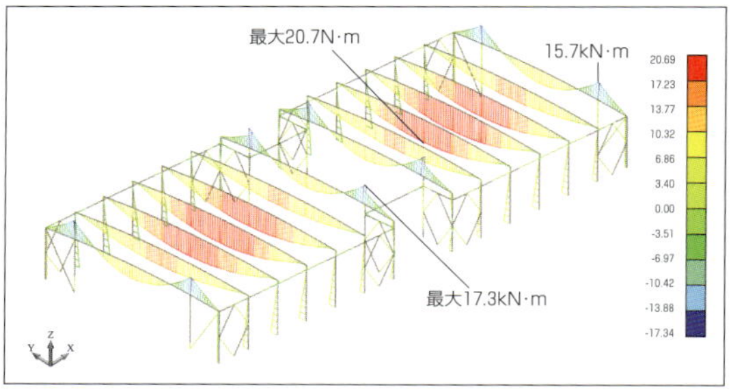

7-2 長期荷重時 曲げモーメント[kN·m]

地震力の最大はX方向地震時のダイヤモンドブレースで、最大引張り軸力は67.4kNとなっている。

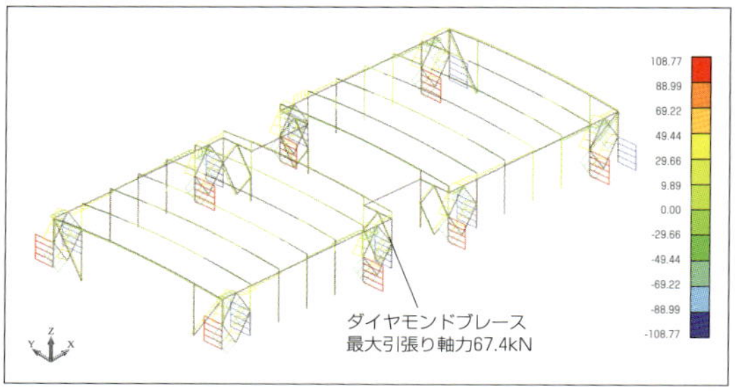

7-3 X方向地震荷重時 軸力[kN]

門型ポスト8ビーム構造の接合の応力と変形
門型ポスト8ビーム構造は、柱、梁、支点の接合条件により、図9のように応力と変形が異なる

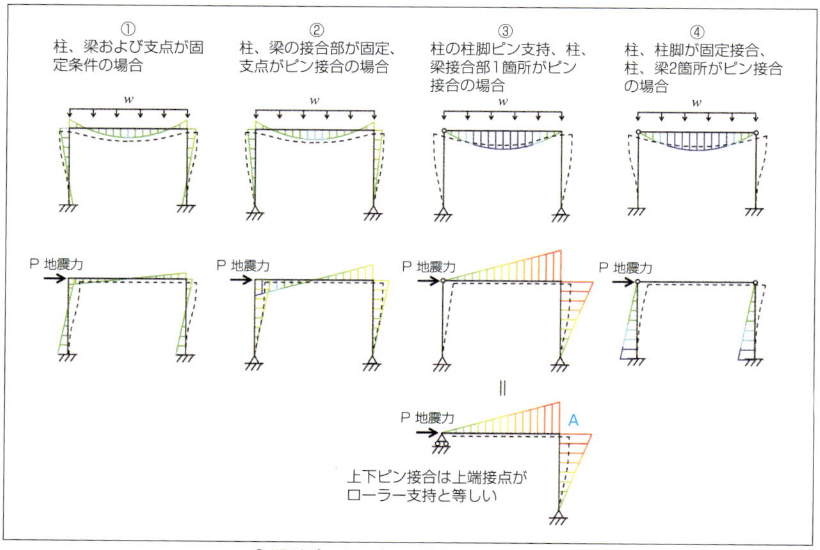

9 門型ポスト8ビーム構造の接合の応力と変形

鉄筋）をセットすると、木の自重で階段状の単純梁になじんで曲がること。

根太の仮設利用　⇨62ページ

ため、A点の接合強さで動く水平移動量が決まる。
本プロジェクトでは、④案を採用することで柱頭と梁端部をピンジョイントとし、柱、梁接合部に円形の開口を設けている。このシステムは、地震の上下動によって屋根と梁が空中に浮く傾向があるため、屋根に重量をもたせることからコンクリートスラブとした。RC曲面屋根のコンクリート打込みは、本設の単純梁をコンクリート打込みの仮設材として使用し、さらに天井仕上げを兼ねた木造格子シェルの耐力を利用し、省仮設工法（スパンに1列ずつ）で完成させた。

素材の仕事比較

Hexagon Diagram

水前寺江津湖公園の管理施設は、単純支持梁を2m間隔で両側の柱上に乗せ、その上に扁平な曲面の木造格子シェルの天井とコンクリート屋根を実現している。単純支持梁の架構の特徴は、柱と梁が骨太となりやすいことである。これをカバーするため、ダイヤモンドブレースを空間の外壁面に使用することで骨太部材を少なくし、建設工期の短縮を図った。その結果、クリスタルパレスや銀閣寺に比べて空間体積の仕事量［sV/Ess］は低いが、建築面積の仕事量［gS/Ess］、「CO_2放出効率」は高い値となっている。

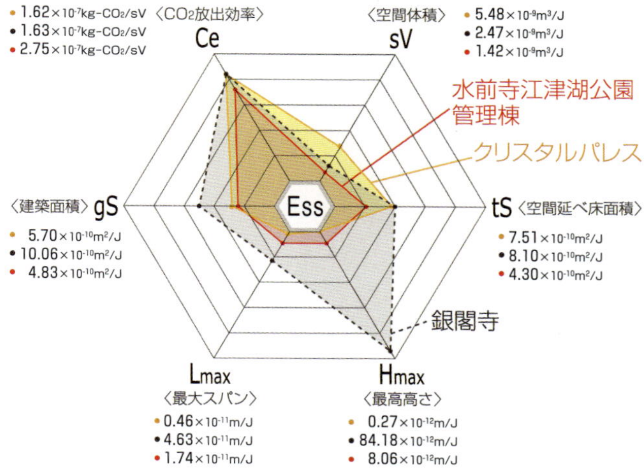

素材と空間の骨格エネルギーとCO_2放出効率

外科医的建築家のアイディア

木材の継手を金属接合することで、接合箇所を「○□△◇」のデザインにできる。

柱の柱脚を固定支持することによって、柱頭部はピン接合とすることができる。

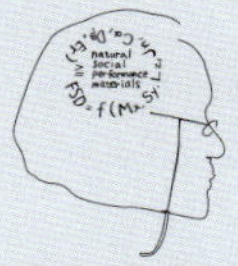

素材が形になるとき［7］

Idea of the surgical architect

- 集成材の柱と梁をそれぞれ45°で突き付け接合した門型のフレームを並べ、その上に木製格子を掛けるだけのシンプルな構造とした。
- 柱と梁の接合は、単純支持梁構造において一般的には剛接合とされるが、あらかじめ集成材を用いた柱と梁の双方に厚さ16mmの鋼製のジョイントプレートを埋め込んでおき、梁側のジョイントプレートに溶接した鋼管を柱側の半円形の鋼製受けにはめることによって、梁を柱に乗せただけのオープンピンジョイントを実現した。
- 柱と柱脚が固定接合、柱を梁2箇所がピン接合による門型ポストビーム構造とし、柱と梁の合部に円形の開口を設けた。
- 比較的部材断面が大きくなる柱と梁部材をオープンピンジョイントにすることで照明設備を設置できる納まりを可能にするとともに、梁に浮遊感を演出することができた。
- 厚さ180mmのRCスラブの重さを利用することにより、軒梁を省略することができた。
- 台風による屋根の吹上がりを防ぐため、偏平曲面のRCスラブを採用した。その際、曲面型枠の組立を省略するため、セルフベンディング性を利用した木造格子シェルを使い、RCスラブ打込みにおける仮設の型枠を兼ねた。

8-格子梁構造 Grid Beam Structure

PROFILE

名　称　KEL軽井沢山荘
竣工年　1989年
所在地　長野県北佐久郡軽井沢町

CONCEPT

1. 企業の保養施設を建設する計画で、屋根の厚みを可能な限り薄くする構造システムを採用し、施設内のリビングは細い柱をまわりに配置して無柱空間を実現する。
2. 薄い屋根面を支える交点がなるべく目立たず、さらに開放的な無柱の空間を実現するために、フィンガーマッシュルーム構造（フラットスラブ構造）と格子梁構造を組み合わせ、デザイン性に富んだ新しいタイプの開放的格天井（現在の剛天井）を考案する。
3. 木造格子梁の高さがずれないよう、鋼製の接合プレートを用いて梁せいを同じ高さにし、すっきりとさせた空間を実現させる。

素材と空間を結ぶ

LOCATION

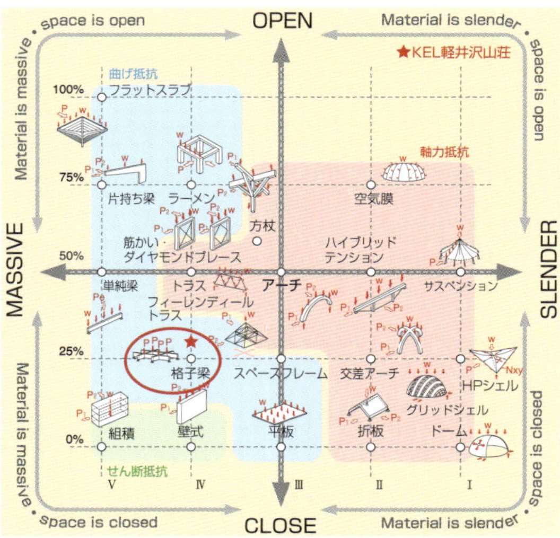

素材と空間の骨格デザイン認識図

素材と空間と荷重抵抗

構造的空間認識は、認識図上第3象限、格子梁の上、開放率30%、量塊度IVに位置する。
梁せいが高いため量塊感もある架構であるが、屋根を薄くするため、屋根面を多くの支点で支えられる格子梁構造を採用。少しでも量塊感を抑えて開放的にするために、①フィンガーマッシュルーム構造、②格子梁構造の2つの架構で構成した。
接合部は、鋼板プレートを利用した曲げせん断接合とし、柱にかかる荷重を5〜6方向に分散させた。

格子梁構造：格子状に配置した梁による構造体。

素材と空間の骨格デザイン

基礎形式：布基礎

せい（成、背、丈）高さ。桁、梁、石などの部材の下端から上端までの垂直距離をいう。

この施設のリビングは、「フィンガーマッシュルーム構造」と「格子梁構造」による基本架構で構成されている。

①フィンガーマッシュルーム構造

2m間隔で配置された丸パイプは、1本ずつ屋根面を支えるのではなく、丸パイプの先端に45°の方杖を4方向に取り付け、丸パイプ1本につき4交点で屋根面を支えている。これにより、母屋材の間隔は1mとなり、仕上材のみで可能なスパンとした。

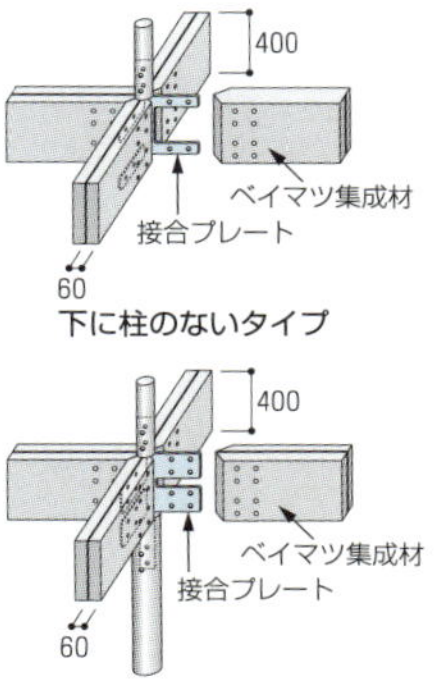

3 格子梁の接合部

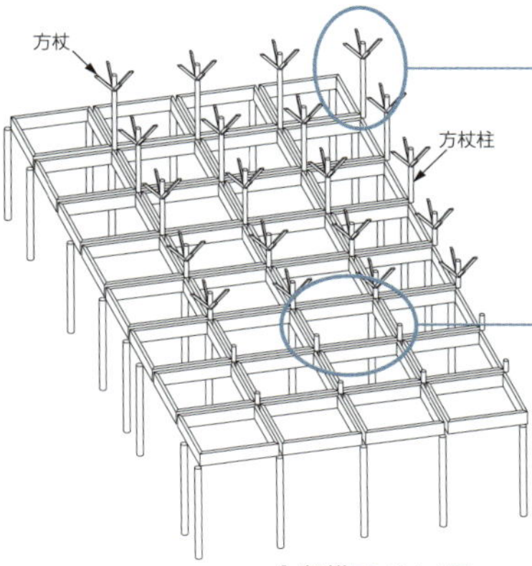

1 架構アイソメ図

2 45°の方杖を4方向に取り付けた丸パイプ

②格子梁構造

一辺が2mの格子梁を採用し、格子梁の交点に方杖柱を設けることで、垂木間隔も0.5〜1mとなり、勾配のある薄い屋根を実現した。また、格子梁を支える構造は短辺8m（4グリッド）、長辺16m（8グリッド）とし、約128m^2の広い空間を可能にした。

素材の仕事比較

Hexagon Diagram

2m間隔の合せ部材を格子状に組み、最小部材の金物接合とした格子梁構造は、「CO_2放出効率」においてクリスタルパレスと銀閣寺を上回り、さらにすべての項目において銀閣寺を上回っている。

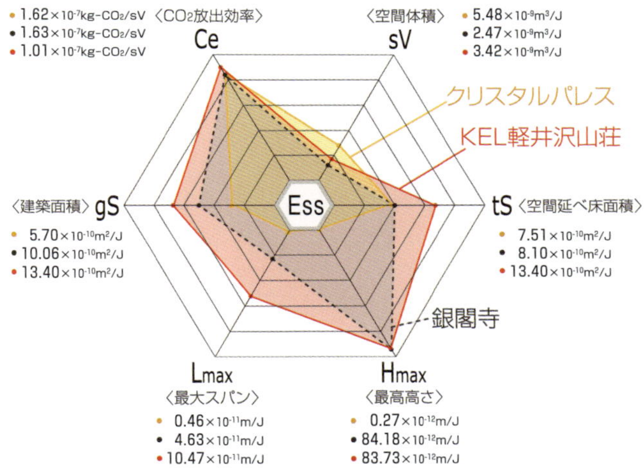

素材と空間の骨格エネルギーとCO_2放出効率

外科医的建築家のアイディア

格子状に組んだ合せ梁の交点に鋼製プレートを用いることによって、格子が連続する格子梁構造がデザインできる。

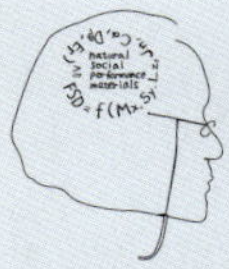

素材が形になるとき［8］

Idea of the surgical architect

- 格子梁の構造システムには2つの代表的な接合方法がある。一つは和洋を問わず伝統的に使用されているもので、格子交点を丈の1/2以下で削り、上下をはめ合わす嵌合（かんごう）接合である。二つ目は、集成材が一般化して以来使用されるようになったもので、X、Y方向の格子梁を同寸で構成する接合方法である。本プロジェクトでは後者を採用した。このシステムの利点は、格子交点に鋼板プレートを用いることで、梁せいを従来の約2/3とすることができる。
- 格子梁の接合部は、鋼板プレートを利用した曲げせん断接合とし、柱にかかる荷重を5〜6方向に分散させることができる。

9–アーチ構造　Arch Structure

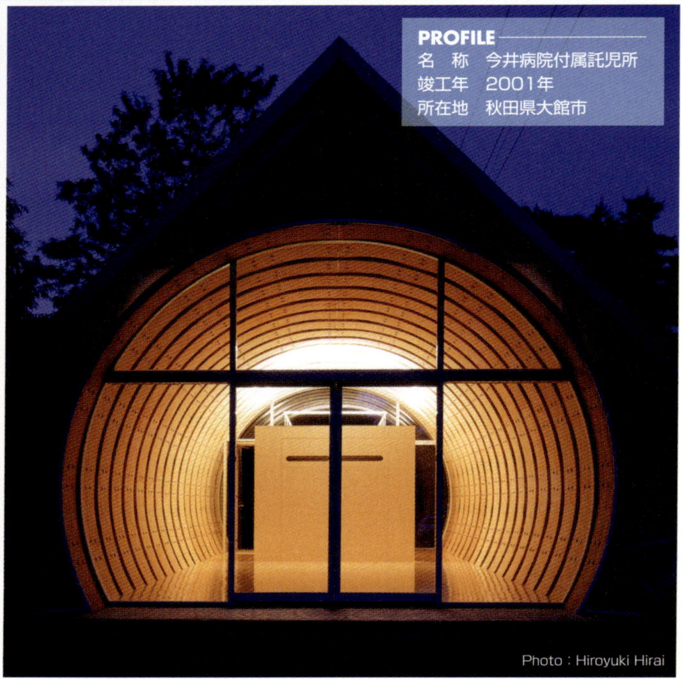

PROFILE
名　称　今井病院付属託児所
竣工年　2001年
所在地　秋田県大館市

CONCEPT

1. 秋田県大館市の伝統工芸品である「曲げわっぱ」をイメージした空間を実現する。
2. 降雪時には積雪が3mを超えることもあるため、内部空間を「かまくら」のようにくり抜いた円柱型とし、外部屋根は自動滑雪勾配である45°を利用した五角形とする。
3. 内部の円形と外部の五角形によるダブルスキン空間をつくり出すことにより、断熱効果を高める。
4. 屋根の仕上材として透明性の高いポリカーボネート樹脂板の使用と、「曲げわっぱ」をイメージした内皮を市松模様に組むことによる自然光の取込みで開放感を高める。

素材と空間を結ぶ

LOCATION

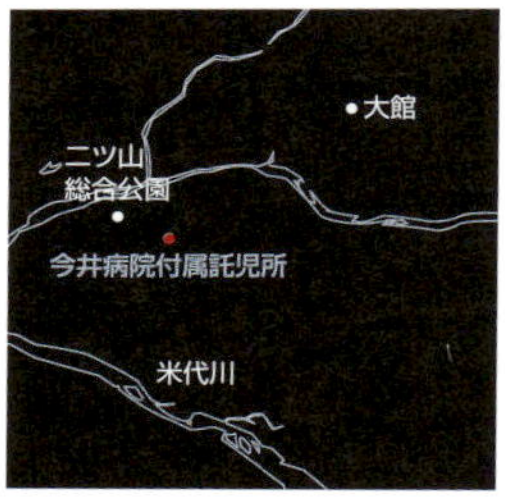

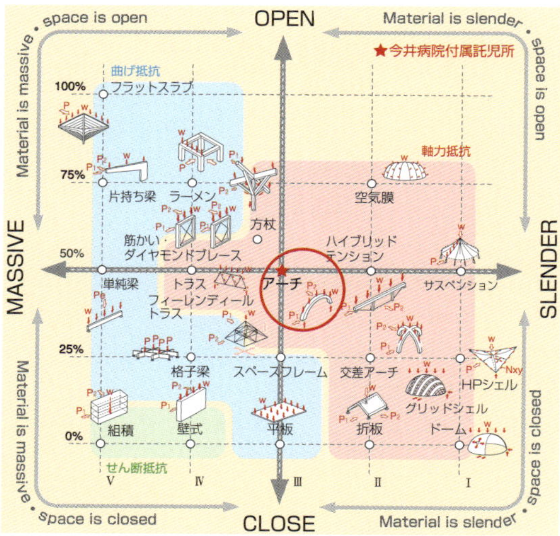

素材と空間の骨格デザイン認識図

素材と空間と荷重抵抗

構造的空間認識は、認識図上の中心、すなわち開放率50%、量塊度Ⅲに位置する。

内部（シリンダー）空間の特徴は、基本的に一方向は限りなく開放感があり、直交方向にデザインの工夫を施すことで、部材幅を考慮すると約75%まで開放感を高めることが可能である。

本プロジェクトの空間の骨格は、円形と五角形の異形ダブルスキンシリンダー空間で、この円形を「曲げわっぱ」をコンセプトとして厚さ25mm以下の線材で縦横に組むことで、「わっぱ」の格子をつくりだし、格子のすき間から柔らかい自然光が差し込むようにした。これにより開放感を高め、量塊感は低い印象を与える効果が得られている。

また、荷重抵抗は、軸力抵抗システムである。

アーチ構造：起源は、回廊や上部の荷重を支えるために石やレンガを凸状の曲線形に積み上げた構造で、時代とともに木や鋼、鉄筋コンクリートが使われる。アーチ構造の力学的特徴は、圧縮抵抗で荷重を支え、支持部（地盤）に力を伝える。

素材と空間の骨格デザイン

基礎形式：布基礎

1 南東側全景
(Photo：Hiroyuki Hirai)

スキン［skin］皮膚、肌、皮、外皮の意。建築では空間を覆うものを指し、「外皮」は外壁や屋根、窓など、「内皮」は外皮の内側である内部空間を表す意味で使われる。

ダブルスキン ⇨72ページ

本プロジェクトは、空間の骨格を形成する2つの形状の異なるスキン（内部が円形で外部が五角形のダブルスキン）を25φの鉄筋によって立体トラスラチスで接合している。また、外部の屋根の骨組となる変形のユニットを幅1,600mm単位で工場で製作し、現場搬入後に組み立てていく。

①アーチ構造

内部空間については、アーチ（縦）方向へ板厚30mm、幅600mm、長さ5,600mmのLVL（単板積層材）を200mm間隔で並べ、桁（横）方向へ板厚30mm、幅600mmの単板積層材を200mm間隔で並べ、このアーチ方向材と母線（桁）方向材の接する箇所を4本のボルトで留めながら、アーチ（半円）状に曲げる（写真）。

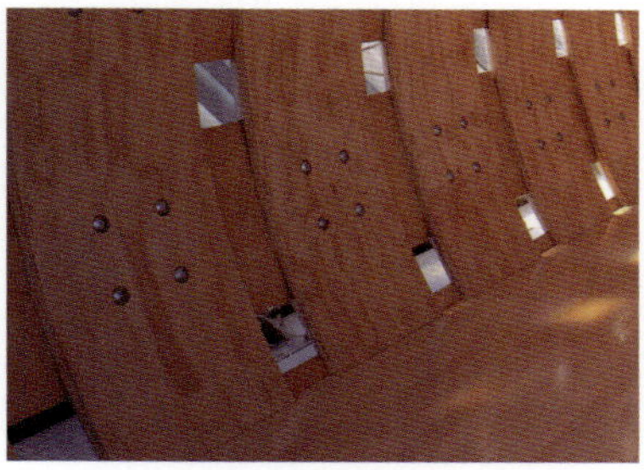

2 アーチ状に曲げたLVLのジョイント

②ダブルスキン構造

外皮（外部屋根）は垂木角度を45°にした滑雪構造とし、裾を内皮（内部空間）に沿って内側に45°の傾斜をつけた骨格を成している。また、外皮の素材は150×150mmの木製垂木を使用。

内皮は上記①のとおり、板厚30mm、幅600mmのLVLを使用したシリンダー（円筒）形とした。

3 外皮を結ぶ立体トラスラチス

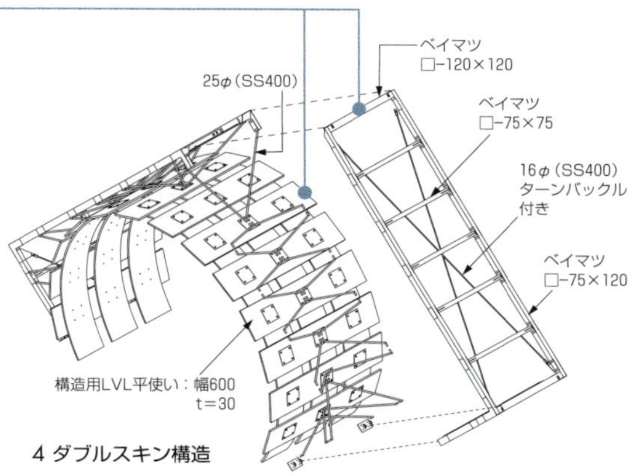

4 ダブルスキン構造

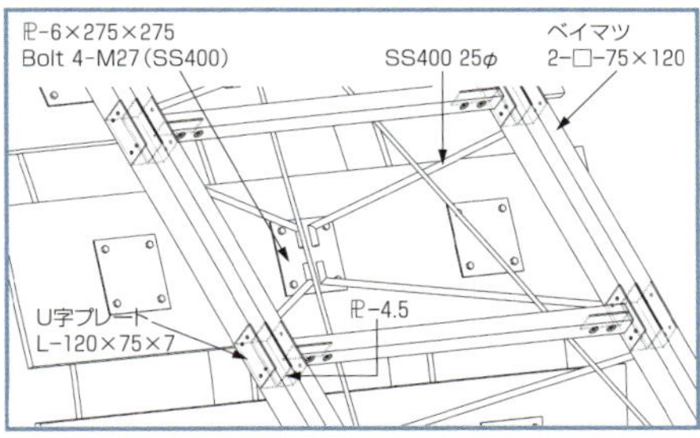

6 U字プレートと丸鋼のジョイント

③立体トラスラチス構造

外皮（外部屋根）と内皮（内部空間）は、25φの丸鋼（鉄筋）によりトラスを構成して結ぶ。木製の垂木とこの立体トラスの接合にはU字プレートを用いて丸鋼を溶接し、現場において4本のボルトで接合。また、内皮であるシリンダー状のスキン（図4）とLVLとの接合には、鋼板と立体トラスの鉄筋を溶接した後、4本のボルトで固定（図6）。

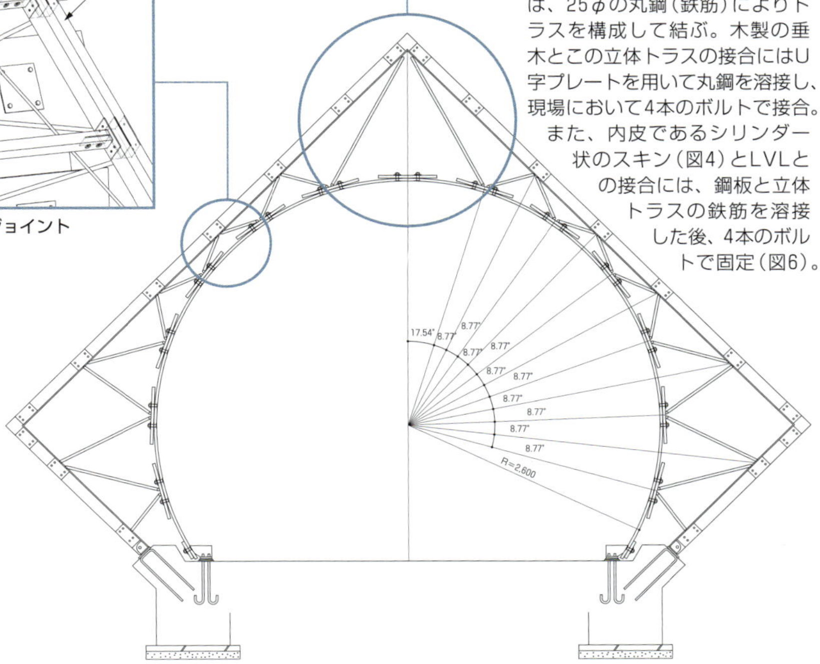

5 断面詳細図

LVL［laminated veneer lumber］厚さ2〜6mmの単板の繊維方向をほぼ平行にして縦継ぎに積層圧着し、ブロック状に製造したもの。用途は、化粧単板を貼った造作材の芯材、足場板、合板や金属パイプをウェブ材にした複合梁（Iビーム）の弦材、その他構造材など幅広い。「単板積層材」ともいう。

立体トラス［space truss］部材を立体的に組み合わせて構成したトラス。全体が円筒形に構成された円筒形立体トラスや球形立体トラス、版状に構成された立体格子トラスなどがある。

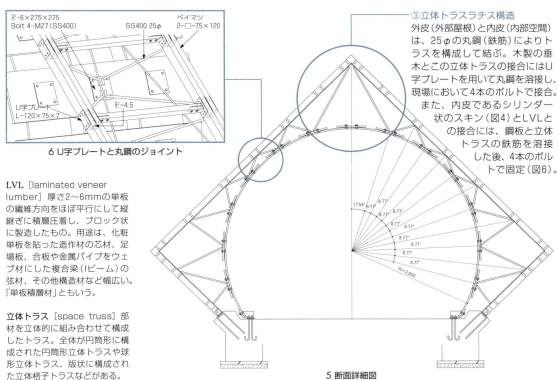

ダブルスキン [double skin]
建築物の外壁をさらにガラスで覆う手法。二重化された間の空間を季節に応じて空調管理することで、エネルギー効率の良い室内環境制御に寄与する。ガラス壁面の弱点である断熱性能を補いながら、透明性の高いファサードがつくれる。

ポリカーボネート プラスチック系素材の一つ。耐衝撃性、耐熱性、耐候性、加工性に優れ、ガラスに近い光透過率をもつ。

ラチス [lattice] 組立部材の柱や梁などにおいて、斜めやジグザグ状に配置されたウェブ材。

8 正面より見る

④屋根仕上材

屋根の仕上げは、自然光をできるだけ取り込むため、スチールの波板と透明性の高いポリカーボネート板を交互に組んだ構成とした。そうすることで、内皮としてLVLをアーチ状に組んだ市松模様のグリッドのすき間から柔らかい自然光が差し込む空間の演出を図った(70ページ、左写真を参照)。

ダブルスキンの外皮は、垂木を1.6m間隔にユニット化した骨格を「く」の字形に工場で組み、内皮とともに現場で対向立脚組みしている。

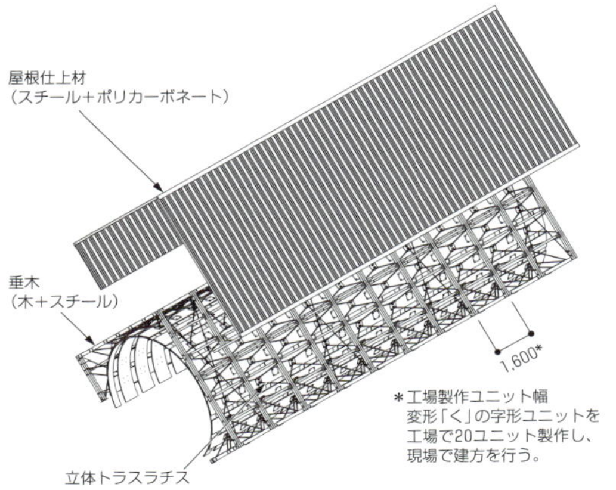

スチールの波板とポリカーボネート板による屋根の仕上げ

外皮と内皮の接続

7 架構アイソメ図

FEM解析

FEM解析結果の表示
赤:引張り力　青・紫・圧縮力
全体座標系:X、Y、Z

アーチ構造(内皮)のFEM解析モデル
内皮を構成するアーチ構造(LVL)における長期荷重時の最大曲げモーメントは、シリンダーの下から2グリッド上がったあたりに発生している。また、内皮と外皮を25φの鉄筋による立体トラスユニットで結合しているため、母線方向のLVLにも曲げモーメントが発生している。一方、短期荷重時の最大曲げモーメントはアーチ脚部に発生している。

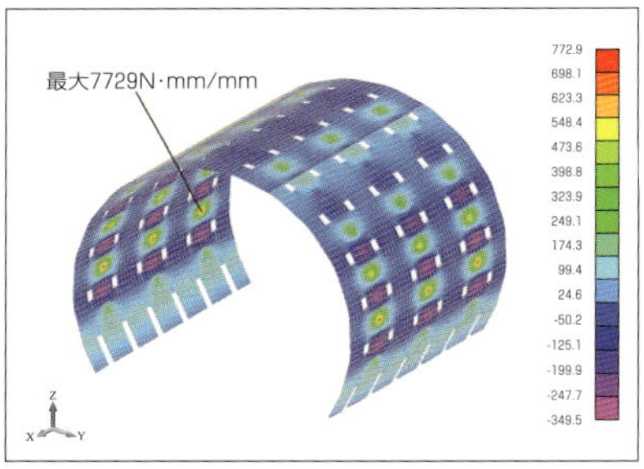

9-1 長期荷重時 曲げモーメント[N・cm/cm]

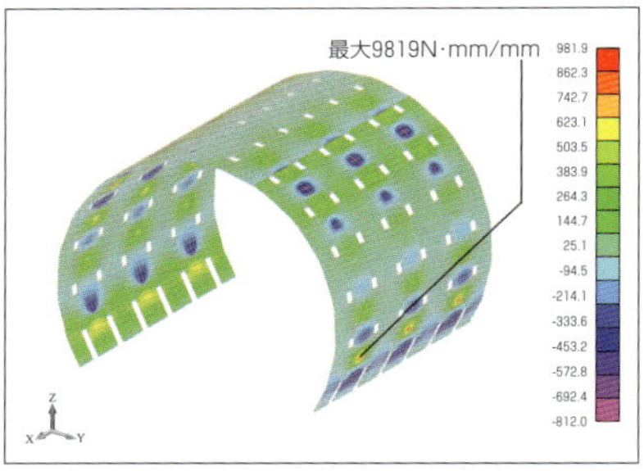

9-2 短期荷重時 曲げモーメント[N・cm/cm]

変形五角形屋根(外皮)のFEM解析モデル
内皮と外皮を結ぶ立体トラスユニットの最大軸力は、長期荷重時、短期荷重時ともに立体トラス脚部に発生している。

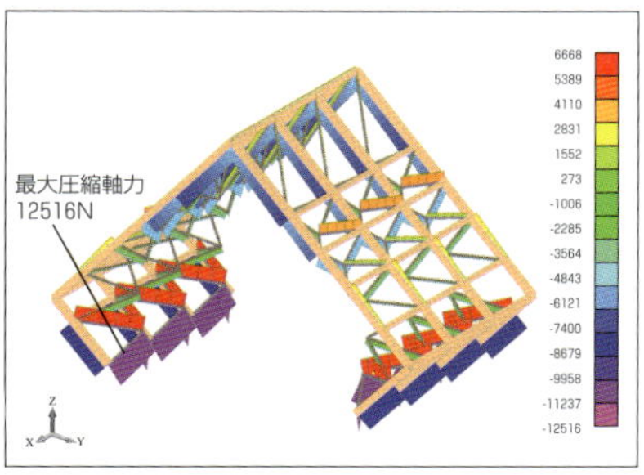

10-1 長期荷重時 軸力[N]

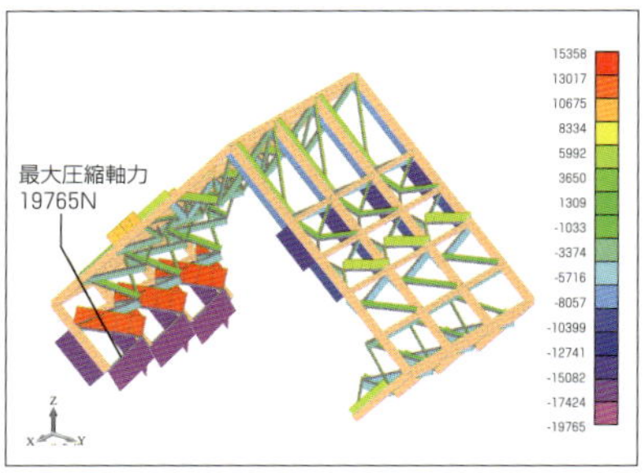

10-2 短期荷重時 軸力[N]

母線材（垂木）のFEM解析モデル
ダブルスキンの最大変位は、長期荷重は頂部に対称に変化している。短期荷重（−X方向荷重時）は、左側の垂木が膨らみながら変位し、右側はへこんでいるのがわかるが、内皮ではほとんど変位は見られない。

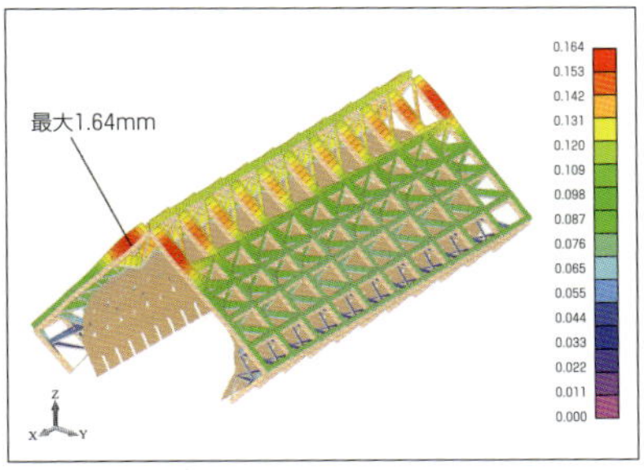

11-1 **長期荷重時 変位量**[cm]

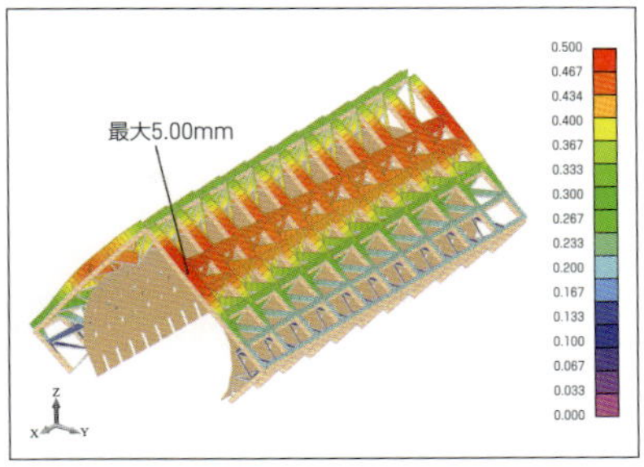

11-2 **短期荷重時 変位量**[cm]

素材の仕事比較

Hexagon Diagram
今井病院付属託児所は、クリスタルパレス、銀閣寺に比べて「CO_2放出効率」が高い値となっている。
また、クリスタルパレスとの比較では、空間体積の仕事量［sV/Ess］は低いが、その他の項目では高い値を示している。
以上から、細い鋼材と木材をハイブリッドな骨格に構成すると「Ess効率」が良い骨格となることを示唆している。

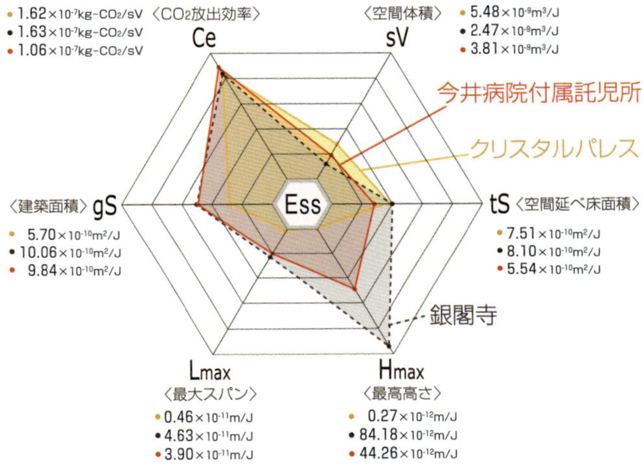

素材と空間の骨格エネルギーとCO_2放出効率

外科医的建築家のアイディア

丸鋼（鉄筋）による立体トラスを用いれば、内部と外部が異なる骨格であっても接合することができる。

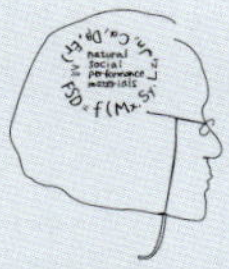

素材が形になるとき［9］

Idea of the surgical architect

- シリンダー（円筒）形のアーチ部材と母線材の交点は、面内ひねり抵抗の処理が重要であるため、交点の接合部は外部に四角形のプレートを使用し、4本のボルトで固定。さらに、上部部材はU字プレートを用いて2本のボルトで固定した。外皮と内皮のダブルスキンを結ぶ接合方法は、大、中、小25本の丸鋼（鉄筋）による立体トラスで固定した。
- 外部屋根は、スチール製の波板の間に透明のポリカーボネート板をはめ込み、子状に編まれた室内側のLVLのすき間から日の光が差し込むようにした。また、格子状のすき間から送られた室内側の空気によって、外皮（五角形）と内皮（円筒形）の間の空間は温度調整の役割を果たしている。

10–フラットスラブ構造 Flat Slab Structure

Photo：石黒守

PROFILE
名　称　川上村林業総合センター・森の交流館
竣工年　1997年
所在地　長野県南佐久郡川上村

CONCEPT

1. 川上村（長野県）の林業と森林について展示する交流センターを計画する。
2. 林を思わせるような柱、垂れ壁や梁がなく床から天井までをガラス面が覆う広がり感、さらに室内側の天井ラインが外部まで連続する空間を実現させる。
3. 耐震、耐力部材は限りなく細い線材を使用するとともに、その耐力ブレースの数も少ない骨格とする。
4. 地震力をブレースに伝達する水平剛性を屋根の性能で確保する。
5. 積雪による荷重、台風による吹上げに耐える骨格を実現する。

素材と空間を結ぶ

LOCATION

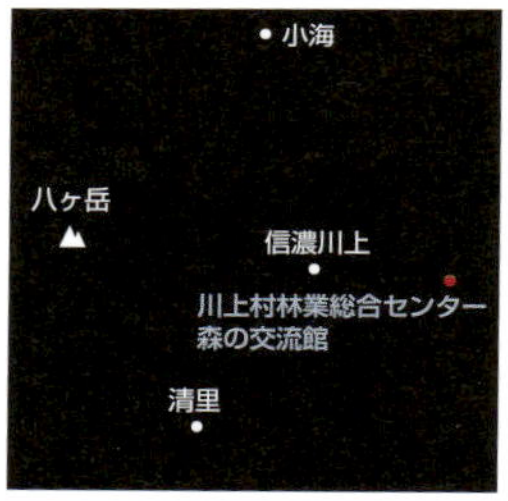

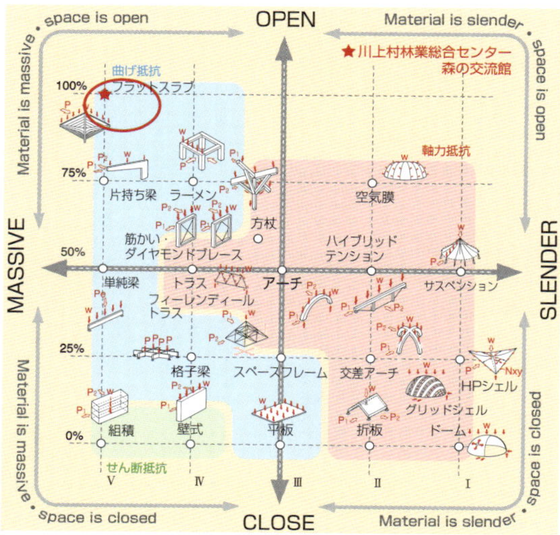

素材と空間の骨格デザイン認識図

素材と空間と荷重抵抗

構造的空間認識は、認識図上第2象限、開放率100%、量塊度Vに位置する。

一般的には鉄筋コンクリート製の床版と柱のみで空間を構成する最もシンプルな骨格である。垂れ壁や梁を天井内に計画しているため、柱・梁構造や壁構造に比べて最も自然光を取り込める空間構造といえる。

曲げ抵抗系で、通常は太い柱で骨格を支えなければならないが、量塊度を下げるためにスレンダーな柱を室内と外周に配置し、さらに軸力系の鉄筋ブレースを効果的に設置することで水平方向への抵抗力も高めている。

フラットスラブはトップライトも容易に計画しやすく、今回は柱頭部に設けることで採光を得られるようにした。

フラットスラブ構造：床版が梁を介さず直接柱に支持された鉄筋コンクリートスラブ構造。厚肉床壁構造などに用いられ、鉛直荷重が大きいためスラブ下までの空間が利用できる。「無梁板（むりょうばん）構造」「マッシュルーム構造」ともいう。

素材と空間の骨格デザイン

基礎形式：直接基礎、独立基礎

キーストンプレート [keystone plate] 凹凸加工した鋼板に亜鉛めっき処理したもので、スラブ用の型枠の一種。

2 大梁への接合

本プロジェクトは、柱と梁はLVL（単板積層材）による骨組構造で、屋根は小梁の上にキーストンプレート合成スラブをラグスクリューボルトで結合し、さらにコンクリートを打ち込むことで地震力をブレースまで伝えるハイブリッドな構造となっている。

①ポストアンドビームジョイント

鉛直抵抗システムには、ポストアンドビーム（柱（ポスト）と梁（ビーム）に丸太を使う軸組工法から考案）を採用。
梁を十字に嵌合（かんごう）接合して柱の上に乗せる構造で、柱と梁はピン接合、梁と梁は接合金物を使った半剛接合とし、梁せい内で接合する。

②丸鋼ブレース

ガラス4面分およびスチール階段部に設置した丸鋼ブレースには、細い27φのものを2本ずつ使用。限りなく視界から消しつつも地震力、耐風圧に対し抵抗している。

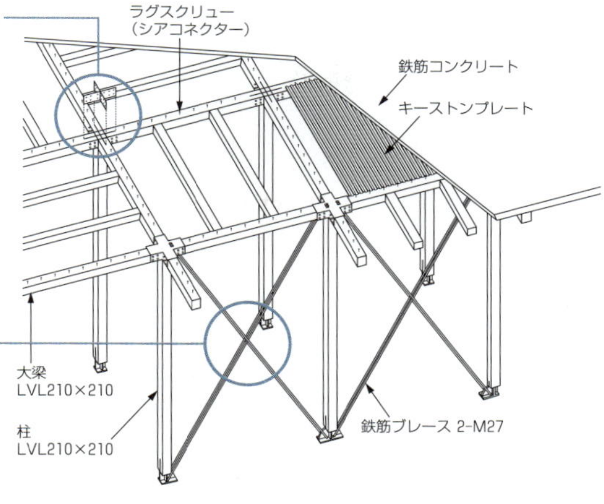

1 ピン曲げ交差接合（片持ち梁曲げ接合）

素材の仕事比較

Hexagon Diagram

川上村林業総合センター・森の交流館では、「CO_2放出効率」はクリスタルパレス、銀閣寺よりも高い値を示している。
また、本プロジェクトは階高が8.3mの平屋であるが、素材は柱、梁ともにLVLを使用している。空間の骨格は柱を3.6mのグリッドに配置し、その頂部を梁でつなぎ、梁と柱は鋼製プレートを曲げ加工した十字接合とした。細い線材と木造のハイブリッドな骨格のため、空間体積の仕事量[sV/Ess]も比較的高い値となっている。

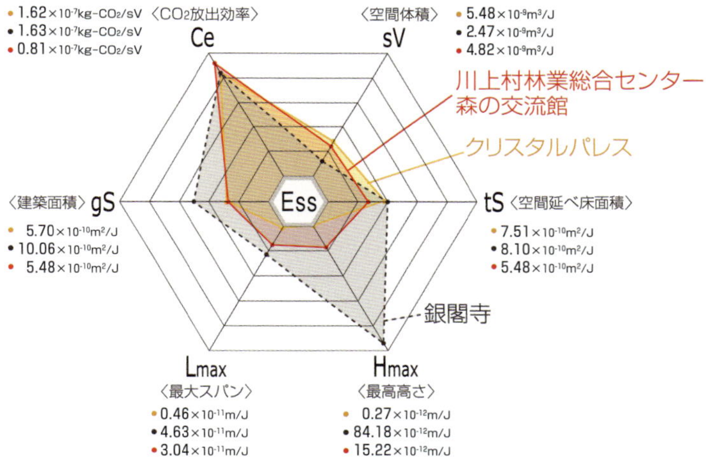

素材と空間の骨格エネルギーとCO_2放出効率

外科医的建築家のアイディア

屋根を支える梁材の代わりに屋根の厚みを利用することによって、木造のフラットスラブ構造とすることができる。
このとき、水平抵抗に対しては、棒鋼を使うことによってブレースの存在感を視覚的になくすることができる。

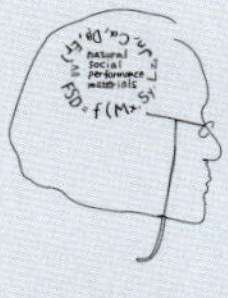

素材が形になるとき [10]

Idea of the surgical architect

- 欧米では、フラットスラブ構造は「マッシュルーム構造」とも呼ばれ、かさが大きく開いたキノコが生えているようなイメージの空間に使用される。本プロジェクトでは、林立する柱から約1.3mの水平庇が計画された。この庇と各グリッドの梁を片持ち梁とするために、柱頂部に鋼板を門型に加工した鋼製格子接合を用いて片持ち梁端部を固定支持し、積雪による荷重、台風の過度な吹上げ力にも抵抗することを可能にした。
- 引張り力を木材で、圧縮力を鉄筋コンクリートで負担するハイブリッド屋根架構とした。
- 一般的な木造ではピン接合が用いられるが、本架構は曲げ応力にも抵抗できるピン曲げ交差接合を採用した。

11–ラーメン構造 Bending Moment Structure

PROFILE
名　称　南三陸あさひ幼稚園（増築）
竣工年　2017年
所在地　宮城県本吉郡南三陸町

CONCEPT

1. 56ページ「貫構造」で紹介した南三陸あさひ幼稚園（仮園舎）3棟の増築設計で、完成後に本設園舎変更を行い、合計4棟、120人規模の総合幼稚園となる計画。
2. 高低差6mの崖地に、外周のみに柱がある360°開放型の園舎とするため、ラーメン構造を採用した。
3. 合計4棟のうち、職員室と遊戯室の2棟は急傾斜地に計画されるため、懸（かけ）構造とする必要があり、本プロジェクトでは2階の柱が傾斜地まで伸び、その両脇にV字の方杖を使用した新しい構造デザインを試みた。

素材と空間を結ぶ

LOCATION

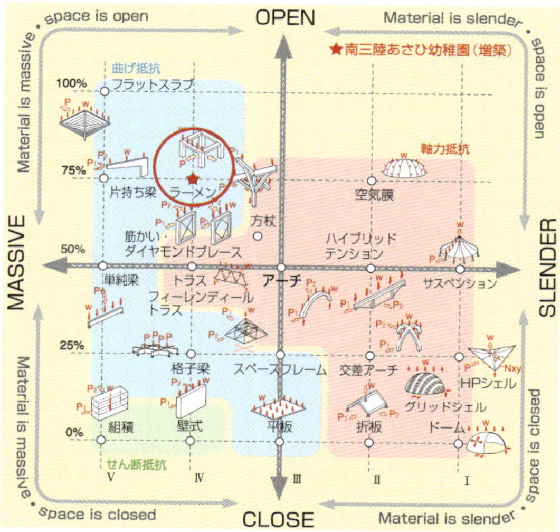

素材と空間の骨格デザイン認識図

素材と空間と荷重抵抗

構造的空間認識は、認識図上第2象限、開放率75%、量塊度IVに位置する。
本プロジェクトでは、外周の4構面を貫構造のラーメン構造とし、内部空間は柱と格子梁を組み合わせたラーメン構造とすることで、柱が少ない空間を実現。さらに、園児の活動目的に応じて空間を大、中、小に仕切れるよう可動壁を設けた。
空間を支える格子梁は、鉛直荷重に対して下段の梁が上段の梁を支え、地震時には上下両方向の梁が抵抗し、傾斜地に立つV字柱には軸力が支配するが、基礎の面積が最小限に抑えられる。

ラーメン構造：柱、梁などの各部材が剛に接合された骨組構造。外力に対して各部材が曲げモーメント、せん断力、軸力で抵抗する。柱、梁で構成される鉄筋コンクリート構造物が代表的なもの。

素材と空間の骨格デザイン

基礎形式：布基礎

相欠き（あいがき）接合する2つの部材をそれぞれ欠き取り重ね合わせる継手・仕口の一つ。

嵌合（かんごう）⇨11ページ

5 合せ梁（水平フレーム）で固定されたV字柱（職員室）

6 2方向合せ格子梁構造

法面（のりめん）土工事おいて、切土や盛土における傾斜の表面。「のりづら」ともいう。

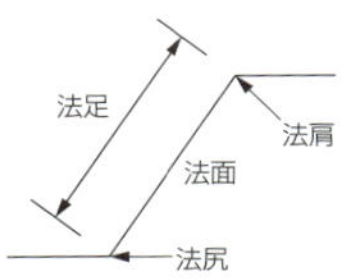

3 法面

安息角（あんそくかく）砂や礫（れき）地盤を掘削した場合や盛り上げたときに、自然に崩れることなく安定を保つ斜面の水平角度。その角度は土質や含水状態で異なる。

建物外周の4構面を貫構造のラーメン構造とし、内部空間は柱と格子梁を組み合わせたラーメン構造とした。また、柱と梁は相欠きによる嵌合（かんごう）接合を採用することで、接合部に発生する軸力およびせん断力、曲げに対して抵抗している。

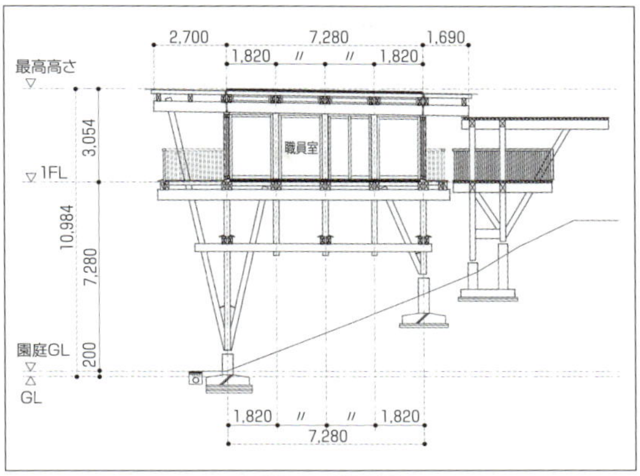

1 断面図（職員室）

①V字柱構造

本プロジェクトのV字柱の役割は、高低差6mの旧GLと園庭GLの崖部に設ける基礎を最低限の大きさとし、基礎の法面安息角度を30°以下にすることである。

②2方向合せ格子梁ラーメン構造

2方向格子梁を使用した合せ梁ラーメン構造は、床荷重を2方向に分散し、空間内部の柱を省略する役割をもつ。

③嵌合接合

柱と梁の接合部には、相欠きによる合せ梁の嵌合接合とし、接合部に発生する軸力およびせん断力は梁のめり込みにより、曲げはボルトと木材のめり込みの回転剛性を利用して柱に伝達される。

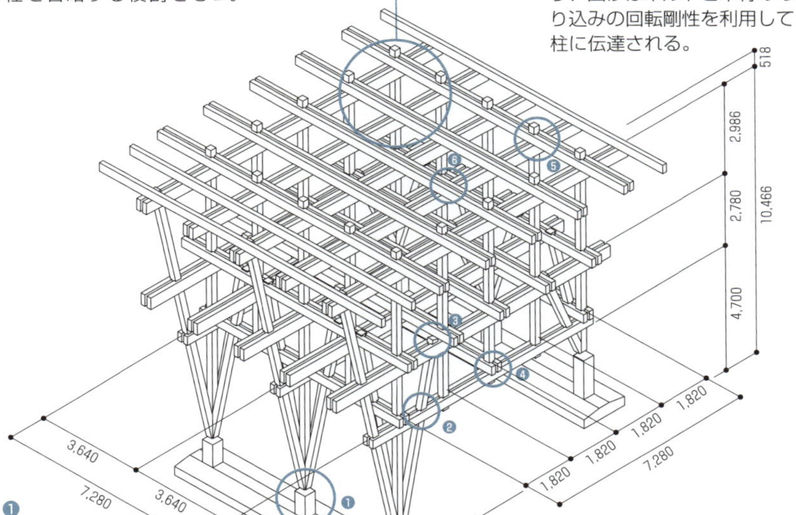

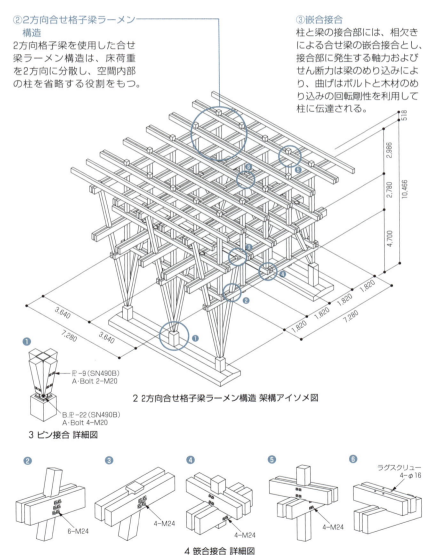

2 2方向合せ格子梁ラーメン構造 架構アイソメ図

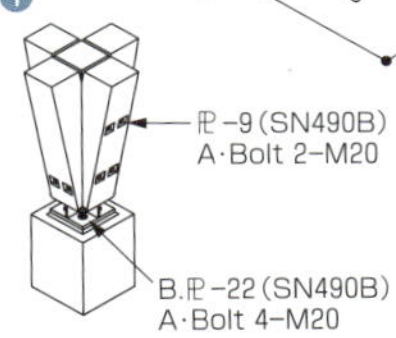

3 ピン接合 詳細図

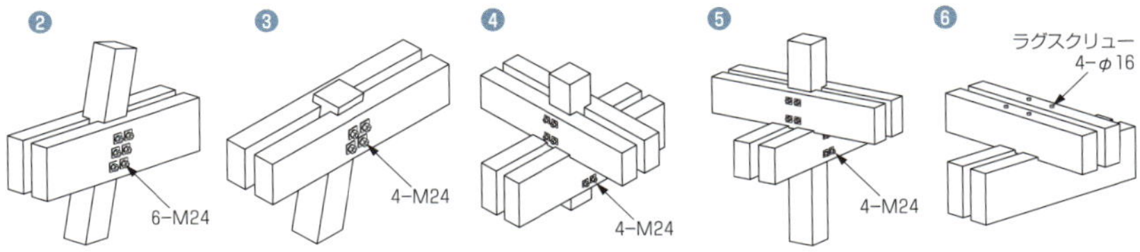

4 篏合接合 詳細図

FEM解析

FEM解析結果の表示

赤：引張り力　青・紫：圧縮力
全体座標系：X、Y、X

V字柱および2方向合せ格子梁構造のFEM解析モデル／職員室

2方向合せ格子梁による解析は、線材を立体解析モデルとして行う。線材による解析モデル図は後ろ側の部材が同時に認識できてしまうため、視覚的に見づらいのが短所である。
本解析結果の場合、X方向の結果は全体の1/2のフレームを表示し、Y方向は全体の解析結果を表示している。また、それでも立体的に複雑な表示となるため、レベル、通りが認識しやすいように詳細な表示を試みた。

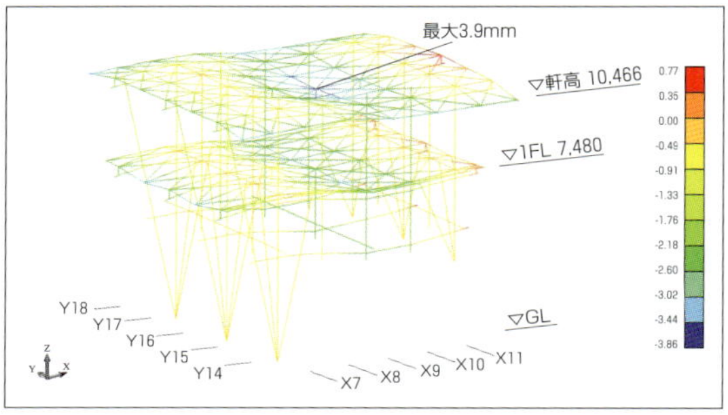

8-1 長期荷重時 Z方向変位量[mm]

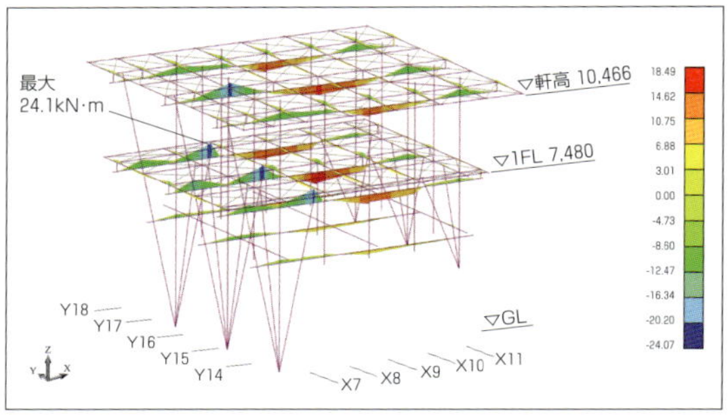

8-2 長期荷重時 曲げモーメント[kN·m]

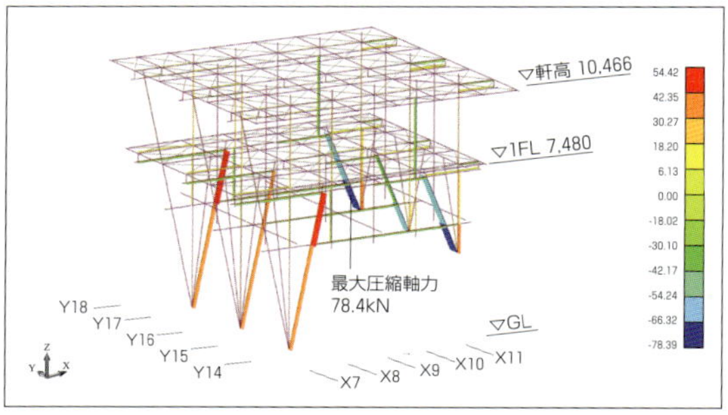

8-3 X方向地震荷重時 軸力[kN]

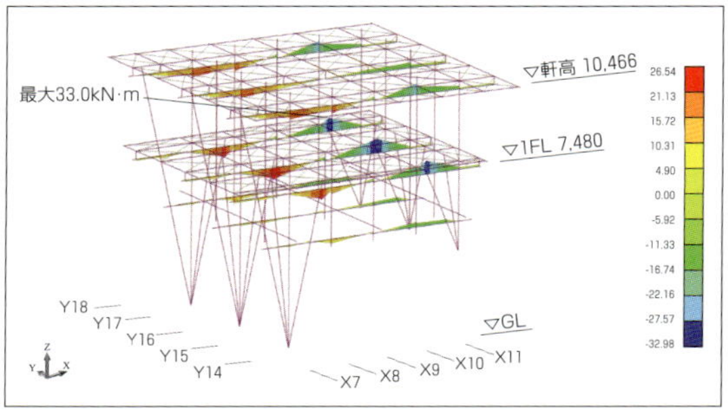

8-4 X方向地震荷重時 曲げモーメント[kN·m]

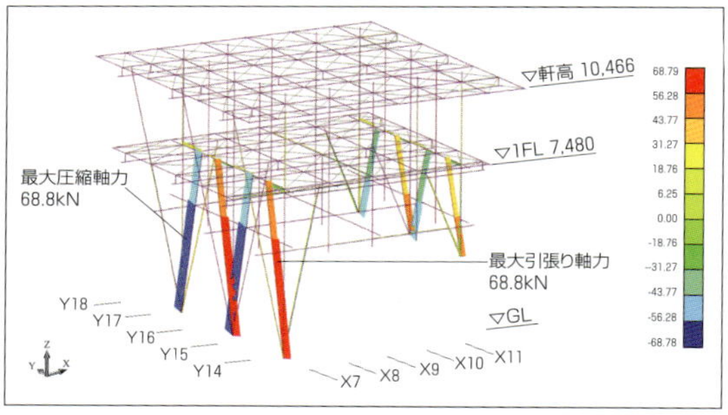

8-5 Y方向地震荷重時 軸力[kN]

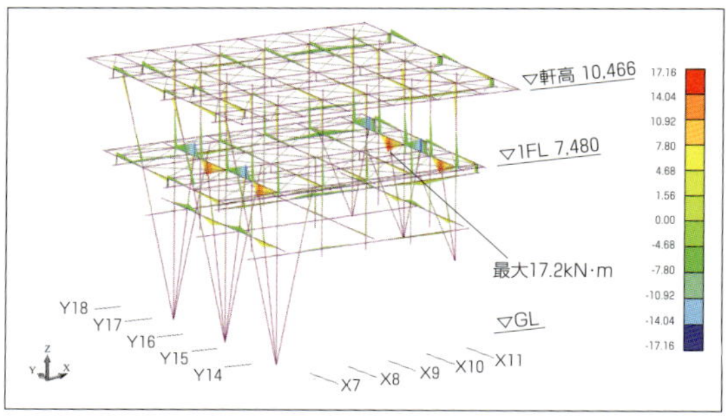

8-6 Y方向地震荷重時 曲げモーメント[kN·m]

合せ梁　2つの材を横に合わせて接合した梁。一般には、厚みが薄く成（せい）の大きな材を、飼木（かいぎ）をはさんでボルト締めで一体の梁とし、通し柱などをはさんで用いる。

素材接合部の力の流れ

2方向合せ格子梁ラーメン構造で最も重要な接合が、①合せ梁と柱の接合部、②直交する合せ梁の接合部である。V字柱と合せ梁の接合についても同様であるが、従来の木造の接合方法に準じればデザインが可能である。

①合わ梁と柱の接合部

接合部に生じる応力を2種類（a、b）の素材で抵抗している。

a. 梁の上下弦材に生じる圧縮力を柱のめり込み強さで抵抗する。

b. 4本または8本の接合ボルトに発生する力（曲げモーメントとせん断力）に対して、柱のめり込み強さで抵抗する。

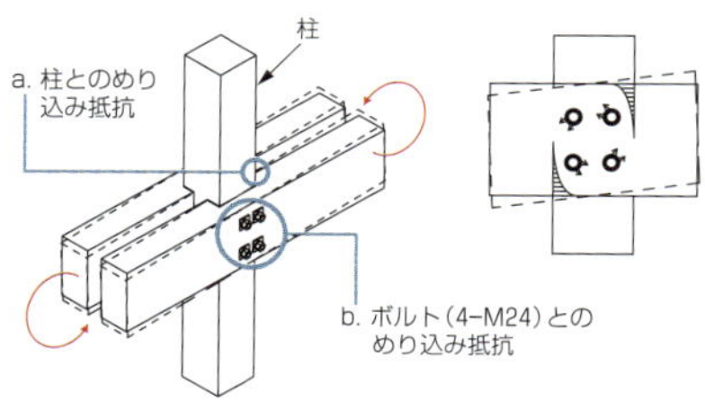

8　合せ梁と柱の接合部

ラグスクリュー [lag screw]
六角ボルトの先がとがったねじ状の接合金具の一種。ねじ部の下穴はねじ径の70%程度とし、レンチで回しながら挿入する。

②合せ梁と合せ梁の交差部
地震時にはこの交差部は一体に動く必要があるため、おのおのの交差部にラグスクリュー(4-16φ)を用いて上下方向に接合し、一体の動きを可能にしている。

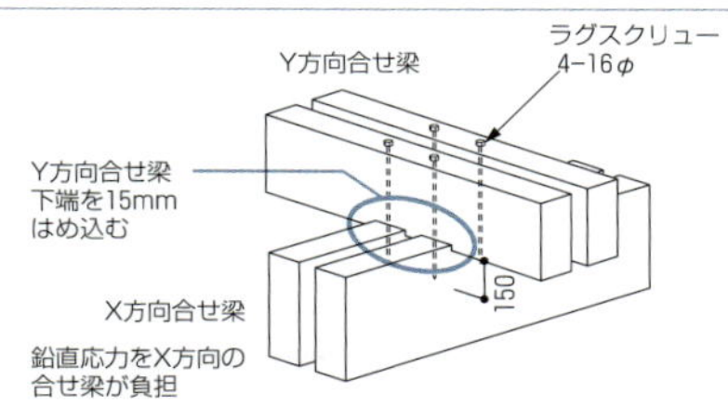

10 合せ梁の交差部

素材の仕事比較

Hexagon Diagram

南三陸あさひ幼稚園の増築工事は、高台に位置した1期工事に高さのレベルを合わせたため、1階が空中に位置することとなった。そのため、空中に浮く床の水平剛性の確保が必須となり、梁と柱の接合方法では木の嵌合(かんごう)接合とスチールボルト接合の2種類を採用した。
床の水平剛性の確保では、2方向とも合せ梁の格子構造に構造用合板を使用し、崖高さ約6mに及ぶ位置では懸造(かけづくり)とするため、貫構造ではなくV字柱を使用した。
そのため、「CO_2放出効率」をはじめ、その他の仕事量が著しく低い値となっている。

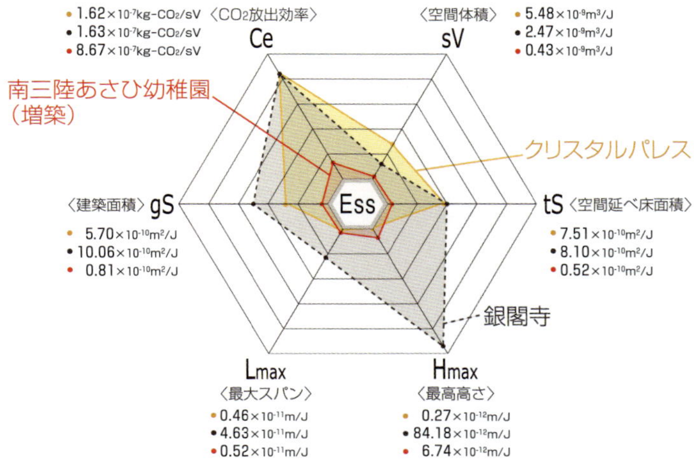

素材と空間の骨格エネルギーとCO_2放出効率

外科医的建築家のアイディア

嵌合接合と4本のボルトによる接合で、柱と梁の接合が剛接合として計画できる。

素材が形になるとき[11]

Idea of the surgical architect

- 園児や町民らの希望もあり、高低差6mもの崖地の地形をそのまま残しての増築工事であったため、斜面地ではV字柱構造によって上部空間を支えるとともに、上部構造は2方向合せ格子梁ラーメン構造による外周の柱として利用した。
- 園舎1階の柱脚の固定と同時に、V字柱の座屈対策を兼ね、V字柱の中間に1階の柱脚固定補助として水平構面を計画した。
- 園舎の柱と梁の接合部は、曲げモーメントを伝える剛接合とし、接合方法は木材の嵌合(かんごう)接合とボルト接合の両方で曲げ耐力を分担させた。
- 嵌合接合とボルト接合の組合せによって伝統工法と近代技術の融合を図り、柱を細く、ボルトの本数を少なくすることを可能にした。

12-3方向方杖構造

3-angle Brace Structure

PROFILE
名　称　よしの保育園
竣工年　2015年
所在地　青森県むつ市

CONCEPT

1. 園児が駆け回れるスペースとして、エントランスに向かって緩やかな勾配をもつ変形ドーナツ平面屋根を計画する。
2. 変形ドーナツ平面屋根の下に設ける最大スパン12mの保育室は、柱のない空間を実現するため、3方向方杖構造を計画する。
3. 柱や梁の部材を太くせずに地震力や積雪1mの荷重に耐えられる骨格とする。
4. 燃え代を想定した部材断面とせずに、部材断面の大きさを抑えるため、部材に準不燃材料を塗布することで防火性能を有する構造とする。

素材と空間を結ぶ

LOCATION

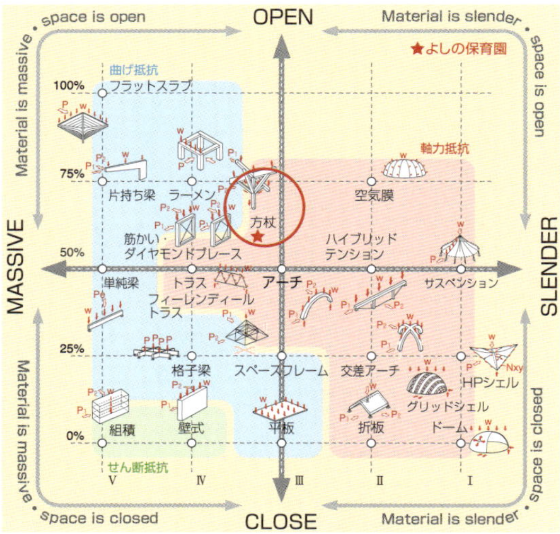

素材と空間の骨格デザイン認識図

素材と空間と荷重抵抗

構造的空間認識は、認識図上第2象限、開放率60%、量塊度Ⅲに位置する。

12mの大スパンの架構は、方杖と合せ梁で構成している。方杖長さを空間の高低差とスパンの長短に応じて調整することで細い柱を使用することができ、室内外の開放率を上げている。

また、接合方法は木造に最も適したピン接合とした。ラーメン構造と方杖を組み合わせた架構により、柱脚は曲げ抵抗、柱頭は軸力抵抗の方杖としている。

素材と空間の骨格デザイン

本プロジェクトの基本構造は、柱と梁によるラーメン構造であるが、最大スパン12mに及ぶ合せ梁に対しては、両端から3mの位置まで方杖を伸ばして支えている（R63通りおよびR64通り）。

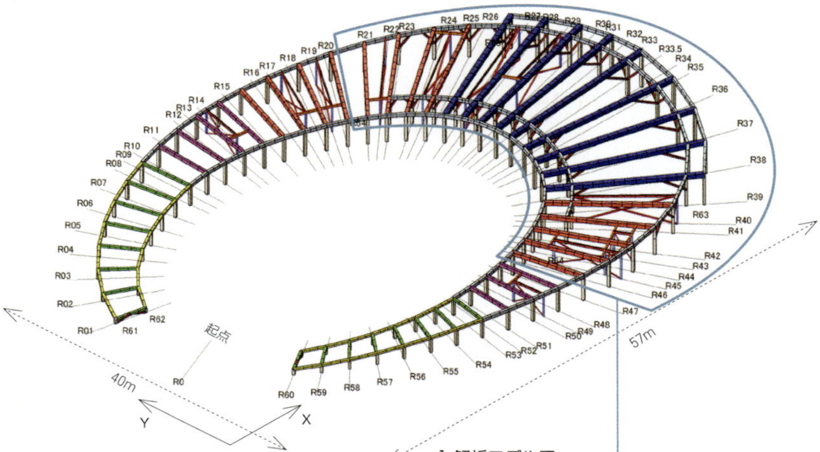

1 解析モデル図

2 柱のない保育室の空間

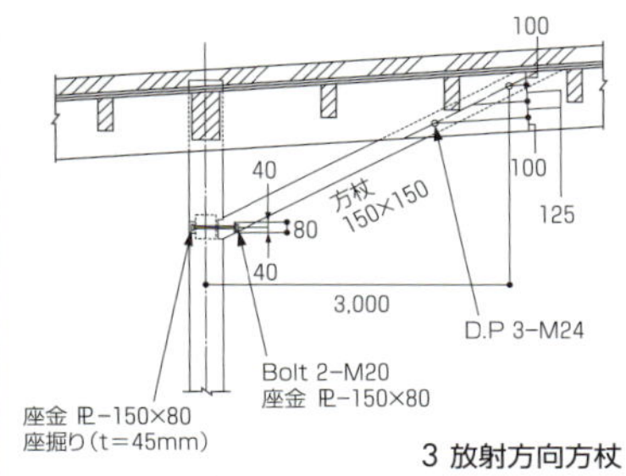

3 放射方向方杖

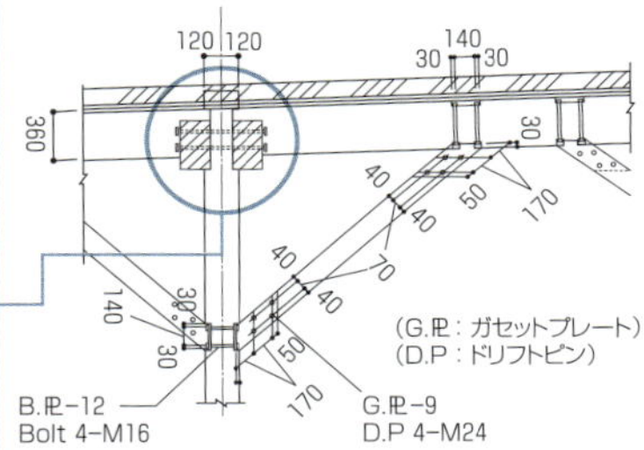

4 円周方向方杖

①3方向方杖構造

ドーナツ幅が広くなるR23〜R38（図1参照）の16のフレームに対し、3方向の方杖によって屋根を支えている。また、最大スパン12mでは、両端の柱から3mの方杖を伸ばすことによって中央部は6mになり、スパンが短くなっても6mに固定する構造である。

②柱を欠き込んだ合せ梁嵌合（かんごう）接合

柱と合せ梁の接合部は、柱を欠き込みボルトと木のめり込み抵抗を利用した半剛接合としている。木材どうしの支圧とボルトによって応力を伝達している（図7、8）。

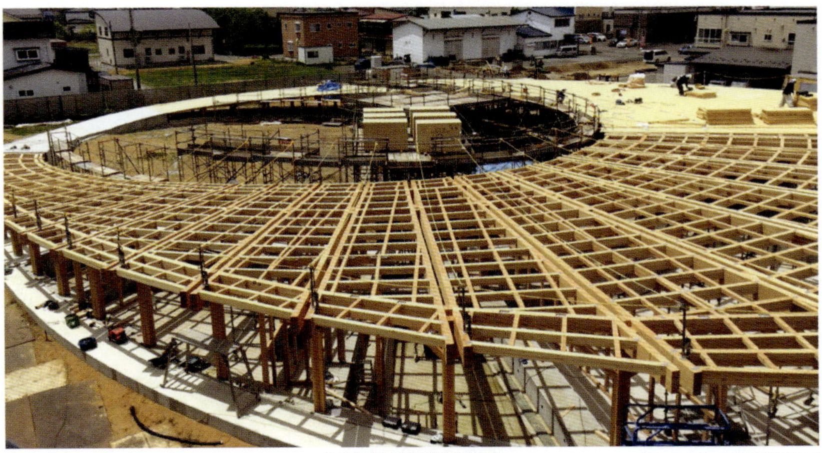

5 3方向方杖構造（全景）

（Photo2、5：手塚建築研究所）

基礎形式：べた基礎

ラーメン構造　⇨76ページ
合せ梁　⇨78ページ
準不燃材料　⇨82ページ

なぜ3方向方杖構造か
一般的に、本プロジェクトのような空間は柱と梁で計画されることが多い。しかし、空間のスパンが8mを超えるとき、柱と梁の断面が大きくなる。その上、柱と梁の接合部は「曲げモーメント、せん断力、軸力」のすべてを伝達するため、いわゆる剛接合となる。
柱と梁を剛接合とする素材として、コンクリートや鋼材は得意な接合方法であるが、「木」にとっては得意な接合方法とはいえない。木にとって、軸力とせん断力を伝達するピン接合は得意としている。したがって、3方向方杖構造を採用すると、柱-梁-方杖の接合をすべてピン接合または半剛接合とすることが可能であり、また、柱と梁が方杖によって短柱、短スパン梁となるため部材断面が少なくなるという長所がある。こうした背景から生まれたのが3方向方杖構造である。

方杖（ほうづえ）梁や桁などの横架材が柱と接合する部分を補強して水平力に抗するために、横架材から柱へ斜めに入れる部材。

めり込み抵抗　⇨21ページ

半剛接合［semi-rigid joint］
部材と部材の接合に関して、部材に生じる力すべて（おもに軸力、せん断力、曲げモーメントなど）を部材間で完全に伝えない接合のこと。特に、本構造のように柱・梁に対して欠き込みを利用して3つの応力を伝達している。そのとき、欠き込み部分は少しめり込みが生じるため、半剛接合と呼んでいる。

支圧　⇨98ページ

準耐火構造　耐火構造に準じる耐火性能をもっている構造のこと。建築物の主要構造部のうち、準耐火の基準に適合するもので、国土交通大臣が定めた構造方法を用いたものか、国土交通大臣の認定を受けたものをいう。

準不燃材料　通常火災による火熱に対して加熱開始後10分間、①燃焼せず、②防火上有害な変形・溶融・亀裂等の損傷を生じず、③避難上有害な煙・ガスを発生しない要件を満たす（外部仕上げ用は①②）建築材料。不燃材料を含む。

燃え代設計　想定される火災で焼失する木材の部分を「燃え代」という。木材は表面が炭化すると燃え進みにくくなることから、あらかじめ消失する厚さを見込んで計画する。このように木材の燃え代を想定して断面寸法を考えることを燃え代設計という。また、耐火時間に相当する表面からの燃え代は、集成材・単板積層材では30分で25mm、45分で35mm、60分で45mm、無垢（むく）材では含水率15%または20%のJASに適合するもので、30分で30mm、45分で45mm、60分で60mmが示されている。

③準耐火構造の仕様

部材断面を決める際には、通常は燃え代を想定しておく必要があるが、方杖構造にすることによって柱や梁の部材断面を小さくできることから、あらかじめ部材には防火塗料を塗布することにより、準耐火建築物としての性能を備えた。

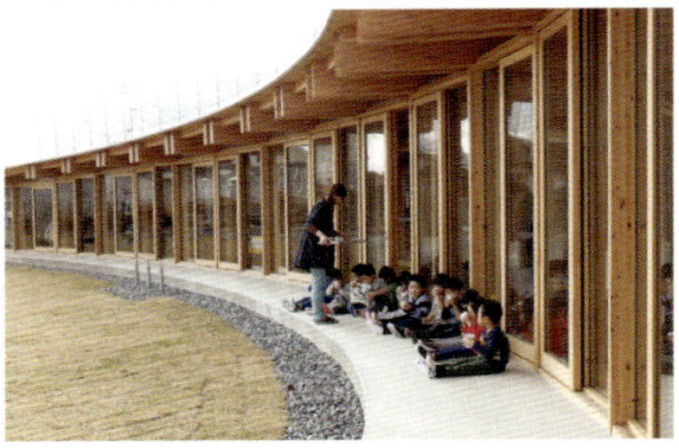
6 合せ梁（軒）

7 ボルトによる柱と方杖の接合部

8 円周方向の方杖の納まり

9 基礎と土台

10 柱脚部補強用金物

④柱脚部の補強

柱脚を固定支持するために、鋼製十字金物を用いてコンクリート基礎と固定した。このとき、4本のアンカーボルトが木製柱の応力と同等の応力で抵抗するように設計する。

（Photo6～10：手塚建築研究所）

FEM解析

FEM解析結果の表示
赤：引張り力　青・紫：圧縮力
全体座標系：X、Y、X

3方向方杖構造のFEM解析モデル

よしの保育園は屋根が園庭であることから、積載荷重が積雪荷重を上回る。したがって、解析は長期荷重（鉛直方向の荷重）のみの検討で素材断面を判定できる。

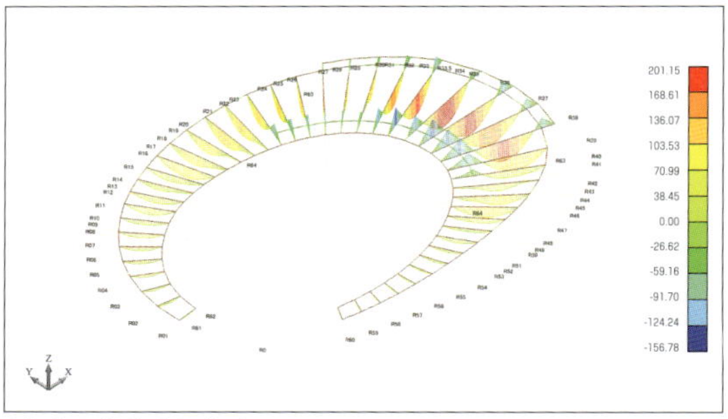

11-1 長期荷重時 曲げモーメント[kN·m]

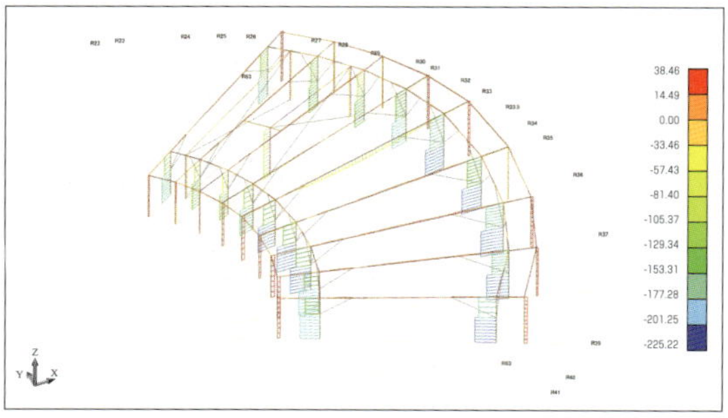

11-2 長期荷重時 軸力[kN]

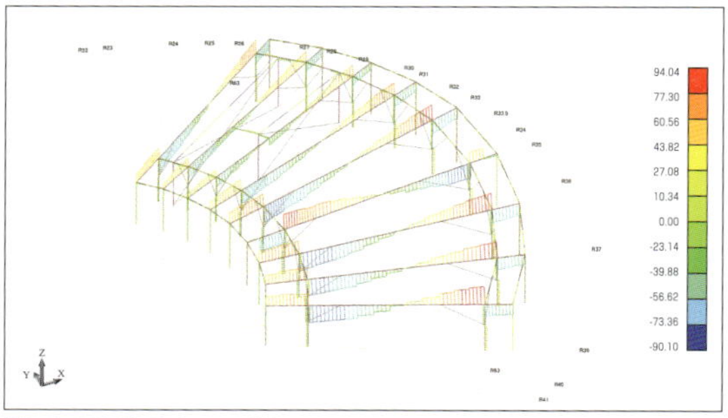

11-3 長期荷重時 せん断力[kN]

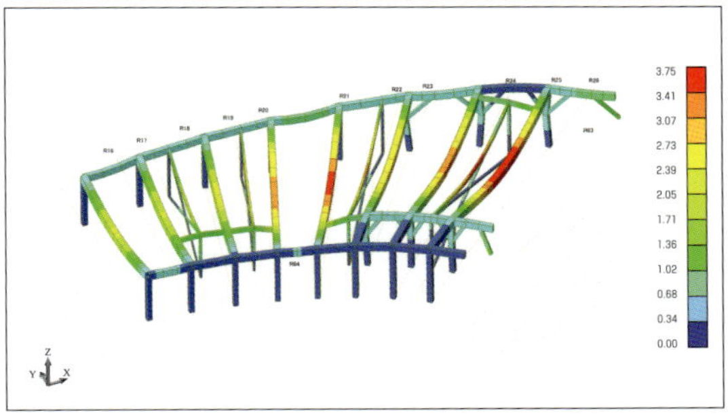

11-4 長期荷重時 変位量[mm]

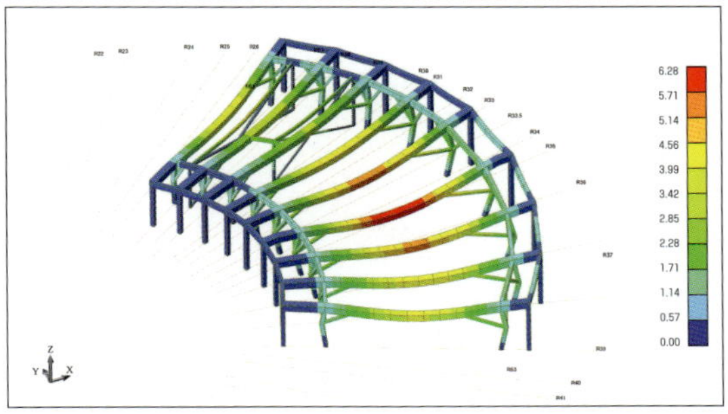

11-5 長期荷重時 変位量[mm]

素材の仕事比較

Hexagon Diagram

よしの保育園のように、空間の階高もスパンも多様な骨格では方杖構造が適している。それは、重力や地震力に対して柱と梁の部材応力を小さくすることができるという特徴によるものである。つまり、柱や梁の部材断面を小さくすることができる。このように、今回は比較的細い断面の部材が使われているが、積雪対策や長スパンにより大量の木材を使っているため、「CO_2放出効率」は高い値となっている。また、その他の素材と空間の骨格エネルギー量に対する効果は、軸力、曲げせん断抵抗の骨格であるため、低い値となっている。

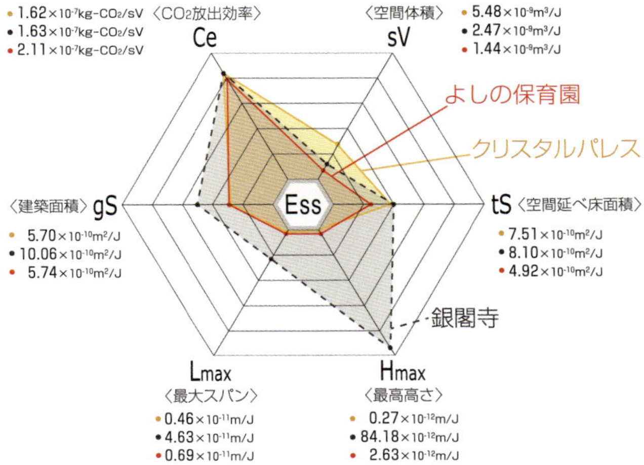

素材と空間の骨格エネルギーとCO_2放出効率

外科医的建築家のアイディア

方杖の効果を生かせばスパンと曲げモーメントが小さくできる。

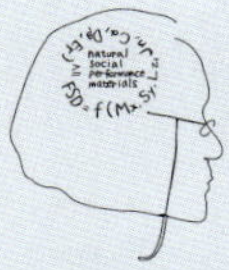

素材が形になるとき[12]

Idea of the surgical architect

- 3方向に方杖を配置することにより、柱や梁の部材を太くしなくても地震力や積雪にも耐えられる構造とした。
- 方杖、柱、梁を接合するピン接合では、柱を欠き込んだ合せ梁の篏合(かんごう)接合を採用した。欠き込み柱のボルトと木のめり込み抵抗を利用した半剛接合とすることにより、木造どうしが支圧とボルトにより応力を伝達することが可能となる。
- 円周方向の方杖は、全体の水平剛性とファサードのリズムを考慮し、ほとんどの円周に設け、また、構造用合板による耐力壁を間仕切り壁の位置に10通り配置することで、スパン方向の地震力に抵抗させた。
- 燃え代設計を行わず、準不燃材料を塗布することで準耐火構造とした。

13–折板構造

Folded Plate Structure

PROFILE

名　称　ヘルスピア白根

竣工年　1993年

所在地　山梨県南アルプス市

CONCEPT

1. 山梨県のアルプスのふもとに温水プールを計画する。
2. 結露対策として最適な急勾配の屋根形状を8方向の放射状に配置するため、折板（せつばん）構造を採用する。
3. 屋根を放射状にするため、4つの接合部による構成を計画する。
4. 屋根の頂部は軸力、せん断力、曲げ応力などが発生しない膜応力状態（面外曲げモーメントが0となる状態）となるのを利用し、さらにトップライトを設けることにより軽快さを演出する。

素材と空間を結ぶ

LOCATION

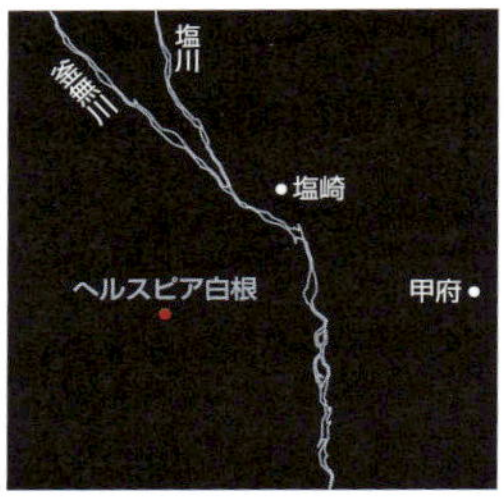

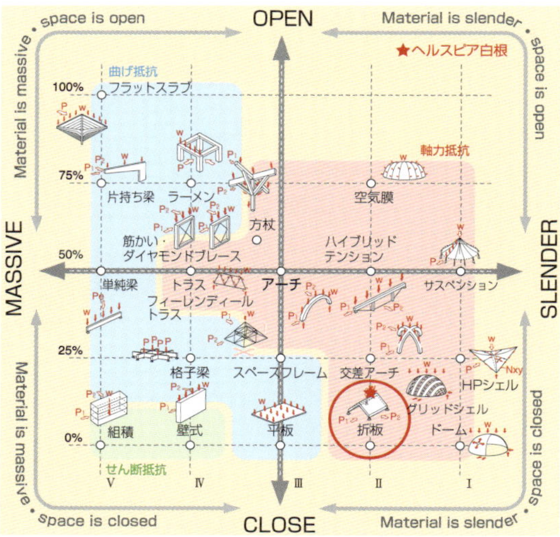

素材と空間の骨格デザイン認識図

素材と空間と荷重抵抗

構造的空間認識は、認識図上第4象限、開放率15%、量塊度IIに位置する。

比較的、量塊感は低いものの、閉塞的な空間の骨格といえる。そこで、折板屋根の頂部にトップライト、屋根裾部の三角形のハイサイドライト（採光のために高い位置に設ける窓）を設け、開放感を高めている。

傾斜型の立体折板型にすることで、面外曲げモーメントが支配するのではなく、木材の長所である圧縮抵抗が支配的な形態抵抗型の構造となるため、部材を細く、薄くすることができる。

折板構造：紙を折り曲げるような形で平面形を組み合わせて筒状や多面状の架構を構成し、主として面内力によって外力に抵抗する構造。鉄板を連続V形に折り曲げた折板屋根もこれに相当する。

素材と空間の骨格デザイン

基礎形式：直接基礎

本架構は、放射状に折板屋根を配置し、84ページの写真からもわかるとおり屋根の中心部を周辺環境より上部に設置することによって放射状折板ドームを実現している。また、この折板ドームは頂部が鋭角の接合となるため、接合部と支点部では鋼製プレートと鋼管を組み合わせたシンプルな接合としている。

6 頂部の接合金物は稜線部材の先端にあらかじめセットして建方を行う
（A部仕口金物詳細参照）

7 頂部HTB（High Tension Bolt）で星形の頂部金物を接合

ハイテンションボルト　摩擦接合用高力六角ボルトとしてJIS B 1186に規定される。素材の機械的性質によりF8T、F10T、F11Tの等級に区別されるが、F11Tは遅れ破壊の問題などから通常は使用されない。単に「高力ボルト」、または「高力六角ボルト」ともいう。

8 稜線凸部の接合詳細（見上げ）
（B部仕口金物詳細）

アスファルトルーフィング［asphalt roofing feflt］アスファルトを使用した防水シート。主として天然の有機繊維（古紙、木質パルプ、毛くずなど）を原料としたフェルト状のルーフィング原紙にアスファルトを含浸、被覆し、その表裏面に粘着を防止する鉱物質粉末を散着したシート状材料。アスファルトルーフィングを積層してアスファルト防水層を形成する。

木毛セメント板［cement excelsior board］木毛（木材を長さ10〜30cm、幅3.5mm、厚さ0.3〜0.5mm程度の繊維方向に長く削ったもの）とセメントを混ぜて圧縮成形して製造する板。JISでは、難燃木毛セメント板（難燃2級）と断熱木毛セメント板の2種類がある。防火性に富み、

①放射状折板ドームをつくる4つの接合（A部、B部、C部、D部）

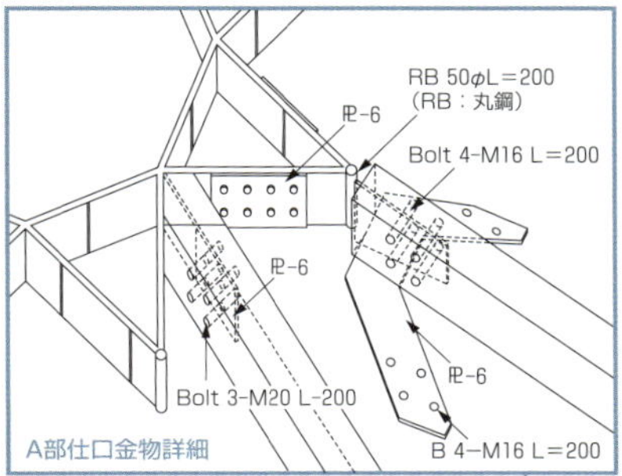

2 頂部トップライトの骨格を兼用した接合金物

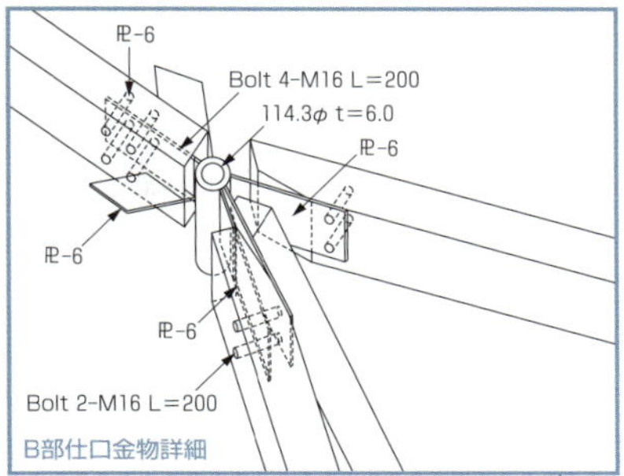

3 折板凸部用は6方向の部材を接合する金物を使用

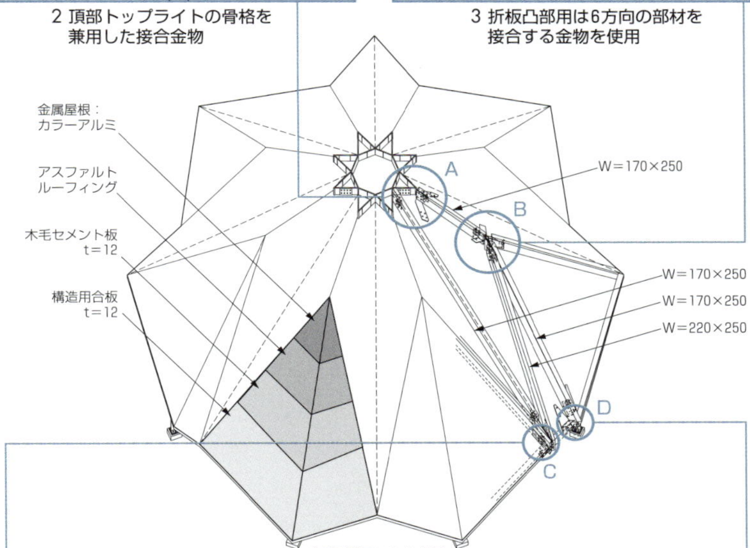

1 架構アイソメ図

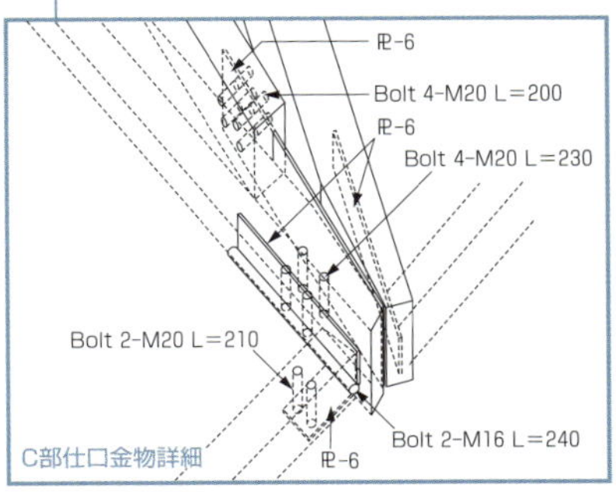

4 折板裾凸部は5方向の接合金物

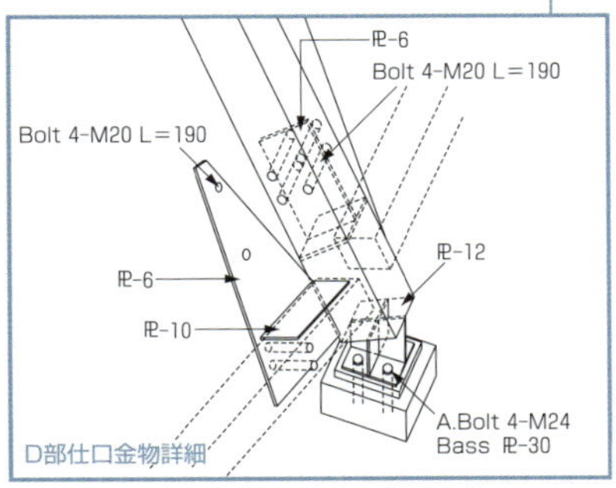

5 折板脚部は3方向の接合金物

②2種類の折板構造

折板構造の建築空間への適用は2種類ある。一つは本プロジェクトのように点対称に折板を配置するドーム状で、木が酸にもアルカリにも適度に強いことから、空間用途は温泉、プール等に起用される。もう一つは、折板を一方向に直線的、曲線的に配置して、長手方向平面をカバーする計画である。いずれにしても、屋根構造として多用されている。

9 折板屋根の骨格の組立

断熱性、吸音性を備えていることから、工場、立体駐車場、スポーツ施設などの屋根下地や壁下地に使用される。

構造用合板　⇨61ページ

10 直径3mの筒状のRCに乗せた折板屋根

11 筒状RC部の内観（休憩スペース）

FEM解析

FEM解析結果の表示
赤：引張り力　青・紫：圧縮力
全体座標系：X、Y、X

折板構造のFEM解析モデル

解析は、①線材モデル、②面材モデルの両方の立体解析を行った。
折板屋根の谷部に軸力が集中して流れ、頂部から支持部に伝達しているのが確認できる。また、頂部においては軸力が大きく、曲げモーメントは小さい値となっている。裾部においても支点に向かって軸力が増大するのが確認でき、曲げモーメントは裾部を開放形にしているので多少大きい値となっている。

①線材モデル

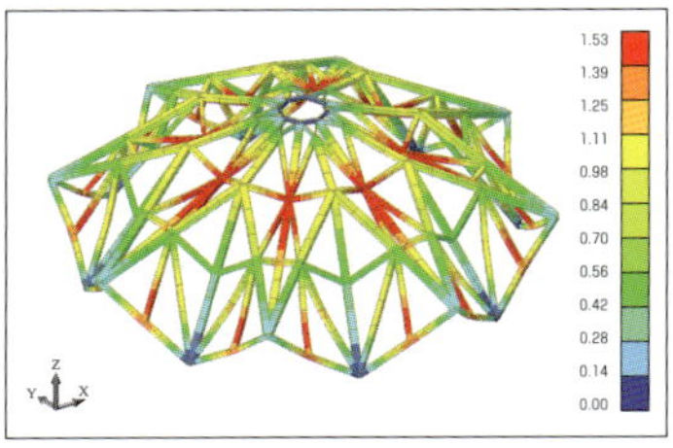

12-1 長期荷重時 変位量[mm]

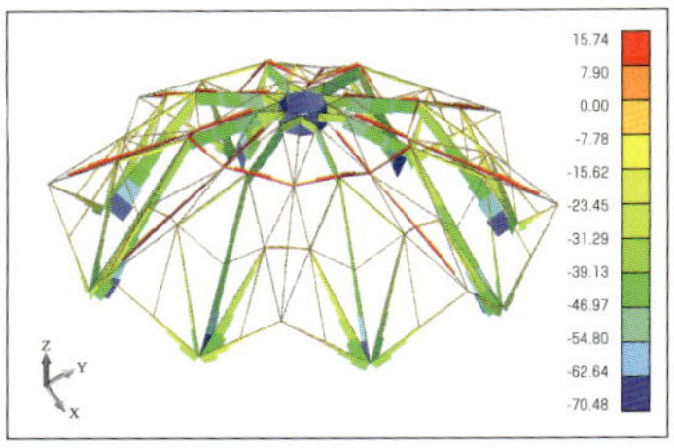

12-2 長期荷重時 軸力[kN]

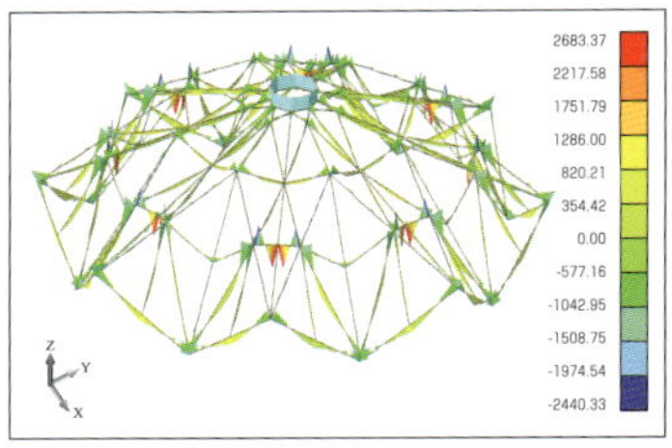

12-3 長期荷重時 曲げモーメント[kN·mm]

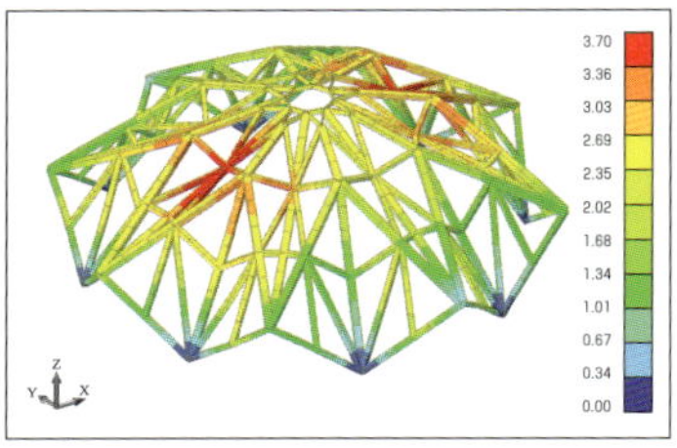

12-4 地震荷重時 変位量[mm]

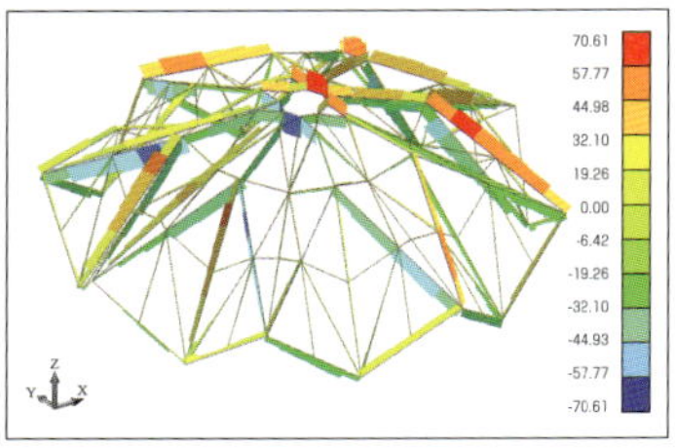

12-5 地震荷重時 軸力[kN]

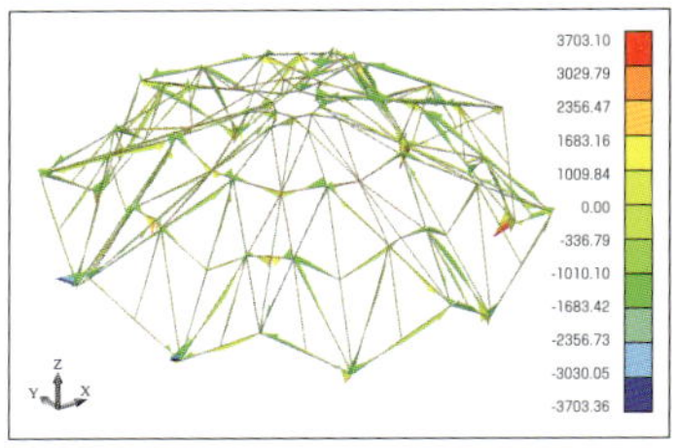

12-6 地震荷重時 曲げモーメント[kN·mm]

②面材モデル

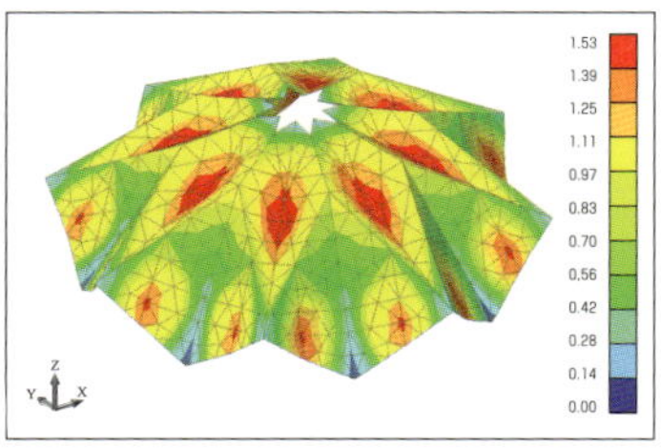

13-1 長期荷重時 変位量[mm]

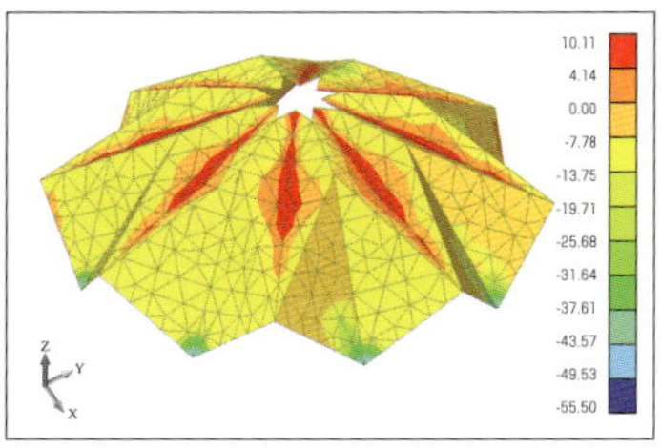

13-2 長期荷重時 軸力[N/mm]

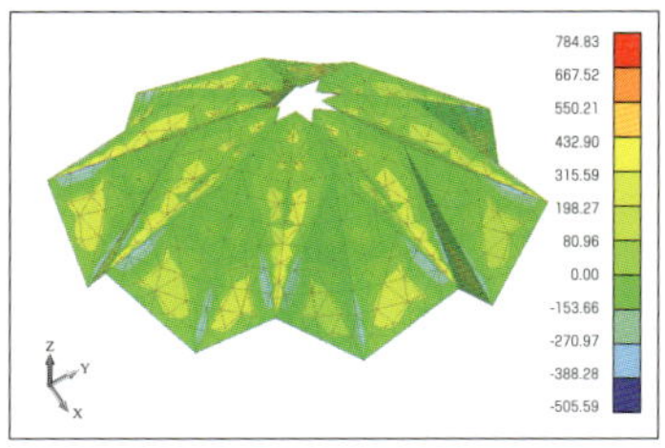

13-3 長期荷重時 曲げモーメント[N·mm/mm]

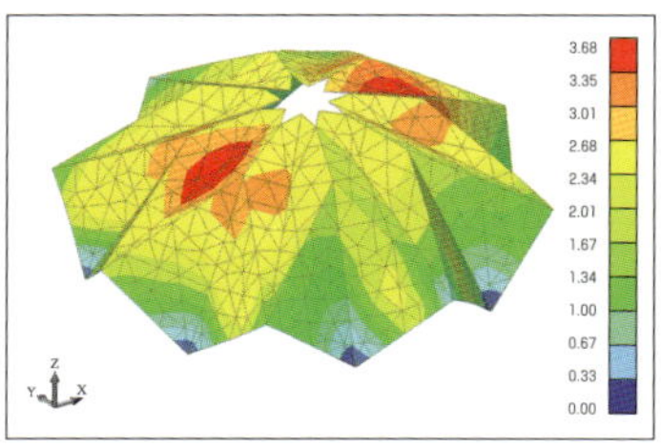

13-4 地震荷重時 変位量[mm]

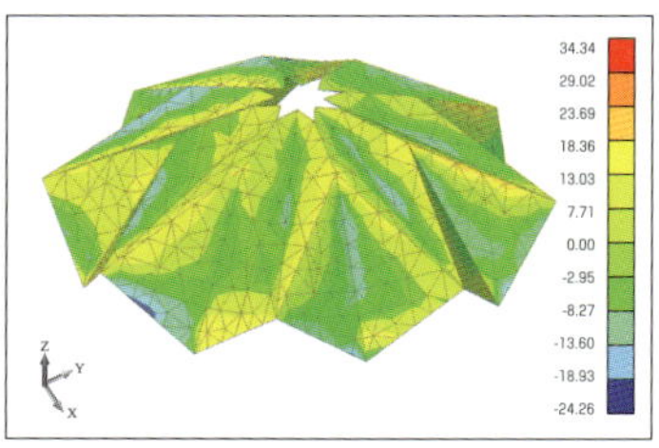

13-5 地震荷重時 軸力[N/mm]

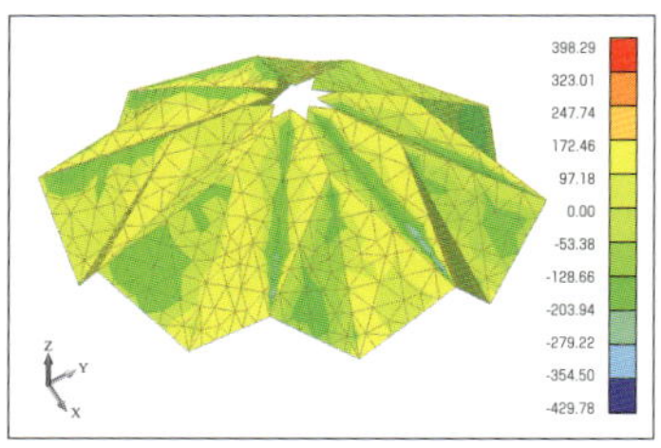

13-6 地震荷重時 曲げモーメント[N·mm/mm]

素材の仕事比較

Hexagon Diagram

ヘルスピア白根の木造折板屋根は折り紙を折った形をイメージしており、この折板屋根を支える直径3mの筒状をした鉄筋コンクリート造の休憩スペースの陸屋根（屋根勾配を設けない水平または平たんな屋根）に支持点をもっている。
木造部分とこの筒状の鉄筋コンクリートの空間体積がほぼ等しいことから、「CO_2放出効率」が高い値を示す結果となった。

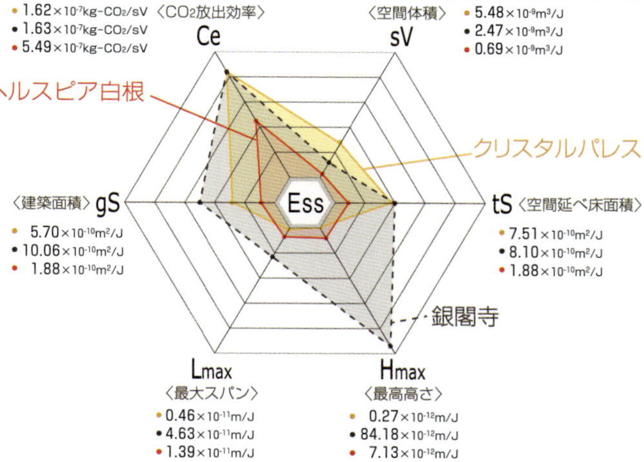

素材と空間の骨格エネルギーとCO_2放出効率

外科医的建築家のアイディア

木材による折板構造の場合、折板谷部には、折板を接合するための軸材を使用すると折板形状が容易に実現できる。

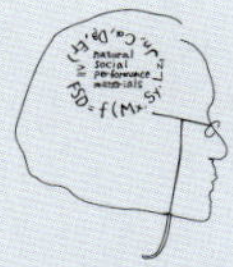

素材が形になるとき [13]

Idea of the surgical architect

- 折板構造の流れは、ドーム構造やシェル構造と同じく、面内軸力が支配的である。したがって、折板は木造、鉄骨造、鉄筋コンクリート造、そしてレンガ造でも建築可能な空間の骨格である。このうち、鉄骨造と鉄筋コンクリート造は折板屋根谷部にリブ状の部材を必要としないが、木造やレンガ造はその施工手順で少なくとも仮設材としてリブ、または部材が必要となる。本プロジェクトでは、建方に使用するリブ材を本設のリブに使用する方法を採用した。
- 頂部はトップライトの骨格を兼用した接合金物、稜線凸部は6方向の部材を接合する金物、折板の裾部は5方向の部材を接合する金物を使用し、さらに折板の脚部は直径3mの筒状の鉄筋コンクリート部材に接合することにより、放射状の折板屋根を実現した。
- プールや温泉施設の建物では、結露対策が求められる。屋根をドーム型にした場合、水滴が途中で落ちてしまう可能性がある。その点、折板屋根の場合には端部まで結露水が流れるため、結露対策としてはたいへん有効であり、さらに木造の骨格の寿命にも大きな差がでることになる。

14-ツリー構造

Tree Structure

PROFILE

名　称　うつくしま未来博・21世紀建設館
竣工年　2001年
所在地　福島県須賀川市
＊2004年、福島空港公園内に移築

CONCEPT

1. 2001年に開催された「うつくしま未来博」の21世紀建設館では、4つのコンセプト（①原地形（棚田地形）を生かした緩いカーブを描く屋根、②周辺環境に溶け込む緑化屋根、③博覧会終了後に移築しやすい構造、④展示空間に応じ、樹状柱の「枝」部分の高さの変更が可能）をもとに空間の骨格をデザインする。
2. 博覧会終了後の移築を踏まえ、組立、解体、運搬を軽微な労働力で行える構造とする。
3. 地震、台風対策ならびに空間の利用において、最下段は曲げ抵抗、上部の2段目、3段目は軸力抵抗のツリー（樹状）構造を採用した。

素材と空間を結ぶ

LOCATION

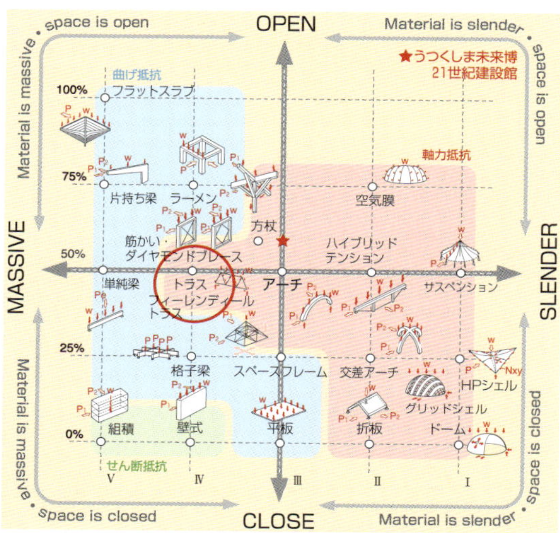

素材と空間の骨格デザイン認識図

素材と空間と荷重抵抗

構造的空間認識は、認識図上第2象限、開放率60%、量塊度Ⅲに位置する。
ツリー（樹状）構造は、ラーメン構造と立体トラス構造を組み合わせた架構で、上部に行くほど本数が増加し、素材も細くなっていく。柱の下部は曲げモーメント、上部はトラスの軸力で抵抗する。ラーメン構造やトラスの開放率は50～75%で、量塊度はⅣとされるが、ツリー構造にすることで、上部が軽く、明るくなり、量塊感が抑えられている。

ツリー構造：階層構造。多くの要素が互いに重複することなく、幹、枝、小枝といった1本の木のように単純な階層関係をもって存在している構造。要素が互いに重なり合い、複雑な網のようになったセミラティス構造と対比される。

素材と空間の骨格デザイン

基礎形式：直接基礎

フラットスラブのようなイメージをもつ本プロジェクトの屋根の構造には、できる限り薄くするために正方格子を採用した。緩やかなアーチ状に形成され、アーチの勾配に応じて14本の樹状柱（アートツリー）で支えている。柱1本当たり16点で屋根面を支え、最終的には1点に導く構造である。

6 緑化屋根全景（移築後）

セミラティス［semi-lattice］
建築界では、C.アレグザンダーが「都市はツリーではない」という論文（1965）の中で、ツリー構造と対比させるために用いた用語として有名。ツリー構造では、任意の2つの部分集合は一方が完全に他方に包含されるか独立かのどちらかであるのに対し、セミラティス構造では、重なり合う部分集合がいくつも存在する。

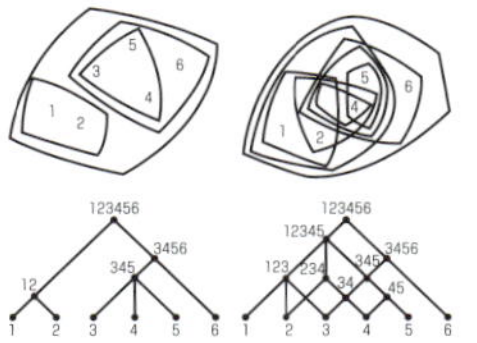

7 セミラティス（ツリーとの比較）

8 樹状柱（アートツリー）

9 水平方向のブレースと2方向リングプレートの接合（接続・2）

①ツリー（樹状）構造の接合・1

正方格子の交点は耐力が小さいため、屋根に接するツリー構造の先端には交点がなく、格子にはめ込んだ鉄骨ブレースの交点に接合している。

1 正方格子天井にはめ込んだ鉄骨ブレースの交点への接続

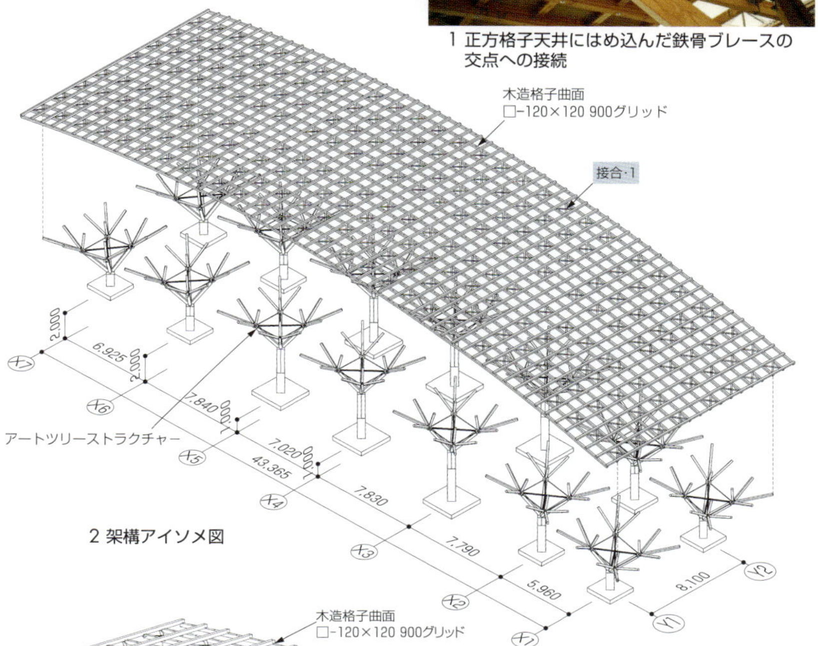

2 架構アイソメ図

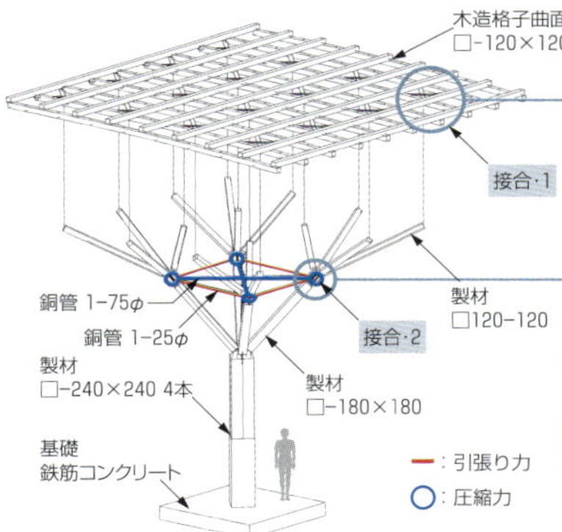

3 正方格子天井と樹状柱の接続

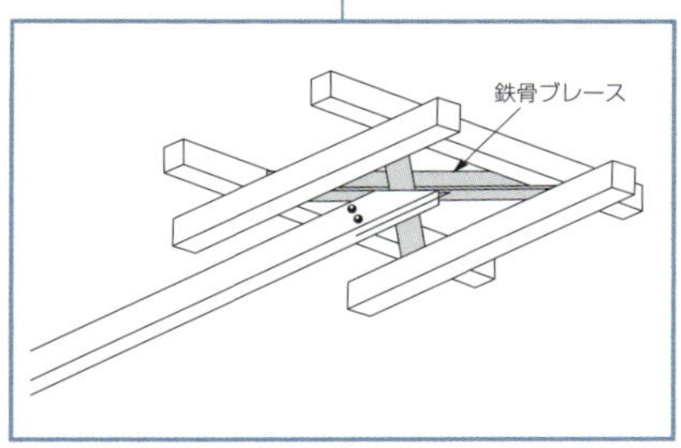

4 接合・1（屋根格子と方杖の接合）

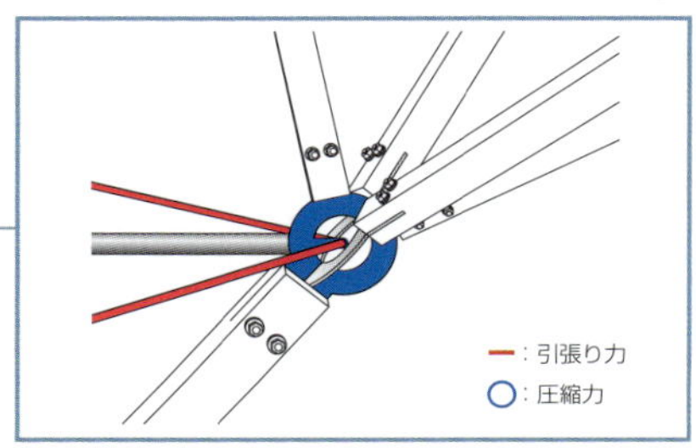

5 接合・2（2方向リングプレート接合）

②ツリー（樹状）構造の接合・2

組立、解体を容易にするために、接合部にはオリジナルの金具をデザインした。2層目、3層目の接合は、2方向の力を伝達する必要がある。一つは上からの力、もう一つは水平方向を一体となって伝える力。そのために考案したのが、水平方向ブレースと2方向リングプレートの接合である。

FEM解析

断面欠損　貫通ボルト穴、切り欠きなどによってコンクリートや鉄骨の部材断面に生じた欠損の総称。

断面欠損率　断面欠損した部材断面に対する欠損部分の長さ、面積、体積の比率。

FEM解析結果の表示
赤：引張り力　青・紫：圧縮力
全体座標系：X、Y、X

ツリー構造のFEM解析モデル

曲面屋根を支えるツリー構造の解析モデルにおける注意点は、屋根の格子梁のモデル化である。格子交点を1本のボルトで接合する必要があり、その上、屋根が曲面であるためボルト穴はボルト径の1.5倍は必要で、そのボルト穴の断面欠損を見込んだ解析モデルとすることである。この格子屋根は、格子の対角4点を鋼材で接合し、鋼材交点を小枝である部材で支える骨格とした。

①アーチ状屋根の解析結果

格子屋根の変位量では、長期荷重時の最大変位は格子長辺の片持ち部材の先端に発生し、地震荷重時には2番目に低いツリー上部が最大となっている。

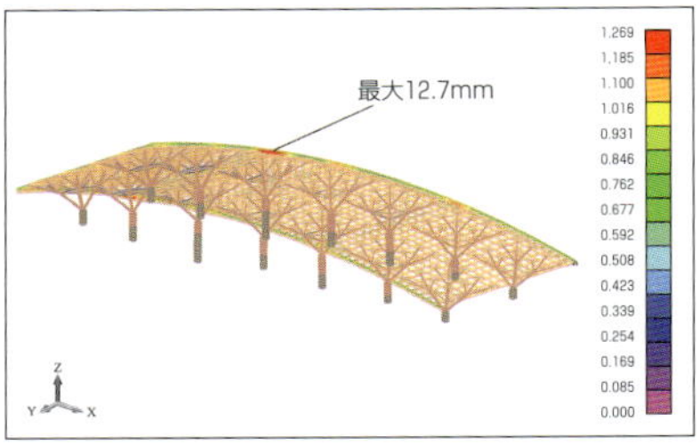

10-1 長期荷重時 変位量[cm]

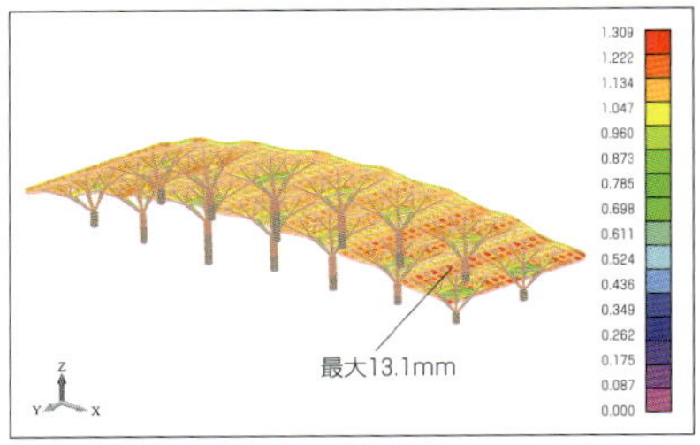

10-2 短期荷重時 変位量[cm]

②格子屋根の解析結果

格子屋根の長期荷重時せん断力の最大は鉄骨ブレースに発生し、地震荷重時における格子木部の最大曲げモーメントはスパンが大きい中央部となっている。

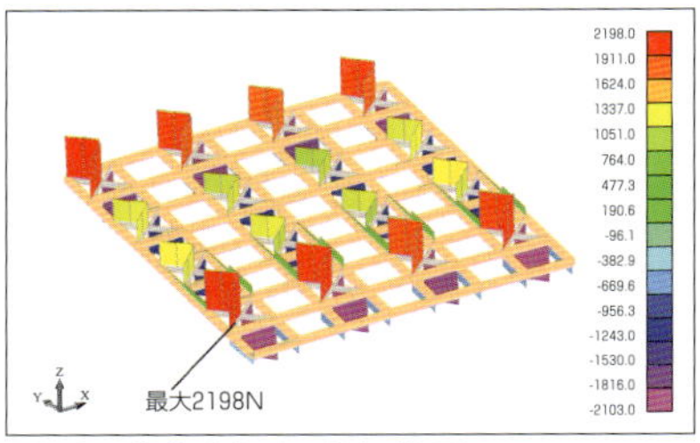

11-1 長期荷重時 せん断力(格子)[N]

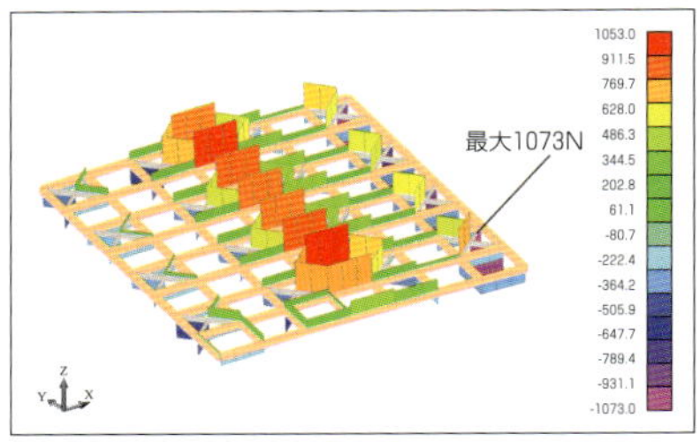

11-2 短期荷重時 せん断力(格子)[N]

③樹状柱(アートツリー)の解析結果

ピン接合　⇨120ページ

ツリー構造では、太い幹と4本の枝の接合はピン接合で構成される。ピン接合は、上部からの荷重を軸力としてせん断力のみで幹に伝えれば立体架構が成立する。したがって、4本の枝とそれを束ねる鋼材は、重力および地震力とも軸力に対する検討のみで断面検討は完了する。また、太い幹は長期荷重時、地震荷重時ともに軸力+曲げモーメント+せん断力で検討する。

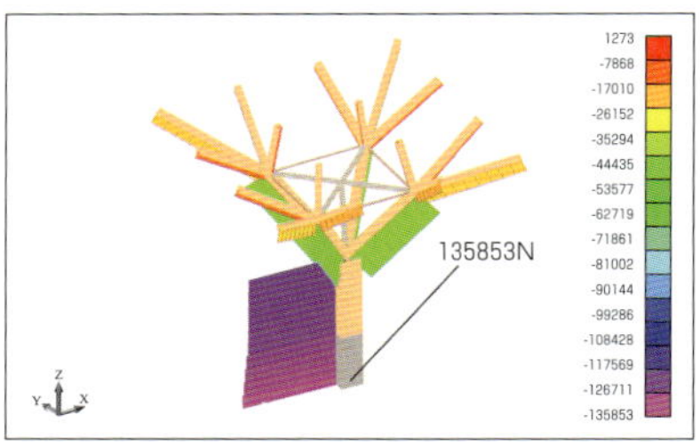

12-1 長期荷重時 軸力[N]

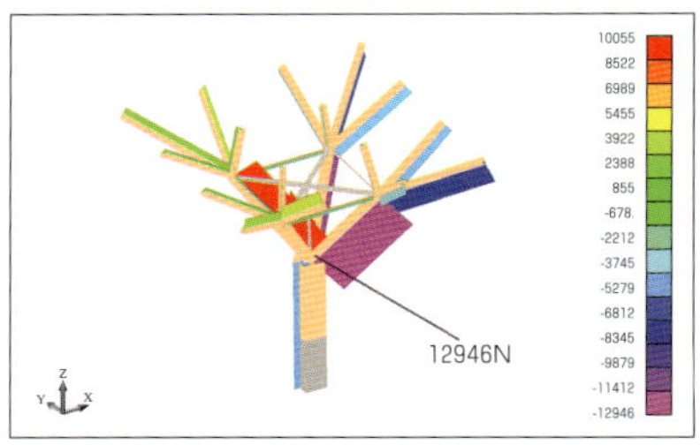

12-2 短期荷重時 軸力[N]

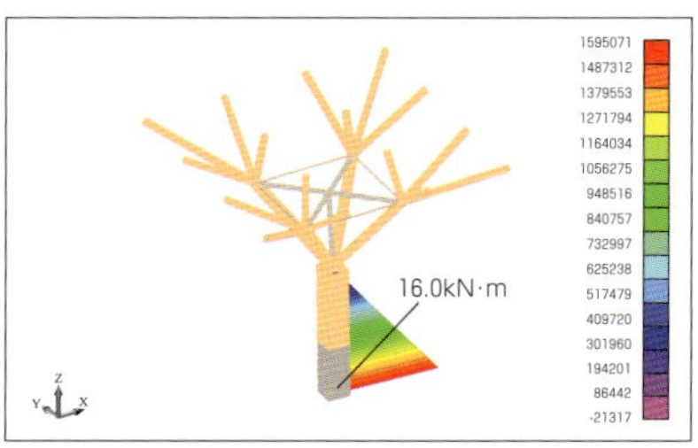

12-3 長期荷重時 曲げモーメント[N·cm]

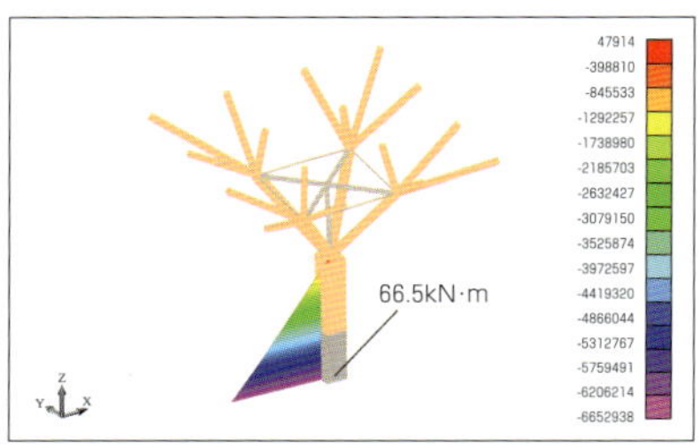

12-4 短期荷重時 曲げモーメント[N·cm]

④2方向リングプレート接合部の解析結果

ツリー構造の組立、解体を容易にする2方向リングプレートを用いた本構造は、基本的に張力が支配的な架構であるため、軸力、せん断力として長期の変位を確認することが重要である。

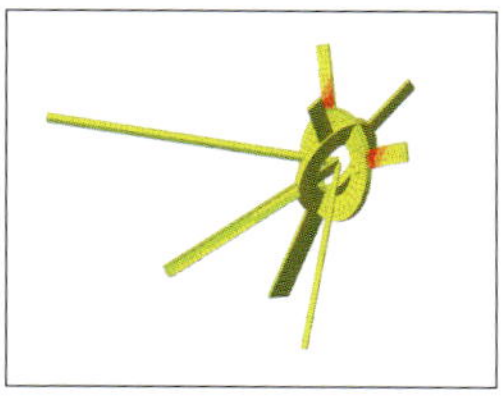

13-1 長期荷重時 軸応力度

13-2 長期荷重時 変位量

13-3 長期荷重時 せん断応力度

素材の仕事比較

Hexagon Diagram

うつくしま未来博・21世紀建設館では、柱脚部の基礎に鉄筋コンクリート、木造格子の曲面屋根、屋根を支える14本の木造のツリー（樹状）構造、そして鋼材による水平方向ブレース、組立・解体を容易にする2方向リングプレートが使われている。

素材としては大量の木材を使用していることから、「CO_2放出効率」はクリスタルパレスや銀閣寺とほぼ同じ値を示している。また、樹状構造の空間体積が大きい分、その仕事量[sV/Ess]は銀閣寺よりも高い値となっている。

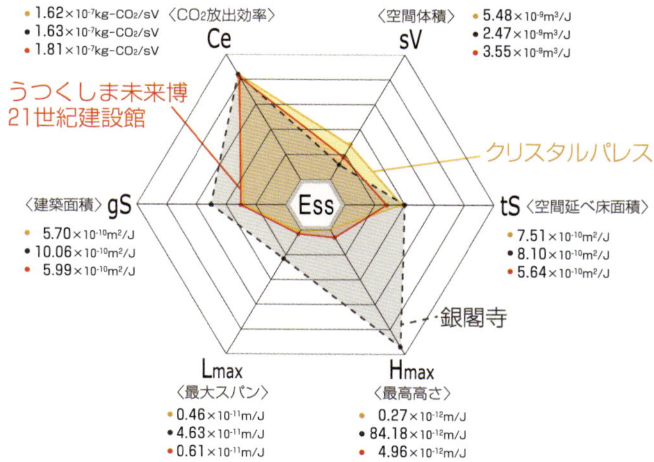

素材と空間の骨格エネルギーとCO_2放出効率

外科医的建築家のアイディア

2方向リングプレートを使用すれば、移築、組立、解体が容易にできる。

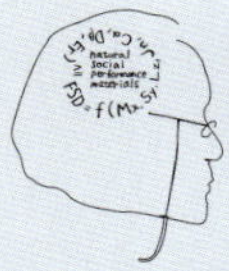

素材が形になるとき[14]

Idea of the surgical architect

- 本プロジェクトの空間は、長辺方向が巨大なアーチ状の外形となっており、アーチ頂部とアーチ両端部では高低差がある。このような空間を支え、かつ組立、解体を自由に行うには、屋根と独立構造システムの柱による構成として計画するとシンプルにできる。
- 巨大なアーチ状屋根を支える柱が太くならないよう、柱を3層のツリー（樹状）構造として捉え、1層を4本の組柱とし、高低差に応じて高さ調整が可能となるよう工夫した。2、3層をおのおの立体トラスユニット状に計画すると、必然的に3段目の部材は2段目よりも繊細となり、全体的にツリー（樹状）構造が林立する空間ができあがる。巨大アーチ状の屋根は接合金物を用いて14本の柱で支えられているが、柱1本当たり16点で屋根面を支えており、最終的には1点に導く構造なっている（木と鋼材によるハイブリッド立体トラスシステム）。
- 2方向のリングプレートは、屋根を分散支持する斜め柱が集まって8方向の軸力を下部へ伝達させている。また、天井格子にはめ込んだ鉄骨ブレースに斜め柱を接合することによって、荷重負担能力の少ない母屋交差部の1点集中支持を避け、4点で分散支持させている。
- 組立、解体に関しては、作業の簡素化とともに、ボルトの破損を防ぐため、ボルト本数を可能な限り少なくし、一つの部材端部の接合はすべて2本のボルトで固定するシステムを採用した。

15-ドーム構造 Dome Structure

PROFILE
名　称　今井篤記念体育館
竣工年　2002年
所在地　秋田県大館市

CONCEPT

1. 秋田県大館市にある今井病院の敷地内に、入院患者のリハビリ促進を目的として、一年を通して利用できる屋内運動施設を計画する。
2. 建設地は、夏は暑く冬は寒いという盆地特有の気候に加えて多雪地域であることから地下部分に運動施設を計画するが、自然光をどうやって取り込むかが課題である。
3. LSL（薄い木質材）と細い鋼製部材を用いて合理的な形態の構造にするため、世界で初めての試みとなる木と鋼材によるダブルスキンハイブリッド立体構造（ドーム）の架構を実現させる。

素材と空間を結ぶ

LOCATION

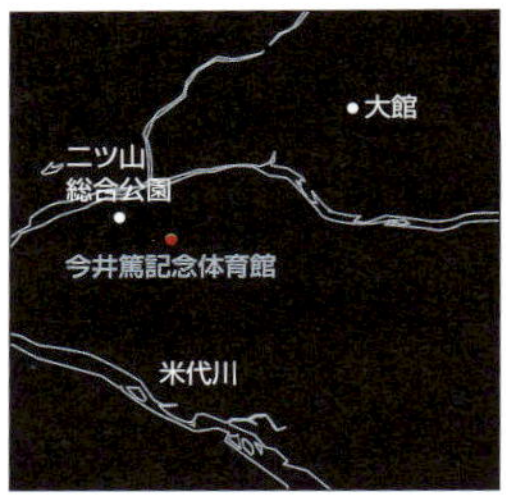

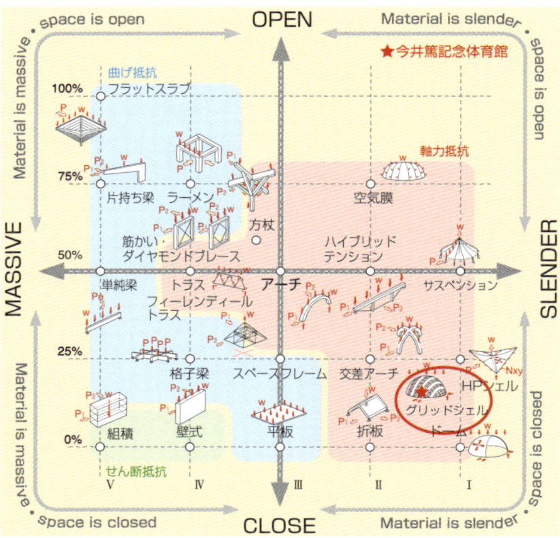

素材と空間の骨格デザイン認識図

素材と空間と荷重抵抗

構造的空間認識は、認識図上第4象限、開放率15%、量塊度Ⅰに位置する。

ドームの屋根は、LSL（薄い木質材）と五角形の鋼製ラチスで構成されている。鋼製部材の厚さはスパンに対して1/150～1/200とされ、非常に薄いために量塊度はⅠとされるが、一般的にはとても閉鎖的な架構である。

本架構では自然光を取り入れることからダブルスキンの屋根としたため、スパンに対して1/40の厚さとなり、量塊度は少し増す計算となるが、天井が明るくなる分だけ開放率が上がる。

ドームは、長辺方向（フィーレンデールラチスアーチ）と短辺方向（ペンタゴンラチスアーチ）の2方向システムを採用しているため、軸力に対して抵抗している。

ドーム構造：ヴォールト（古代ローマ時代に始まる石を使用した組積造やコンクリート造の曲面構造の総称）の一種で、半球状の外殻をもつ構造体。大空間を覆う屋根として発達。

素材と空間の骨格デザイン

基礎形式：べた基礎

本プロジェクトは、LSL（薄い木質材）を用いて、いかに合理的な形態の構造になるかという試みであるとともに、世界初となる木と鋼材によるダブルスキンハイブリッド立体構造を実現させることである。
長辺方向（フィーレンデールラチスアーチ）と短辺方向（ペンタゴンラチスアーチ）にそれぞれ特性の異なる2種類のアーチシステムを採用し、これらを直交させることによって「直交異方性」のドームを構成している。

LSL［laminated standard lumber］成長の早いアスペンなどを材料として、300mm程度の木片に切断し、乾燥後にポリウレタン樹脂で処理して圧縮加工した木質材料。加工がしやすく強度もある。

ラチス ⇨72ページ

スキン ⇨71ページ

①長辺方向アーチ　フィーレンデールラチスアーチ

上弦、下弦ともに丸形鋼管をもつフィーレンデールラチスアーチ（内部はLSLで補強）を形成。

②短辺方向アーチ　ペンタゴンラチスアーチ

アーチ形状の内・外皮ともにLSLを使用し、その内・外皮材をペンタゴン（五角形）のスチールラチスで結んだペンタゴンラチスアーチを形成。

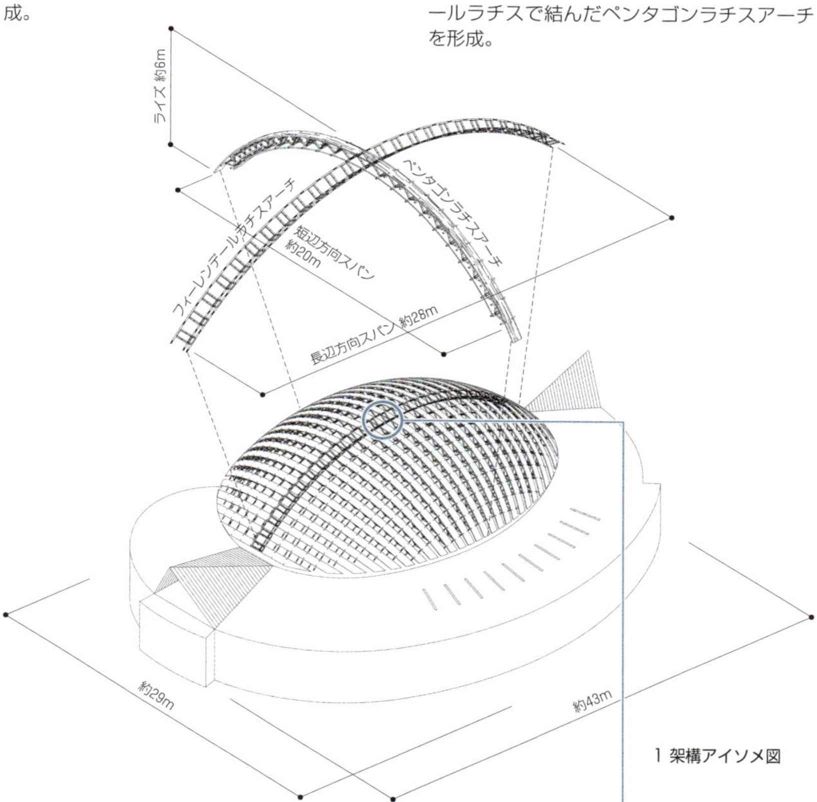

1 架構アイソメ図

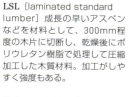

敷地が多雪区域に該当するため、実大実験により5m以上の積雪を加味した地震時の応力を確認している。

3 実大実験の様子

4 雪に覆われた今井篤記念体育館

③フィーレンデールラチスジョイント

三角形ではなく、四角形のラチスで構成されている。四角形のラチス（縦材）は、曲げモーメントが大きくなるが、木質せん断パネルをひとつおきに配置することによって曲げモーメントを小さくすることが可能となり、さらにアーチ上の上下弦材ラチスと縦材両方の曲げモーメントを小さくしたV字型フィーレンデールラチスアーチとした。

④ペンタゴンラチスジョイント

トラス（三角形）のジョイント部は、多数のボルトが必要になる。そこで、トラスの頂点に長辺方向のアーチを設けることによってこれが解消できるため、野球のホームベースのようなペンタゴンラチスとした。これにより、LSLとの接合は1つのピンで対応可能となる。曲げモーメントが生じる架構ではあるが、接合部材を短い1ピンとすることでピンに生じる曲げモーメントを最小限に抑え、軸力支配型の接合としている。

シアパネル［shear panel］せん断力に抵抗するパネル。

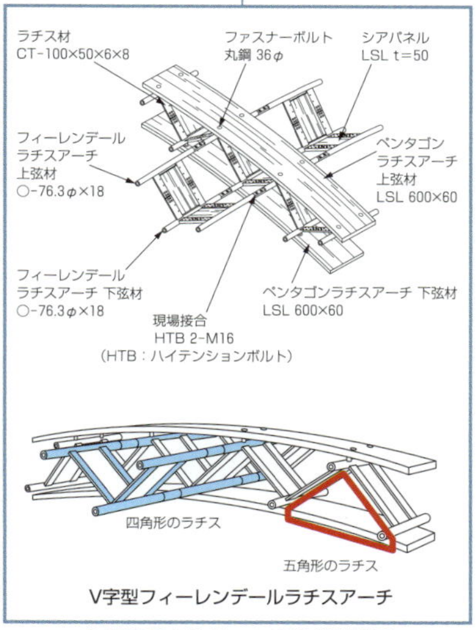

2 直交異方性ドームの接合詳細図

5 ペンタゴンラチスジョイント

6 ペンタゴンラチスアーチの組立

7 ペンタゴンラチスアーチの建方

8 ペンタゴンラチスアーチの接続

9 ドーム屋根の架構完了

10 今井篤記念体育館・全景 (Photo : Hiroyuki Hirai)

FEM解析

FEM解析結果の表示
赤：引張り力　青・紫：圧縮力
全体座標系：X、Y、X

フィーレンデールトラス
[Vierendeel truss] はしごを横にした形状で、各接点を剛接合としたトラス。部材を三角形に組んでピン接合する一般のトラスと異なり、部材に曲げの力を加えることによって斜め材をなくし、せん断力が働かないようにしたもの。部材は剛接合されているため、ラーメン構造に分類される。アーサー・フィーレンデールによって考案されたためこの名が付いた。

カットティー　H形鋼をウェブの中央部で切断し、T形断面としたもの。

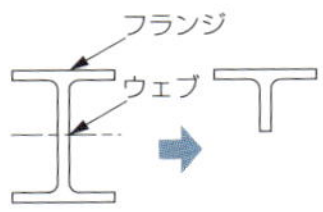

11 カットティー

フィーレンデールラチスアーチとペンタゴンラチスアーチによる立体構造のFEM解析モデル

このハイブリッド立体構造の重要な点は、フィーレンデールラチスの上下弦材が長辺方向（フィーレンデールラチスアーチ）の応力と、短辺方向（ペンタゴンラチスアーチ）の荷重を同時に負担することである。その負担する力と部材は、100×50×6×8のカットティーである。この力の流れの解析を試みた。

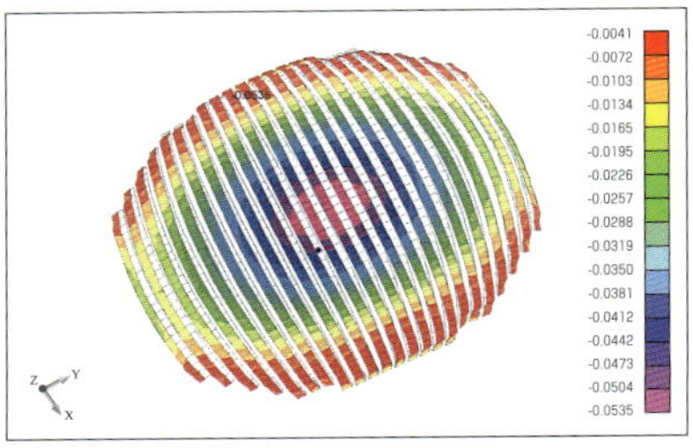

12-1 長期荷重時 Z方向変位量[mm]

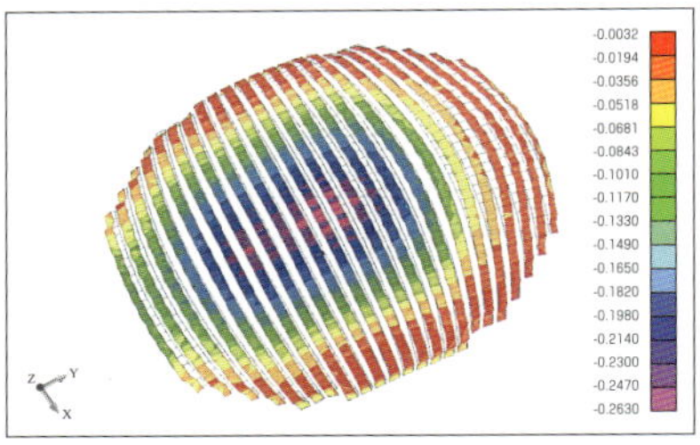

12-2 Y方向偏在分布積雪時 長期荷重時 Z方向変位量[mm]

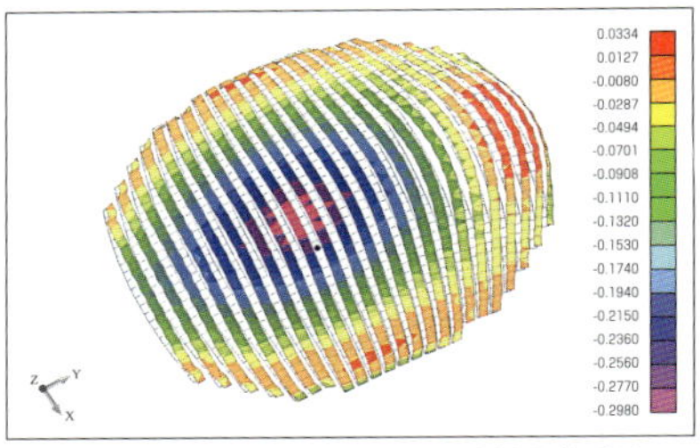

12-3 等分布積雪時 0.6G相当Y方向地震荷重時 Z方向変位量[mm]

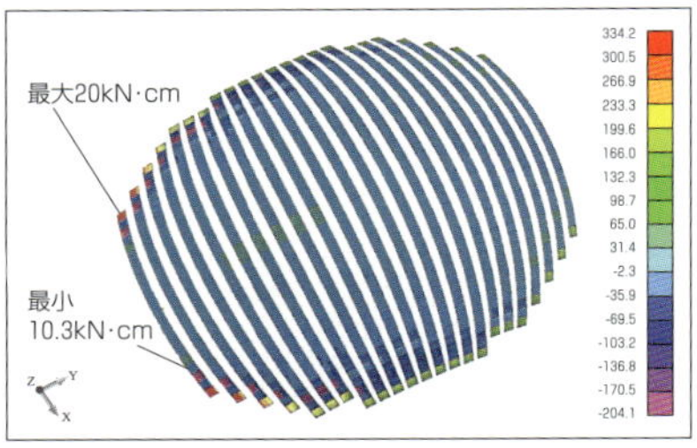

12-4 等分布積雪時 0.6G相当Y方向地震荷重時 曲げモーメント（上弦材）[kN·mm]

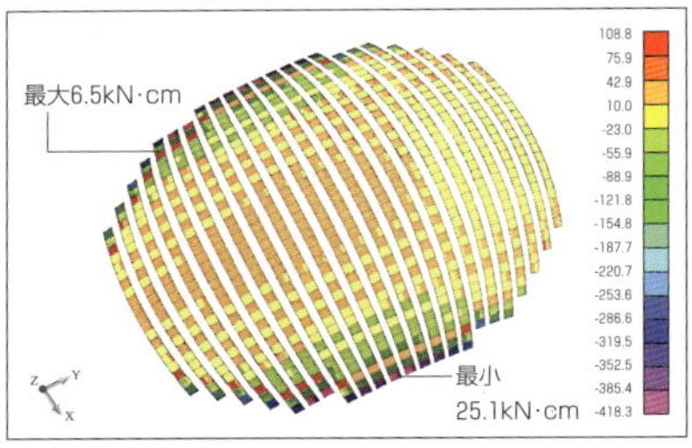

12-5 Y方向偏分布 長期積雪荷重時 曲げモーメント（下弦材）[kN·mm]

フィーレンデールラチスアーチとペンタゴンラチスアーチの上下弦材の交点のFEM解析モデル

ペンタゴンラチスアーチは五角形で、ラチス上下弦材が厚さ60mmのLSLである。この五角形の直線材の交点にフィーレンデールラチスアーチの上下弦材がペンタゴンラチスアーチに挿入され、2つのアーチが合体される。

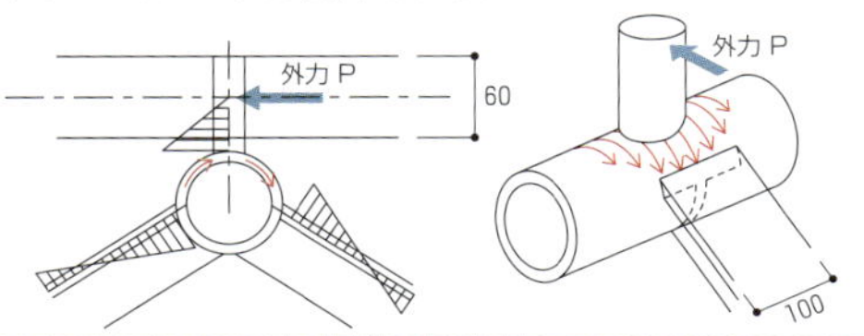

1本のピンに作用する力がフィーレンデールラチスアーチの上下弦材をねじる力として伝わり、そのねじりの力がフィーレンデールトラスのラチス材によって曲げモーメントに変化し、ペンタゴンラチスを完成させている。

13 接合部の力の伝達

14 上下弦材（65φ）

FEM解析結果の表示
赤：引張り力　青・紫：圧縮力

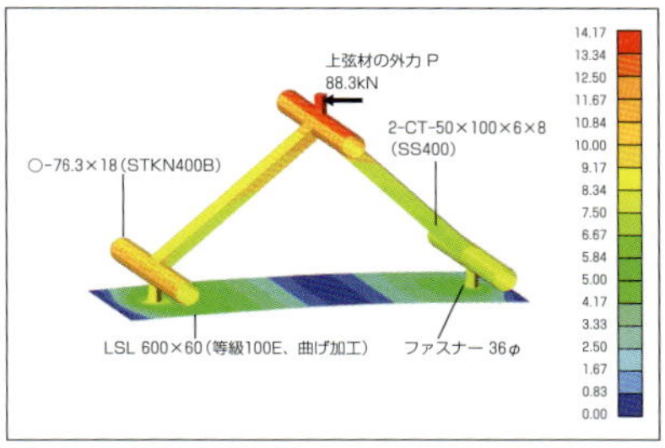

15-1 長期荷重時 変位量[mm]

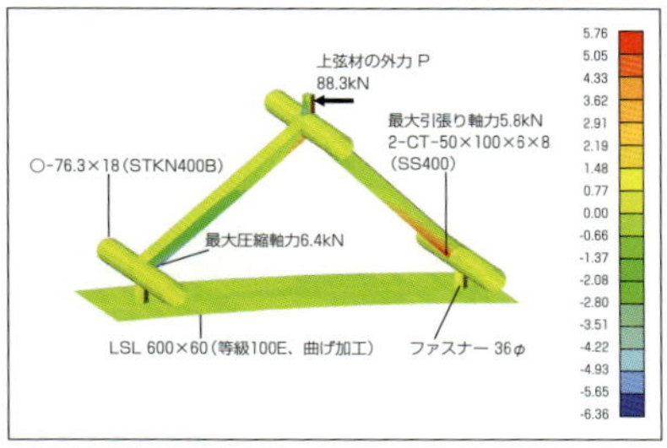

15-2 長期荷重時 軸力[kN/mm]

素材の仕事比較

Hexagon Diagram
長辺にフィーレンデールラチスアーチを、短辺にペンタゴンラチスアーチを使用し、一つおきに抜いたフィーレンデールトラス部から自然光が地下体育館へと降り注ぐ。
このLSLと鋼材によるハイブリッドドーム構造は、積雪3mに耐える骨格である。LSLとスチールパイプを適材適所に使用し、両方向のアーチに同時に抵抗する接合にしたことにより、空間体積に対する仕事量[sV/Ess]は銀閣寺と同程度であるが、クリスタルパレスの約50%の値を示している。
また、最高高さに対する仕事量[Hmax/Ess]と最大スパンに対する仕事量[Lmax/Ess]は、クリスタルパレスと同等の値を示している。

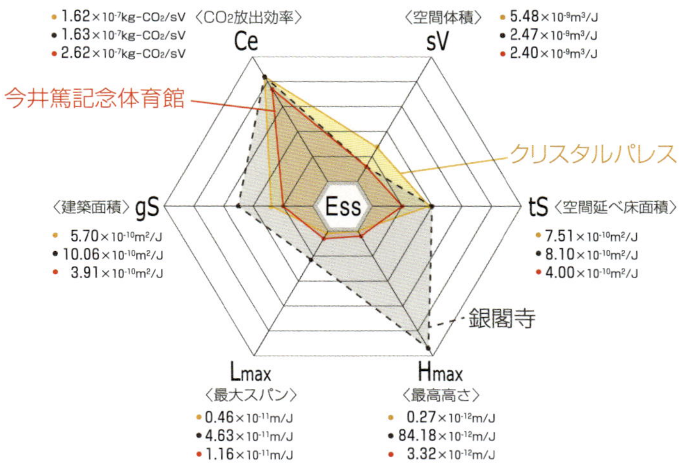

素材と空間の骨格エネルギーとCO_2放出効率

外科医的建築家のアイディア

2種類のアーチシステムを交差させることによって木造ドームを構成する。

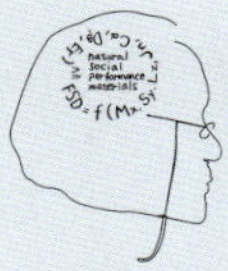

素材が形になるとき[15]

Idea of the surgical architect

- パイプのねじれの強さを利用することによって、1つのボルトで2方向(直交方向)のアーチを接合可能にした。1本のピンに作用する力がフィーレンデールトラスの上下弦材にねじれる力として伝わり、そのねじれの力がフィーレンデールトラスのラチス材によって曲げモーメントに変化することを利用して、ペンタゴンラチスアーチを完成させた。
- 木や鋼材は鉄筋コンクリートと異なり、連続面の構成を得意としない。木造のトラス構造では、鋼製ラチス材との接合部において複数の接合ボルトを必要とするため、組立に時間を要することになる。そこで、こうした課題の解決策として、フィーレンデールラチスアーチとペンタゴンラチスアーチを直交方向に交差させるという2方向ハイブリッド立体構造を実現したことによって、木製トラスの短所を補うことができた。
- フィーレンデールラチスアーチの骨格に対して、一つおきにLSLのシアパネルを設置している。また、このラチス材の構成によって地下空間に自然光を取り入れることを可能にした。

16–切妻型サスペンションユニット構造 Gable Shape Suspension Unit Structure

PROFILE
名　称　廣池千九郎中津記念館
竣工年　2014年
所在地　大分県中津市

CONCEPT

1. 廣池千九郎中津記念館は、一年を通じて研修会や講演会が多数開催されるため、同時に1,600人が収容できる大規模木造施設を計画する。
2. この施設は大、中、小の切妻屋根による建物で構成され、特に800人を収容できる講堂とメインエントランスの5mに及ぶキャノピー（天蓋形の庇）などを短い工期で、しかも細い材料で設計と施工計画を実現する建設ができるかが課題である。
3. 台風による影響を受けることが多い立地にあるため、風圧に耐える構造であるとともに、耐震性も兼ね備える必要がある。

素材と空間を結ぶ

LOCATION

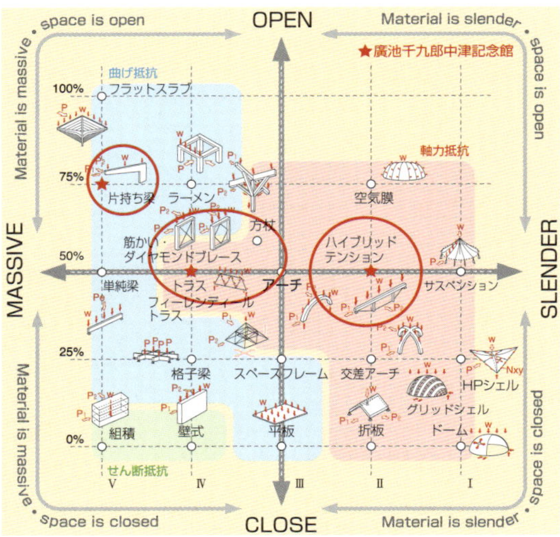

素材と空間の骨格デザイン認識図

素材と空間と荷重抵抗

構造的空間認識は、サスペンションユニット、ダイヤモンドブレース、片持ち梁の3つの架構を組み合わせることにより、認識図上第1〜3象限、開放率50%、75%、量塊度Ⅱ、Ⅳ、Ⅴに位置する。

大空間に架かる屋根は合掌型で、サスペンションユニットシステムを使用することによって無柱空間を可能にした。

また、施設の柱を楕円形にすることにより、開放感を演出した。木造の柱は、軸力方向のみを負担するときには任意の断面形で計画することができる。

サスペンションユニット構造：主要な構造部材として高張材のケーブルなどを用いて、建物に加わる荷重・外力の大部分を引張り応力のみで直線的に構成部材で伝達させる架構形式のことで、2つ以上のユニットを組み合わせた構造をいう。

素材と空間の骨格デザイン

基礎形式：べた基礎

内部は目的別に大、中、小の空間で構成し、屋根形式は切妻とした。特に大空間の講堂に架かる切妻屋根は、木材を組み合わせたサスペンションユニットを採用することにより無柱空間を可能にした（サスペンションは、吊るすの意味。101ページ参照）。

①サスペンションユニット

大講堂の骨格は、合掌頂部に照明スペースが必要なため、棟木を必要としない合掌型ハイブリッドサスペンションユニットを用いて裾部と頂部をピン接合による3ピン構造とし、天井の照明スペースを確保しつつ無柱空間とした。
サスペンションユニットは工場での製作としたため、ユニットの状態で現場に搬入ができ、工期の短縮とコストの軽減が可能になった。

1 サスペンションユニットを用いた天井面

②片持ち梁構造

エントランスとキャノピー（天蓋形の庇）は、最もシンプルな片持ち梁構造を採用。屋根からシングルの部材をキャノピーの合せ梁の部材ではさみ、先端が細い5mのキャノピーを構成することにより、先端を支える柱を不要とした。

2 サスペンションユニット

4 先端が細い5mのキャノピー

5 最大風速90m/sの吹上げ力に耐えられるキャノピー

6 20cm程度のすき間をもつ合せ梁とすることによってトップライトの役割を果たすキャノピー

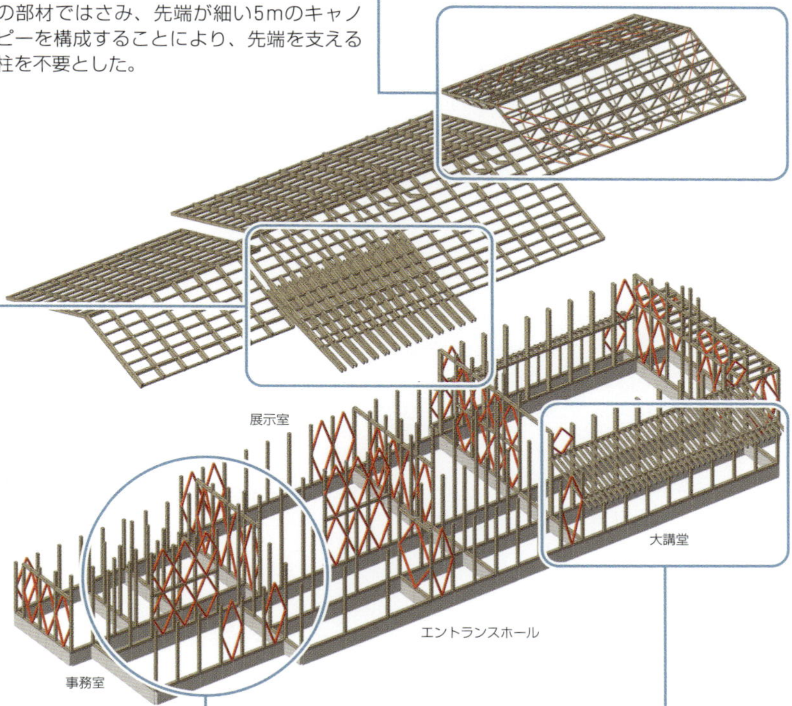

3 架構アイソメ図

7 ダイヤモンドブレース

ダイヤモンドブレース　⇨62、65ページ

③楕円柱

大講堂へ同時に大人数が出入りできるよう、集成加工を生かした楕円柱を使用し、実用性を重視したエントランスとした。この楕円柱は、ドアの開口幅を邪魔しないように配置したものである。

8 2枚に扉幅と同厚の楕円柱（大講堂入口）

9 楕円柱と扉の天井部の納まり

切妻屋根　屋根形式の一つ。棟から両側に流れをもち、本を開いて伏せたような形をとる。両端の妻（袖、わき、端など短辺方向の部分）が切られているためにこう呼ぶ。

棟木　⇨98ページ
合せ梁　⇨78ページ

合掌屋根　合掌とは洋風小屋組のトラス部材のことで、母屋(もや)を支える斜め材によって水平部材の陸梁(ろくばり)とともに三角形を形成し、山形に組み合わせたものの総称。切妻あるいは入母屋(いりもや)の茅葺屋根をいう。

引張り抵抗梁　切妻屋根がスラスト力で外に広がろうとする力を張力によって抵抗する梁のこと。切妻屋根の全スラスト力に抵抗するため最も重要な部材である。

スラスト力 [thrust force] 物体を支点で水平方向に推し進める力。

棟木(むなぎ) 棟を支える小屋組の最頂部にある軒桁に平行な横木で、垂木を受ける。

④合掌型屋根構面トラス構造

一般的に、合掌屋根には合掌を継ぐ引張り抵抗梁を必要とするが、本プロジェクトでは合掌(頂部)構面にトラスを配置することによって、妻面(屋根両端)のタイビーム(陸梁)のみで屋根全体のスラスト力を受け止めている。その結果、切妻空間に引張り抵抗梁を省略することが可能となる。

つまり、図10に示したⒶ、Ⓑ通りのこの支点で計画するが、屋根の荷重(→)は垂木に伝わる力(→)により、さらに屋根構面はトラスにより引き上げられ、最終的には妻面の引張り抵抗梁でつり合うことになる。屋根の荷重は、矢印(→、→)のように妻面の合掌まで引き上げられ、さらに妻面の軒まで到達している。切妻屋根は、棟木に垂木を架ける方法よりも、合掌型構面トラス(切妻屋根の形)のほうが内部空間を豊かにする。

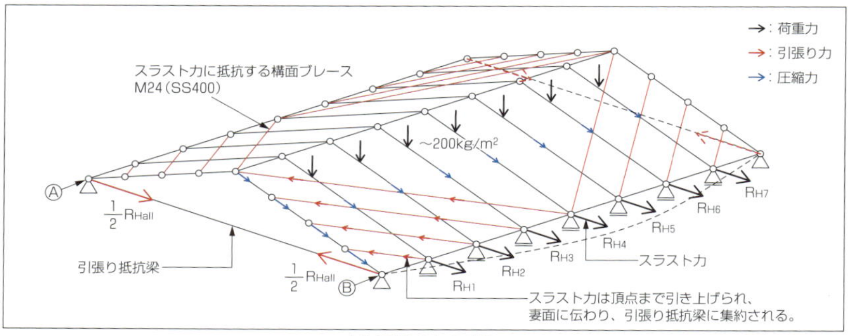

10 屋根の力の流れ

回転方向固定棒鋼ピン接合
サスペンションユニットシステムにおいて下弦材が本加工のように角度をもつとき、そのカテナリー状の端部は自重、風荷重、地震荷重下で材長が伸び縮みする。そのため、この接合方法のように回転方向を固定し、回転域を限定できるメカニズムが必要となる。また、この棒鋼を用いたピン接合は落下防止のためのリブを円筒下部に設ける必要がある。

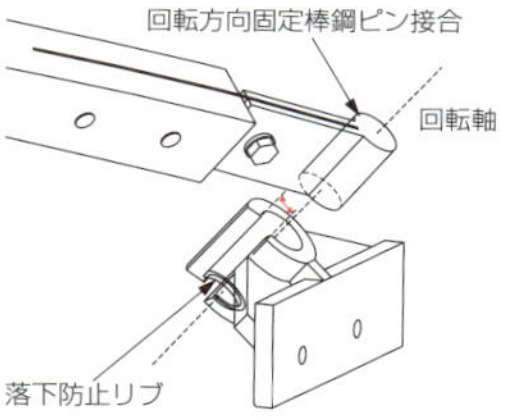

12 回転方向固定棒鋼ピン接合の仕組み

支圧 [bearing pressure] 接触している箇所を押す力。

リブプレート [rib plate] 板など平面的な材を補強するために設けられた突起物のこと。

片持ち梁　「カンティレバー」ともいわれ、その梁部材の支持条件は、一端が固定で、他端は自由な静定梁である。床からの荷重を支え、柱や壁に伝達させる役目をしており、主として曲げ作用を受ける梁部材であるため、先端のたわみや地震時の上下動に対する安全性の対策にも注意を要する。

⑤鋳物を用いた回転方向固定棒鋼ピン接合

サスペンションユニットの上弦材と下弦材の接合部は、3次元の立体的な精度が要求されるため、鋳物を用いた回転方向固定棒鋼ピン接合とすることで明快なピン接合とした。回転方向固定棒鋼ピン接合が負担する軸力は、木の支圧により接合受け金物に伝達し、接合受け金物の面外曲げによりリブプレートに伝達する。

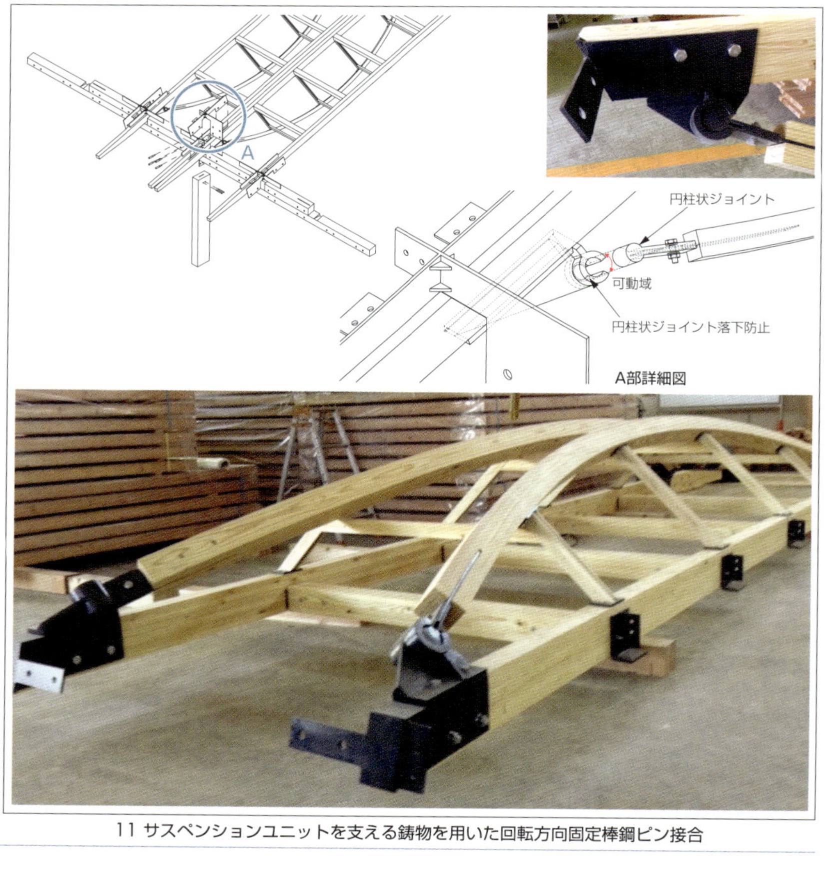

11 サスペンションユニットを支える鋳物を用いた回転方向固定棒鋼ピン接合

FEM解析

合掌型屋根構面トラス構造のFEM解析モデル

本架構の特徴は、両サイドの柱頭と合掌梁の接合が、鉛直荷重時はローラー支持で、地震荷重時はピン接合を設けていることである。したがって、柱頭の曲げモーメントは両解析結果ともに「0.00」となっている。
鉛直荷重時の解析結果では、棟木に大きい曲げモーメントが見られるが、この曲げモーメントを減少するメカニズムは、98ページ「④合掌型屋根構面トラス構造」で解説している。この結果、棟部では両サスペンションユニットがピン接合となり、棟木を減じている。

FEM解析結果の表示
赤：引張り力　青・紫：圧縮力
全体座標系：X、Y、X

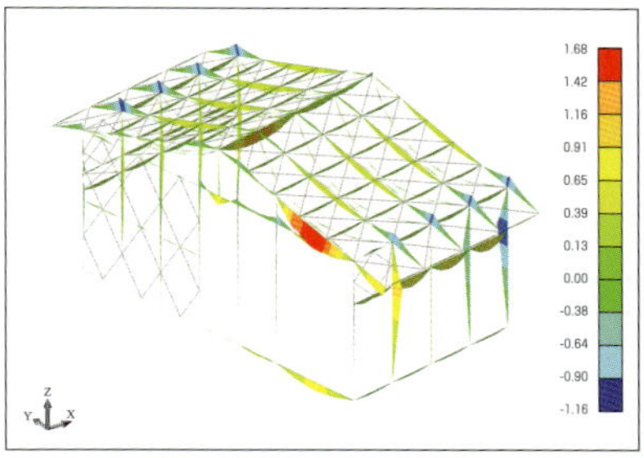

13-1 長期荷重時 曲げモーメント[kN·m]

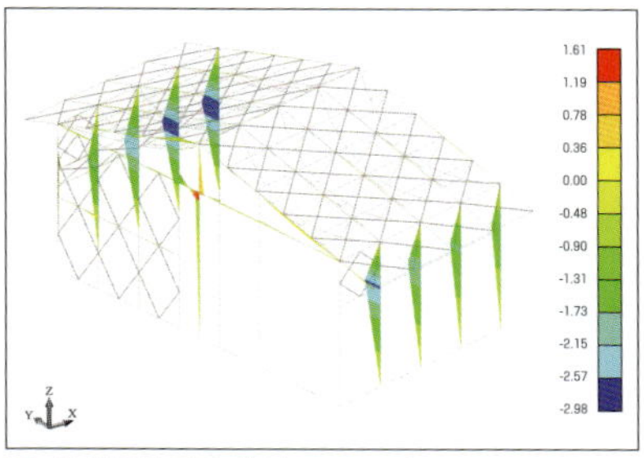

13-2 地震荷重時 曲げモーメント[kN·m]

素材の仕事比較

Hexagon Diagram
大講堂は天井が高い無柱空間で、短工期のため合掌型サスペンションビームユニット構造の接合方法に鋳鉄を使用した。
木造の接合部分に鋳鉄を使用したこの構造と、基本素材に鋳鉄を使用したクリスタルパレスは同じ骨格といえる。したがって、ヘキサゴンダイアグラムにおける「CO_2放出効率」とその他の項目の仕事量は、ほとんど同じ値を示している。
銀閣寺との比較では、「CO_2放出効率」はほぼ同じで、空間体積に対する仕事量[sV/Ess]が銀閣寺を上回っているものの、他の項目の仕事量は銀閣寺を下回っている。

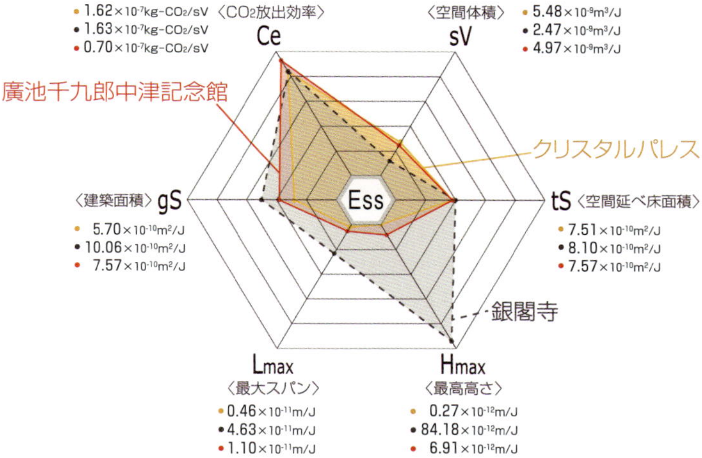

素材と空間の骨格エネルギーとCO_2放出効率

外科医的建築家のアイディア

工期の短縮を図るため、大空間を覆う屋根架構システムを工場製作とした。

3次元の立体的精度が要求されるサスペンションユニットの上下弦材の接合部では、回転の可動域を限定した鋳物ジョイントを開発した。

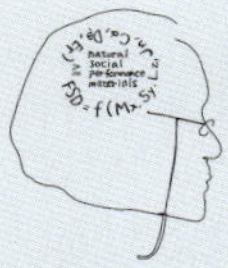

素材が形になるとき[16]

Idea of the surgical architect

- 講堂の大空間を構成する屋根架構は、木材を組み合わせたサスペンションユニットの採用によって切妻式の無柱空間を可能にした。
- サスペンションユニットを工場で加工・製作することによって、工期の短縮とともに、コストの削減も図れた。
- 台風などの暴風対策として、エントランスキャノピー(天蓋形の庇)に最大スパン5mの片持ち梁を設けることによって、最大風速90m/sの吹上げ力にも耐える構造とした。また、片持ち梁が5mと長いことから、2つの梁にトップライトを設けた合せ梁とし、自然光を取り入れた。
- サスペンションユニットの上弦材と下弦材の接合部は、3次元の立体的な精度が要求されることから、鋳物を用いた回転方向固定棒鋼ピン接合とした。

17―サスペンアーチ構造 Suspended Arch Structure

CONCEPT

1. 和歌山県新宮市に、温泉利用型健康増進施設を計画する。
2. 本施設にはスポーツジムも併設するが、中心が温泉施設とプールである。そのため構造に使われる素材は、酸性やアルカリ性に耐えられる木質系素材を採用する。
3. 施設の用途から、いかに開放感を高め、量塊感を抑えられるかがポイントとなる。
4. アーチ状の屋根を支える27.5mに及ぶ上弦材（圧縮曲げ抵抗）に対し、下弦材（張力抵抗）が設計どおりのたわみとなるか、また、単純明快な接合方法を用いていかに上下弦材を支え、かつ、柱の本数を減らして開放感を演出できるかが課題である。

素材と空間を結ぶ

LOCATION

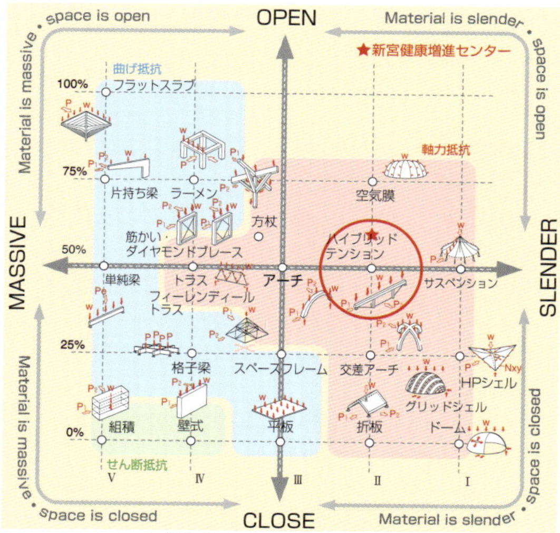

素材と空間の骨格デザイン認識図

素材と空間と荷重抵抗

構造的空間認識は、認識図上ハイブリッドテンション、開放率はハイブリッドテンションに比べ天井に空間がある分やや高めの60%、量塊度はⅡに位置する。

空間の骨格の基本形は、サスペンアーチ構造を採用した。

上弦のアーチは圧縮曲げ抵抗で、下弦のサスペンションは張力抵抗が支配的である。それにより、支点の部分で自重時の水平スラスト力（推力）が相殺される構成で、上下弦材を支える両端の支点では、鉛直荷重のみを考慮したシンプルな接合方法にすることが可能である。

サスペンアーチ構造：アーチのもつ外側へのスラスト力（移動する物体を進行方向に推し進める力で、「推力」ともいう）と、ケーブルの内側への引張り力がつり合った状態のレンズ状の構造。支点における横方向の力は相殺される。

素材と空間の骨格デザイン

基礎形式：PHC杭

2本の大木などにひもで結わいて使用するハンモックのように、下凸の形状を「サスペンション構造」と呼び、細い材料で重量の大きいものを吊り上げることができる。このサスペンション構造とアーチ構造を本プロジェクトのようにハイブリッド架構として使用すると、下弦材は繊細な素材で骨格を構成することが可能である。
また、サスペンアーチ構造は、その接合部でアーチとサスペンションのスラスト力が相殺されるため、下部構造に水平反力が生じないという特徴をもつ。

①サスペンアーチ構造

集成材はその特徴として、梁やアーチの曲げ部材を製作するのに適している。
上弦材は曲げ加工を施し、木材どうしを接着剤で固定する。下弦材では、薄くて長い木材が自重で簡単にカテナリー（懸垂線）状にサスペンションを構成できるという特性を生かし、8枚の集成材を接着せずに使用した。

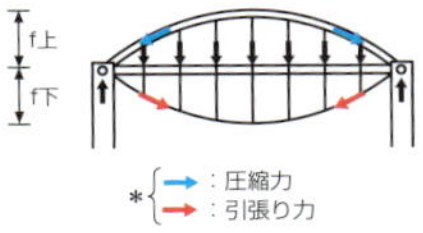

*ライズ量（f上）とサグ量（f下）が同じ値のとき、支点でスラスト力の相殺となる。

2 サスペンアーチ構造

3 自重で湾曲させたサスペンアーチ

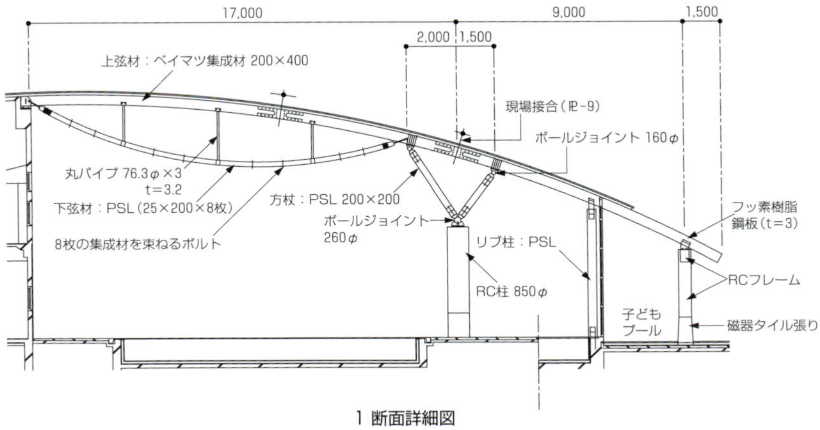

1 断面詳細図

サスペンション［suspension］
吊ること、ぶら下がりの意。建築では、「サスペンション構造」などと使われる。

サスペンション構造［suspension structure、suspended structure］テンション構造（張力構造）の一つ。「吊り構造」「懸垂（けんすい）構造」ともいう。東京湾のレインボーブリッジや瀬戸内海の明石海峡大橋のように、橋の床構造を支点から吊り下げることによって、引張り応力が支配的となる構造形式。

スラスト力 ⇨98ページ

サスペンアーチ構造を構成する上弦材（アーチ部材）と下弦材（サスペンション部材）を結ぶ2種類の鋳物ジョイント

①8枚のPSLと4枚の鋼製プレートで下弦材の端部を処理し（図4）、さらにその端部に鋳物で加工した取付け部に丸鋼（30φ）を接続し、上弦材に挿入した鋼製プレートと接続する。
②RC独立柱と2,900mm間隔に設置された屋根を支える上弦材との接続には、鋳物のボールジョイントを使用することによってシンプルな接合方法とした。

上記①で使用された鋳物ジョイントの構造
下弦材端部の接合は、8枚を積層した薄板の層の間に4枚のプレートを挿入する鋼板挿入型とし、ボルトと鋼板のせん断力で下弦材の軸力を伝える構造。

②張力木造部材端部の接合（鋳物ジョイント）

サスペンション部材の製作では、設計した所定のたるみになるよう台座をつくり、その上に薄い8枚のPSL（エンジニアードウッド）を乗せれば、所定のサスペンション形状が完成する。その状態でボルト締めを1m間隔で行い、反転させて上弦材であるアーチと接合させればサスペンアーチ構造が完成する。
サスペンション部材を幅200mm以下でつくるには、ボルトの本数と径を小さくする必要がある。そこで、低応力度接合となるように、鋼板（プレート）を4枚使用し、8枚のPSLと4本のボルトで接合可能な鋳物ジョイントを開発した。

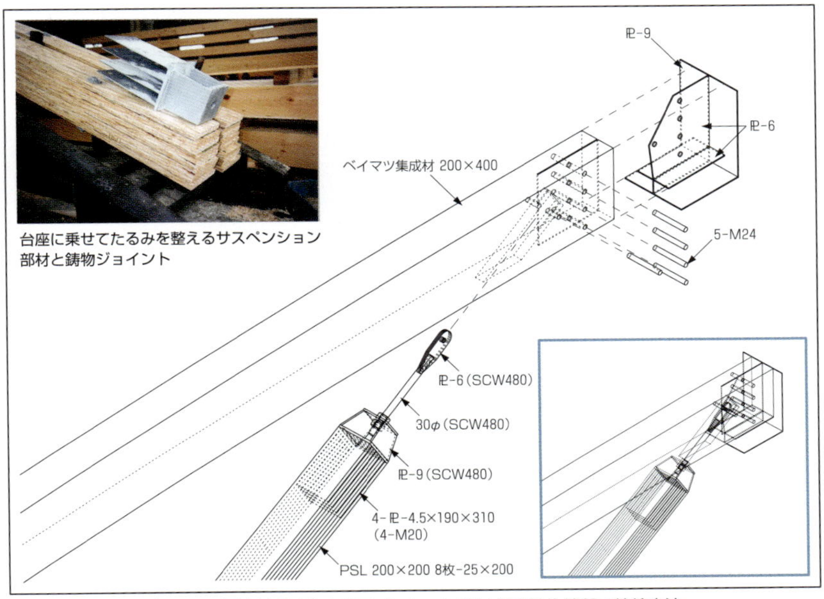

台座に乗せてたるみを整えるサスペンション部材と鋳物ジョイント

4 アーチ部材（上弦材）とサスペンション部材（下弦材）端部の接続方法

6 建物俯瞰（アーチ部材上端にフッ素樹脂鋼板を張る）

7 外観

ツリー構造　⇨88ページ

エンジニアードウッド　⇨29ページ

PSL［parallel standard lumber］ダグラスファー、サザンパインなどの単板を細く割いて木片にし、乾燥後に積層して成形したもの。強度があり、しかも長期的な狂いが少ないエンジニアードウッド。

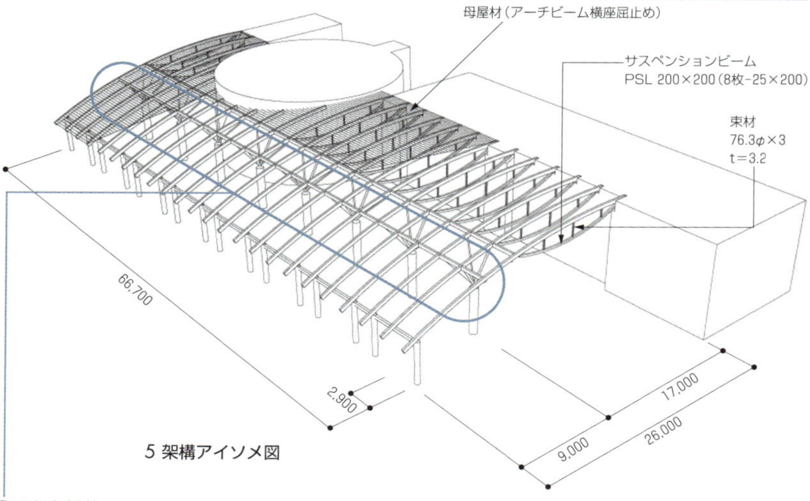

5 架構アイソメ図

③V字方杖柱

上弦材は約27.5mにわたってプール上から外部のRC独立柱まで伸びる偏平アーチ梁とし、その中間部をV字方杖柱で支えている。このアーチの下弦材にエンジニアードウッドと呼ばれるPSL（8×25×200）を使用した。

中間部には、3本の束材丸パイプ（76.3φ）を用いてアーチを結び、24列に並列させたサスペンアーチ構造の空間を支えている。

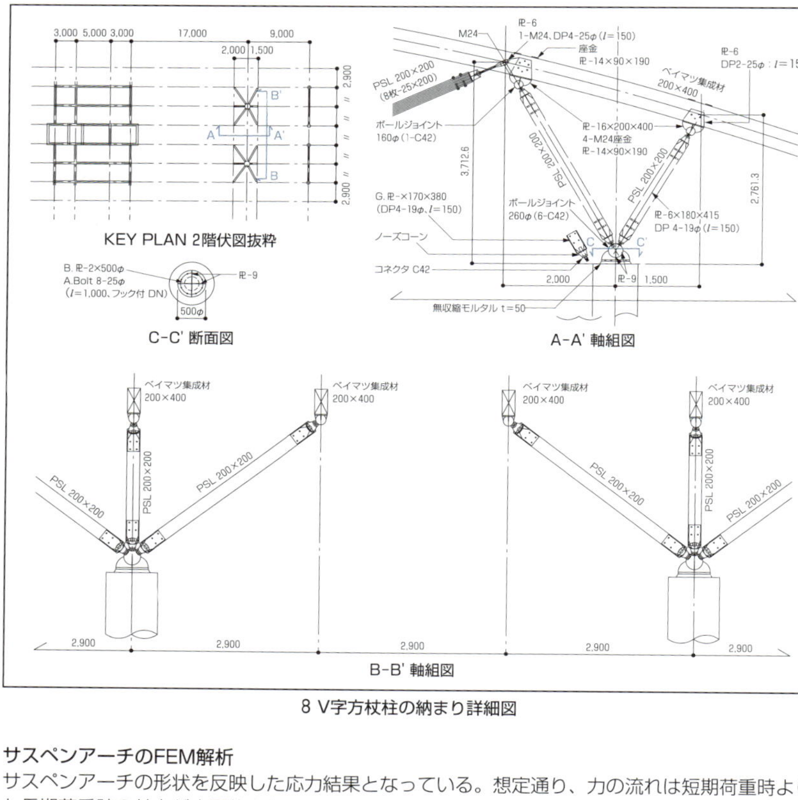

8 V字方杖柱の納まり詳細図

構造材に使用する木材の耐久性維持

木材はコンクリートや鉄と比べて酸性、アルカリ性の両方に対して比較的耐性がある。ただし、2週間を超えて湿潤状態が続く空間では、5～10年に一度は腐朽用被覆材を塗布することが大切である。

FEM解析

直線置換

本プロジェクトでは、下弦材がセルフベンディング性により曲がっているため、束材との交点では曲線であるが、解析上は束材の先端を結ぶ直線でモデル化を行っている。

サスペンアーチのFEM解析

サスペンアーチの形状を反映した応力結果となっている。想定通り、力の流れは短期荷重時よりも長期荷重時の軸力が支配的となっている。

また、サスペンアーチの構造の解析において確認すべき事項は、以下のとおりである。

①鉛直荷重時のアーチ部材（上弦材）に働く圧縮軸力がほぼ一定であり、サスペンション部材の引張り力が一定であること。

②上下弦材に対する地震荷重時の曲げモーメント応力がほぼ一定の値であること。

③スパン中央部の鉛直荷重時の変位量が、下弦材を直線置換で解析した結果、10%以内に収まっていることを確認する。

FEM解析結果の表示
赤：引張り力　青・紫：圧縮力
全体座標系：X、Y、X

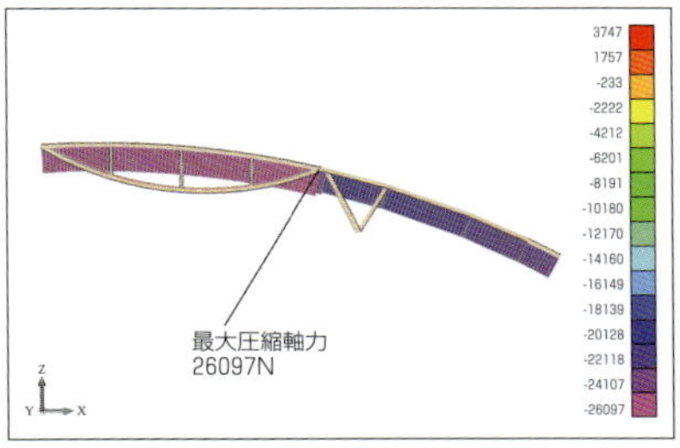

9-1 長期荷重時 軸力[N]

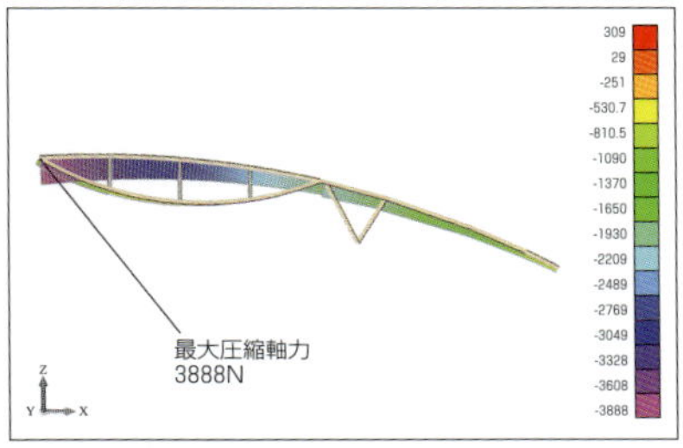

9-2 短期荷重時 軸力[N]

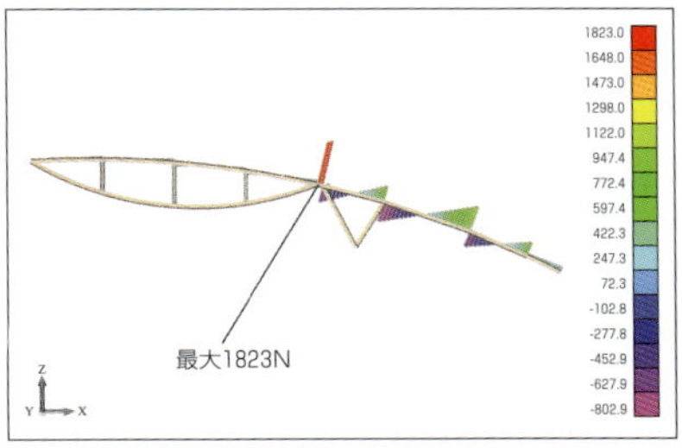

9-3 長期荷重時 せん断力[N]

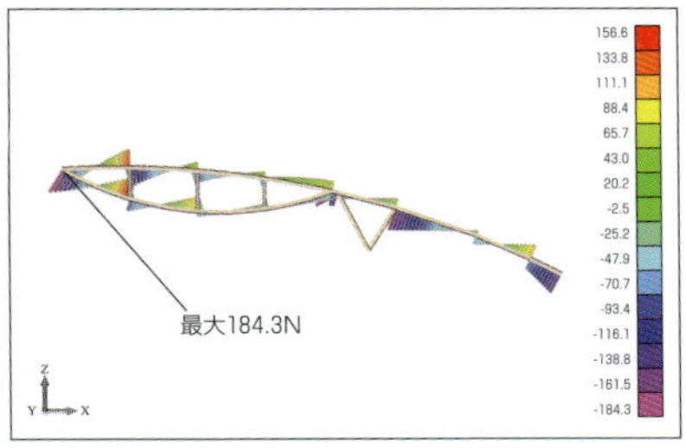

9-4 短期荷重時 せん断力[N]

素材の仕事比較

Hexagon Diagram
薄板のセルフベンディング性をサスペンアーチの下弦材に利用すると、木は曲げ加工なしで曲線部材を容易に製作できる。
また、本施設のようにプールの屋根には酸性やアルカリ性に耐性のある木が用いられるが、温泉の屋根や室内にも多用されている。
クリスタルパレスや銀閣寺と比較して、少ない木材量で大空間を覆っていることから、「CO_2放出効率」、空間延べ床面積に対する仕事量[tS/Ess]、建築面積に対する仕事量[gS/Ess]が優れていることがわかる。

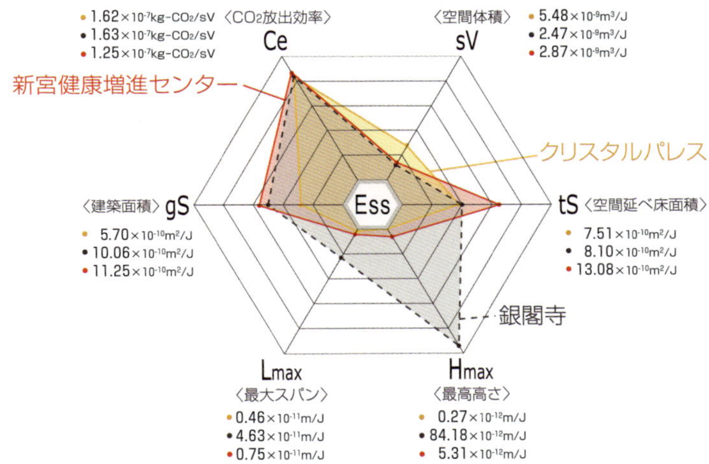

素材と空間の骨格エネルギーとCO_2放出効率

外科医的建築家のアイディア

木の弱曲げ剛性を構造デザインに応用すると、美しいカテナリー形状を描くことができる（引張り材は集成材加工しなくてもよい）。

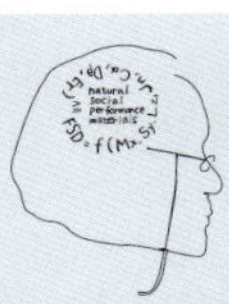

素材が形になるとき[17]

Idea of the surgical architect

- 本施設の温泉とプールを覆う屋根の上弦材（アーチ材）には、湾曲させた集成材（ベイマツ）、PSL（エンジニアードウッド）を使用することで、圧縮・曲げに抵抗させた。
- 下弦材（テンション部材）は、薄板木質材を8枚積層させることにより張力抵抗部材とし、また、セルフベンディング性（自重でアーチ状に曲がること）を利用して、曲げ加工を施さずに滑らかな曲線部材をつくることを可能にした。
- サスペンション部材端部を1本の丸鋼ボルト（30φ）と4枚の鋼板プレートによってつなぐ鋳物ジョイントを開発した。
- 3本の上弦材（アーチ材）ごとにV字方杖柱で支えることで柱の本数が減り、開放感を高めることができた。

18－切妻型ハイブリッドテンショントラス構造 Gable Shape Hybrid Tension Truss Structure

PROFILE
名　称　引本小学校・屋内運動場
竣工年　1995年
所在地　三重県北牟婁郡紀北町

CONCEPT

1. 三重県紀北町にある小学校で、2階建屋内運動場施設（アリーナ）の建設にあたり、梁（張り）間方向が15.6mある建物を木造軸組構造によって計画する。
2. 地球温暖化を見据えた森林資源の持続的な利活用といった地産地消の取組みとして、地元のヒノキの間伐材を、アリーナを覆う屋根材と束材に使用する。また、屋根架構は、ヒノキの間伐材と異形棒鋼によるハイブリッドテンショントラスを利用した複合トラス構法を採用することによって、梁（張り）間方向が15.6mある大スパン屋根を支える架構を実現させる。

素材と空間を結ぶ

LOCATION

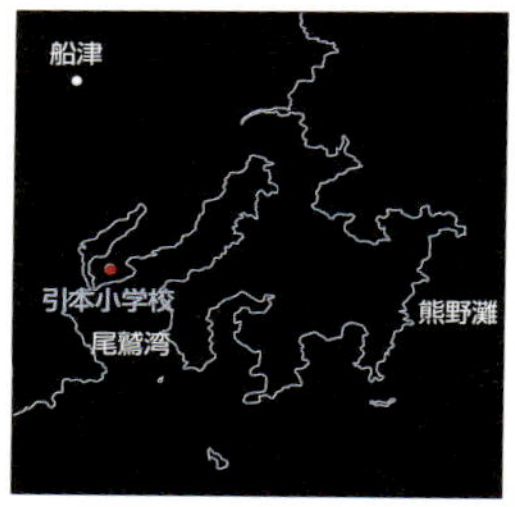

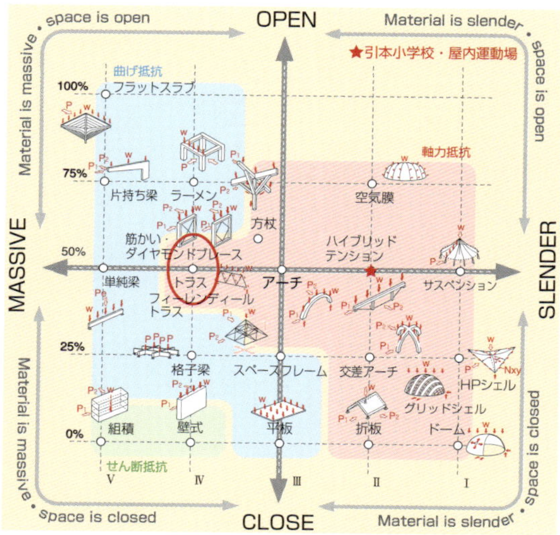

素材と空間の骨格デザイン認識図

素材と空間と荷重抵抗

構造的空間認識は、認識図上第1象限、開放率50%、量塊度はⅡに位置する。

本プロジェクトで採用した木と鋼材のハイブリッドテンショントラスは、屋根架構に小、中径木を使用することにより、繊細な骨格のデザインを目指すとともに、天井を梁で覆うことで量塊度を下げ、開放感が得られる空間を可能にした。

2階のランニングコースでは、逆V字ブレースに中径木を連続的に配置することによって、見通しの良い空間を実現させた。

小、中径木は細い部材のため、曲げ抵抗を抑え、圧縮抵抗が支配的な構造となっている。

テンション構造：張力構造。主要な構造部材として高張材のケーブルなどを用いて、建物に加わる荷重・外力の大部分を引張り応力のみで直線的構成部材で伝達させる架構形式をいう。

素材と空間の骨格デザイン

基礎形式：布基礎

異形棒鋼　コンクリートに対する付着力を高めるために、表面にリブや節などの突起を付けた鉄筋。丸鋼（断面が円形の鉄筋）よりも引抜き力に抵抗する力が強い。一般には「異形鉄筋」と呼ばれている。
本プロジェクトでは、下弦材に間伐材を利用すると部材が大きくなることから、異形棒鋼を利用して空間の広がりを演出した。

引張りに強い異形棒鋼と圧縮に強い木造のハイブリッドテンショントラスは、大空間を構成するにあたり、すべて細い部材で構成できるため、軽快、かつ、開放的な空間にすることができるという特徴をもっている。
木と鋼材によるハイブリッドテンショントラスは、部材どうしの接合がシンプルであることが望ましい。具体的には、接合部材を木材幅の同寸法以下にすると明快な骨格となる。

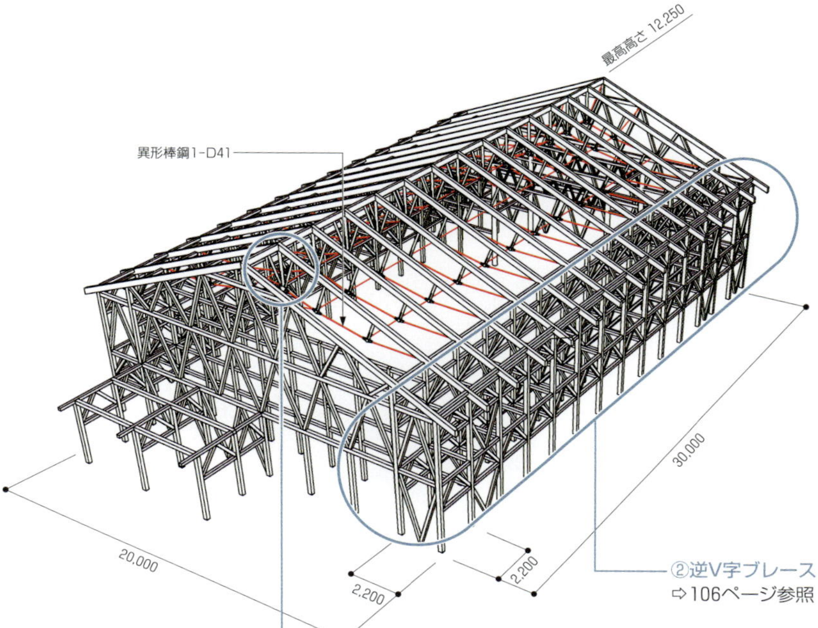

1 架構アイソメ図

①異種素材による接合

垂木（たるき）小屋組で棟から母屋（もや）、軒桁（のきげた）に架け渡される部材。

棟木（むなぎ）⇨98ページ

束（つか）短い垂直材の総称。

ガセットプレート　⇨66ページ

鋼板挿入2面せん断接合
上弦材棟部、束材との接合には、鋼板挿入2面せん断接合とし、ボルトのせん断力でガセットプレート（ジョイントプレート）を介して軸力を伝える。
下弦材端部の接合は、異形棒鋼による引張り力をガセットプレートの面内曲げと、ボルトのせん断力で柱に伝えるため、木が曲げを負担することのない接合としている。

垂木は棟木に対して直交方向の位置関係にあり、下弦材（異形棒鋼D41）の交点の接合部から3本の束を棟木、垂木へと接続させる場合には、一般的に複雑な仕組みになりやすい。
そこで、3本の束と棟木、垂木を同時につなぐガセットプレート（ジョイントプレート）は、方向の異なる棟木と垂木が接続可能な形状となるよう、それぞれの束の上部にはプレートが納まる細いスリットを、また束の下部には上記とは異なる方向の細いスリットを入れることで、シンプルな接合方法（鋼板挿入2面せん断接合）とした。

ハイブリッドテンショントラス接合部

下弦材と束の接続

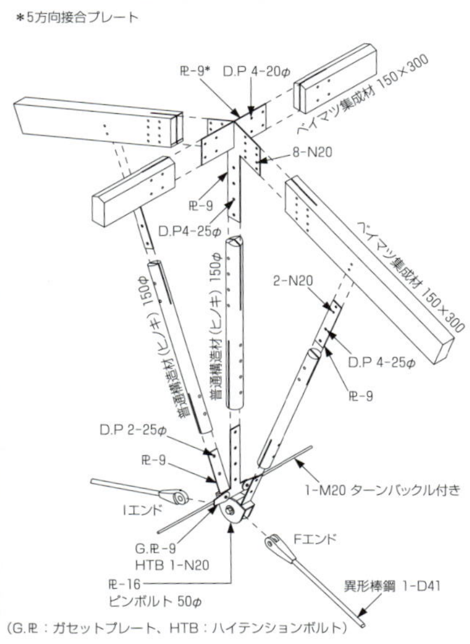

ハイブリッドテンショントラス接合詳細図

2 異種素材による接合部

②逆V字ブレース

木構造は鉄筋コンクリート造や鉄骨造とは異なり、基本的に曲げモーメント、せん断力、軸力を同時に伝える接合(剛接合)を得意としておらず、特に本骨格のように中径木の間伐材を使用するときには、ピン接合とする接合方法を考えると計画しやすい。

本プロジェクトで採用した逆V字ブレースは、軸力とせん断力を伝達する接合方法として有効である。つまり、上下の梁の間に逆V字ブレースを挿入すると梁に曲げモーメントの発生が少なく、その層が柱と梁の剛接合と同等以上の役割を担う。このような方法を用いることで、中径木の柱と梁材によってシンプルに連結する木の空間をつくることができる。

3 中径木を逆V字ブレースとして連続的に構成した2階のランニングコース

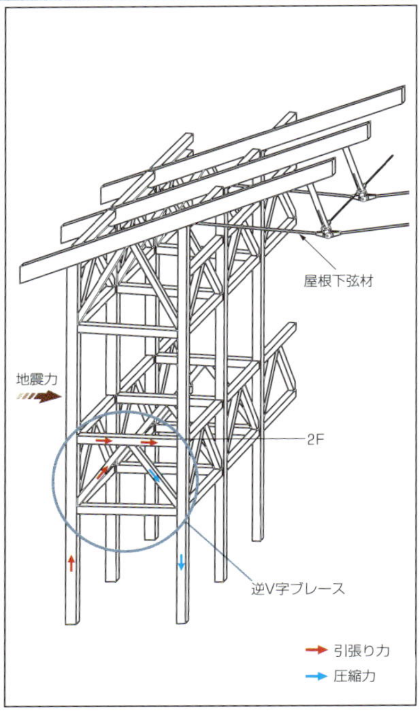

4 逆V字ブレース

FEM解析

切妻型ハイブリッドテンショントラスのFEM解析

本プロジェクトの骨格の解析は、線材であるため平面フレームで解析を行っている。切妻型ハイブリッドテンショントラスの解析では、長期荷重時の軸力に見られるように、切妻型の上弦材で圧縮力、下弦材の異形棒鋼で引張り力が顕著に現れている。棟部を結ぶ束材以外は、圧縮力が小さい部材となっている。

上弦材の木造合掌梁は、束材により曲げモーメントが小さくなっており、短期荷重時の軸力は逆V字ブレースが効果的に働き、1階で均質な圧縮力と引張り力となっている。

柱の曲げモーメントは、1階の柱頭で一番大きく、2階では逆V字ブレースの効果で曲げモーメントが非常に小さくなっている。

FEM解析結果の表示

赤：引張り力　青・紫：圧縮力

全体座標系：X、Y、X

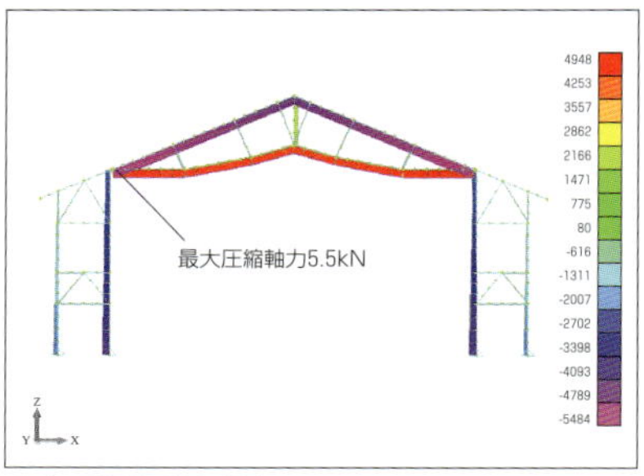

5-1 長期荷重時 軸力[N]

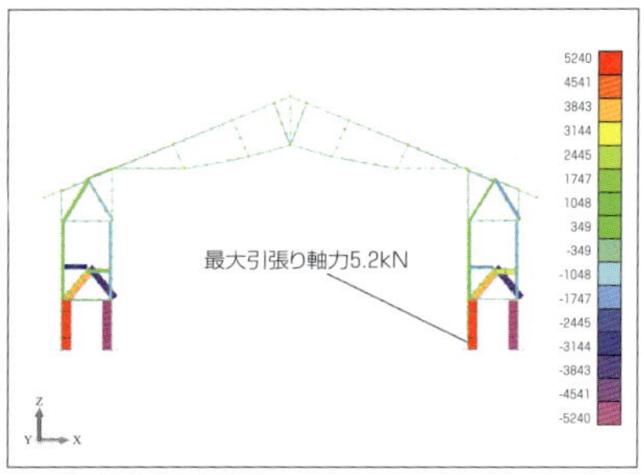

5-2 短期荷重時 軸力[[N]

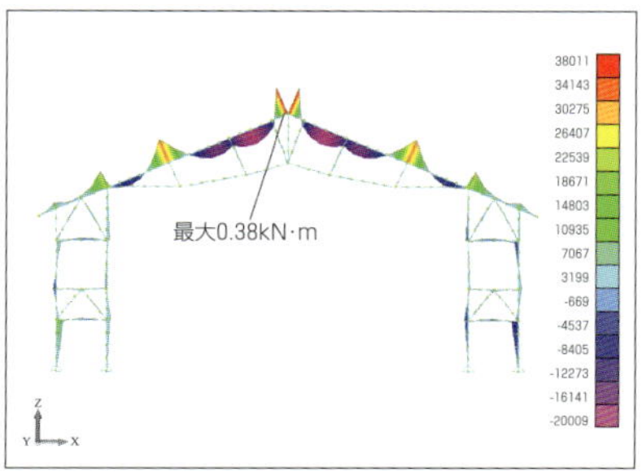

5-3 長期荷重時 曲げモーメント[N·cm]

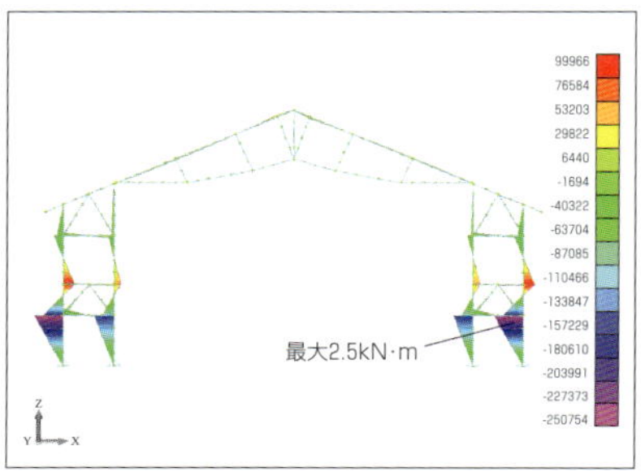

5-4 短期荷重時 曲げモーメント[N·cm]

上弦材棟部と束材の接合部、下弦材端部の接合部のFEM解析

合掌頂部の接合は、上弦材と棟木、束材を同時に接合する必要があるため、5方向接合が可能な接合方法を独自に開発した。

軸力は、接合部付近で増大していることがわかる。また、曲げモーメントでは大きい応力は発生しておらず、変形は端部にいくほど大きく変形していることがわかる。

すべての解析において、許容応力度内、許容変形内で収まっていることが確認できる。

FEM解析結果の表示

赤：引張り力　青・紫：圧縮力

6-1 合掌材と中央束の接合金物に働く軸力

6-2 合掌材と中央束の接合金物に働く曲げモーメント

6-3 合掌材と中央束の接合金物に働く変位量

素材の仕事比較

Hexagon Diagram

木と鋼材によるハイブリッドテンショントラス構造においては、「CO_2放出効率」、空間体積に対する仕事量［sV/Ess］がクリスタルパレス、銀閣寺より優れている。これは、素材と空間の骨格としての素材効率［Ess］が、他の骨格システムに比べて高い効率を維持することを証明できるものである。

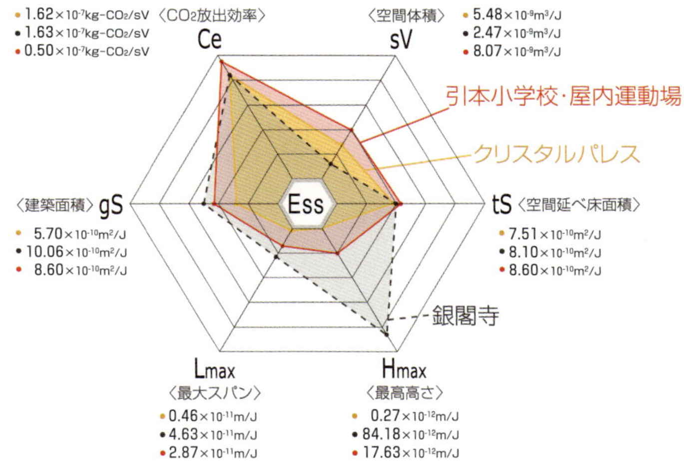

素材と空間の骨格エネルギーとCO_2放出効率

外科医的建築家のアイディア

異形棒鋼とのハイブリッドシステムは、開放的な空間をつくることができる。

木構造の特徴を生かし、逆V字ブレースを採用することによって剛接合と同等以上の骨格が構成できる。

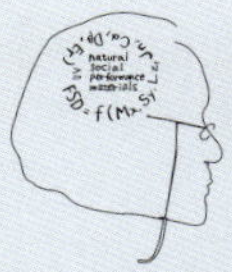

素材が形になるとき［18］

Idea of the surgical architect

- 地球環境を考え、森林資源の持続的な活用の意味からも、地産地消の取組みを通して、建設地のヒノキの間伐材を使用した。
- 小、中径木の間伐材を使用することによって、繊細な骨格のデザインを計画するとともに、量塊度を下げ、開放感が得られる空間を可能にした。
- 木と鋼材という異種素材を使って、上弦材と下弦材を結ぶ5方向の接合方法を開発した。
- アリーナを覆う屋根材と束材には、木と鋼材によるハイブリッドテンショントラスによる架構とすることで、梁（張り）間方向が15.6mある大スパン屋根を支えることを可能にした。
- 中径木の間伐材を利用した逆V字ブレースの採用により、2層の木造フレームを実現させるとともに、地震力にも効果的に働かせることを可能にした。

19-ハイブリッドワーレントラス構造 Hybrid Warren Truss Structuree

PROFILE

名　称　甲斐東部材プレカット協同組合/プレカット工場

竣工年　1996年

所在地　山梨県大月市

CONCEPT

1. 建設地の森林資源の有効活用として、スギとカラマツの中径木および大径木の間伐材を使い、山梨県の甲斐東部に製材（プレカット）工場の建設を計画する。
2. 床面積2,500m²（梁（張り）間方向25m×桁行方向100m）の無柱空間を、地場産の製材によって実現させる。
3. 木材による上弦材は、曲げモーメント、せん断力が小さく、圧縮力が大きい。また、鋼材による下弦材は張力のみが働くという特徴から、木と鋼材によるハイブリッドワーレントラスによる架構を計画する。

素材と空間を結ぶ

LOCATION

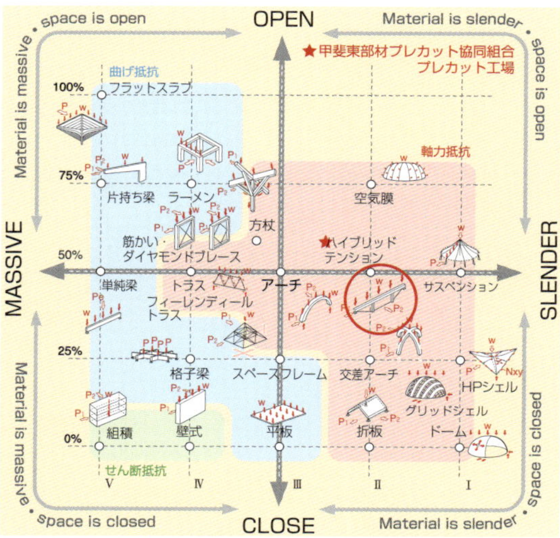

素材と空間の骨格デザイン認識図

素材と空間と荷重抵抗

構造的空間認識は、認識図上第1象限、開放率60%、量塊度はⅢに位置する。

通常、ハイブリッドテンションは開放率が50%、量塊度はⅡとされるが、本プロジェクトの架構システムであるハイブリッドワーレントラスでは、下弦材を省略したため束と上弦材の量塊感は増すものの、ラチス材のみを使用することで開放率を上げることができる。

本架構システムは、圧縮力を木材、引張り力を鋼材（異形棒鋼）で抵抗させる軸力抵抗システムで、束の上部に設けた面外ブレースで水平補剛を行っている。

ワーレントラス構造：斜め材の傾斜方向を交互に配置したハウトラス（斜め材が中央に向かって上向きに配置される形式）とプラットトラス（斜め材が中央に向かって下向きに配置される形式）の中間的な形式の構造。

素材と空間の骨格デザイン

基礎形式：直接基礎

ハイブリッドワーレントラスは、中径木、大径木の木材（スギ、カラマツ）と異形棒鋼による巨大な無柱空間を構成できる屋根架構である。
本プロジェクトでは、大径木の間伐材の効率的な使用長さが6mであることから、ワーレントラスのスパンを3mとし、鋼板挿入型の接合金物を用いてつなぎ、6mの大径木でスパン（梁（張り）間方向）25mの巨大な無柱空間を実現させた。
また、この工法は工場生産（プレハブ）が可能な構造体である。

トラス［truss］棒状の部材による三角形を単位として構成する構造体の一つ。これらの部材の接合部をピン接合とすると、外力が加わっても圧縮力と引張り力しか働かないようにすることができるため、曲げが生じる構造体に比べ部材断面が小さく、軽量で強い架構となる。梁（張り）間方向の大きい架構の横架材に適している。また、トラスには以下のような形式のものがある。

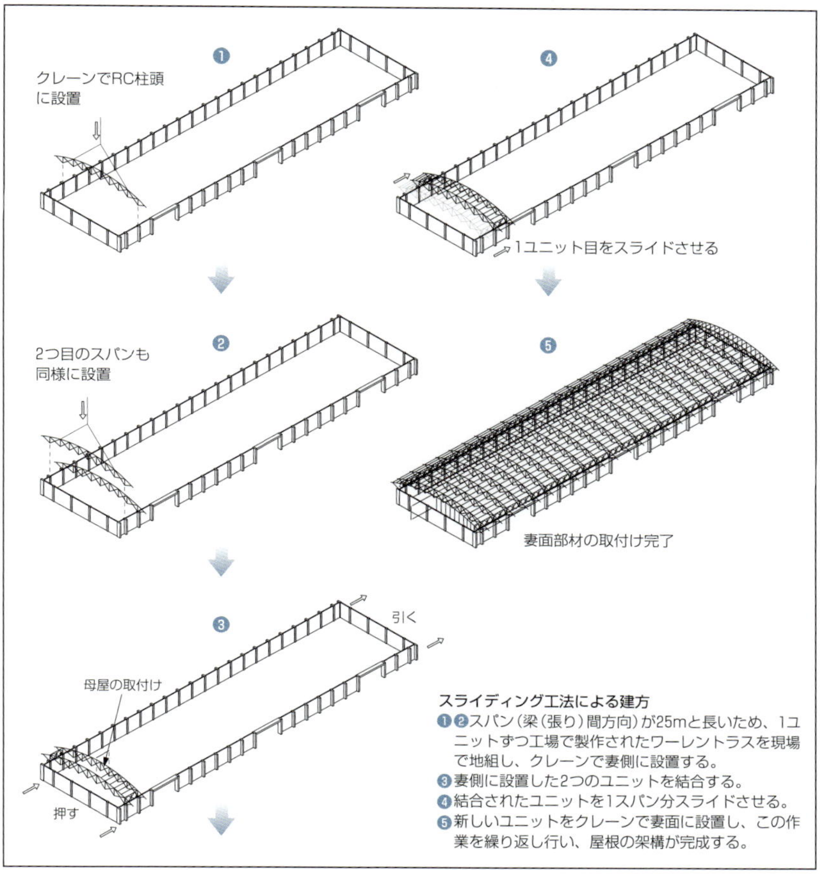

スライディング工法による建方
❶❷スパン（梁（張り）間方向）が25mと長いため、1ユニットずつ工場で製作されたワーレントラスを現場で地組し、クレーンで妻側に設置する。
❸妻側に設置した2つのユニットを結合する。
❹結合されたユニットを1スパン分スライドさせる。
❺新しいユニットをクレーンで妻面に設置し、この作業を繰り返し行い、屋根の架構が完成する。

1 ハイブリッドワーレントラス構造の建方

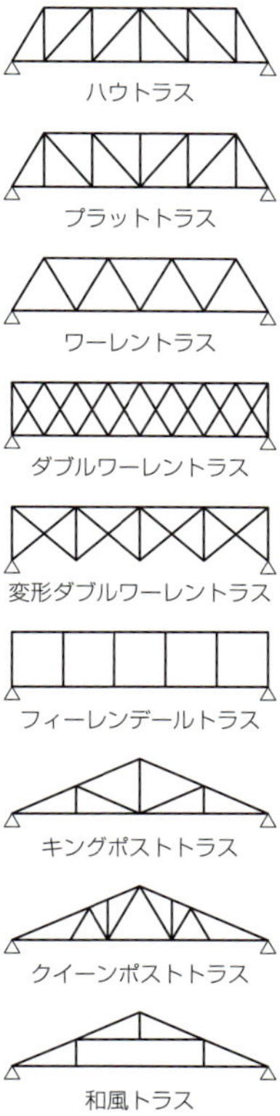

3 トラス構造のおもな種類

①スライディング工法

スライディング工法は、図1のような比較的スパンの長い平面フレームの建設に効果的な建方である。
スライディング工法では、まずスライド面を摩擦力0.5以下のテフロンシート類で養生し、次の2通りのスライド方法から現場の状況に応じて選択する。

1. クレーンと反対側から引っ張る方法
2. クレーン側から機械で押す方法

本プロジェクトでは1の方法を採用した。

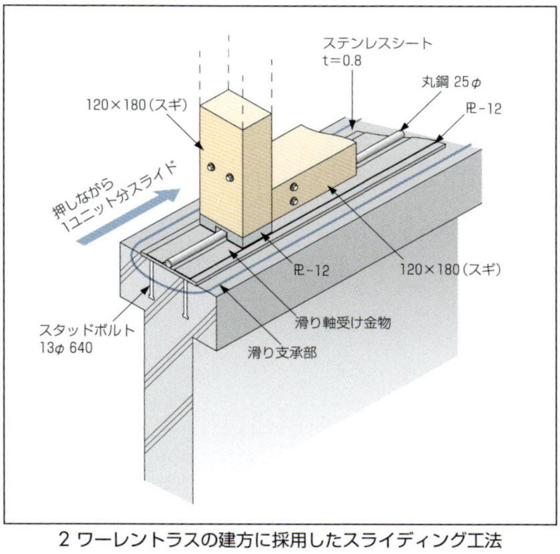

2 ワーレントラスの建方に採用したスライディング工法

補剛　座屈現象を抑えるために材の中心部に支点を設けることを「補剛する」といい、その支点となる部材を「補剛材」という。柱材では水平梁など、梁材では小梁（根太を受ける梁）などがそれにあたる。補剛材には、作用する補剛力に対して所定の軸剛性、曲げ剛性を必要とする。

間伐材　人工林（木材を得るために、人が植林して育てる林）において、木材の生育の段階で間引かれた樹木をいう。

大梁（おおばり）柱と柱を結ぶ梁（建物で水平に架け渡された部材で、床や屋根などを受けるもの）で、主要な部材の一つ。床などの自重や積載荷重（鉛直荷重）を受けるだけでなく、柱や壁（筋かい）とともに建物の架構を構成して、地震や風といった水平荷重も受け、安全に地盤に伝える役割をもつ。構造設計図では「G」という符号で示されることが多い。

束（つか） ⇨105ページ

異種素材による接合 ⇨105ページ

母屋（もや）垂木（たるき）を受けて小屋組を固める軒桁（のきげた）に平行な横木。和小屋では小屋梁や梁の小屋束（こやづか）で支える。また、登り梁や洋小屋の合掌上では架け渡されて垂木を受ける。

合せ梁 ⇨78ページ

②ハイブリッドワーレントラス構造を支える接合金具

大梁（合せ梁）を支える束材の面外方向の変形止めは、V字の方杖によって抵抗している。
上弦材と母屋材を結ぶ接合金具は、上弦材を合せ梁として使用するため、形状が複雑な鋼製プレートとなっている。

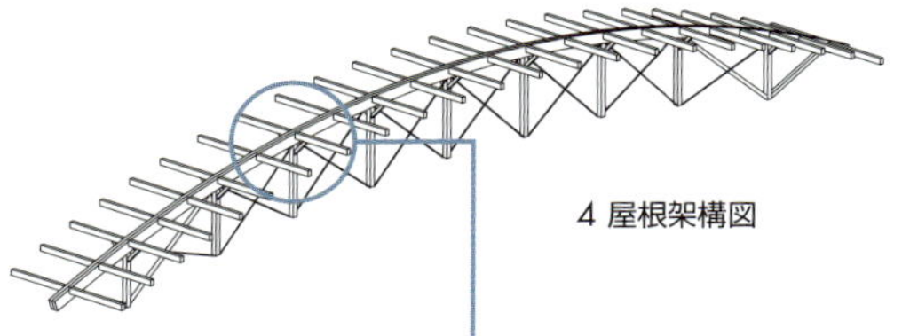

4 屋根架構図

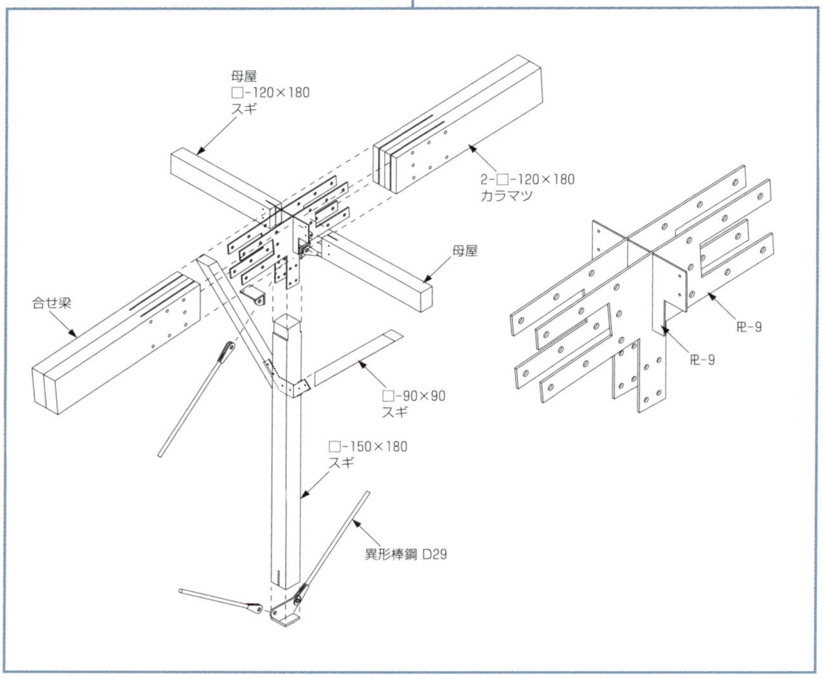

5 接合詳細図

FEM解析

＊線材のため、1ユニットごとに解析を行った。

FEM解析結果の表示
赤：引張り力　青・紫：圧縮力
全体座標系：X、Y、X

鋼製丸パイプ114.3φの斜め材
108ページの写真に写っている両側（桁行方向）の躯体から斜めに伸びる太い部材。

自重時-軸力のFEM解析
ハイブリッドワーレントラス構造は、端部支点からの斜め材に最大軸力が発生する。この斜め材（114.3φ×6（STK400））は、上弦材（カラマツの間伐材）のアーチと連続するため、下弦材がなくてもつり合う空間の骨格となる。

自重時-変位量のFEM解析
軸力が中央に向かってほぼ均等に伝わっていることが確認できる。両端の支点に向かう斜め材は圧縮力が大きいため、斜め材に木材を使用すると材が太くなりコストもかかることから、114.3φの鋼製丸パイプに変更した。

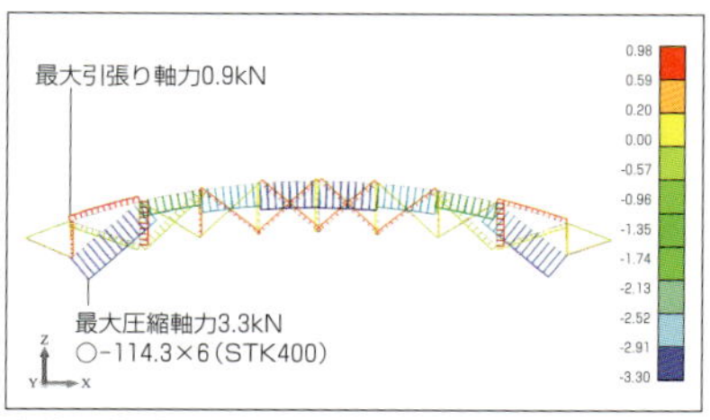

6-1 長期荷重時 軸力[kN]

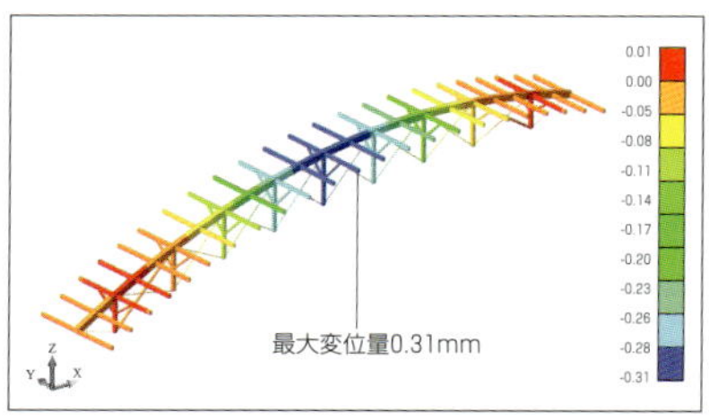

6-2 長期荷重時 Z方向変位量[mm]

合せ梁と母屋をつなぐ接合金具のFEM解析
軸力は、いずれもほぼ同じであることがわかる。
せん断力は、端部にいくほど大きくなる。
曲げモーメントは、鋼製プレートの上弦材が圧縮力、下弦材が引張り力であることが確認できる。
変位量は、先端において引張り力が大きく、束材が圧縮抵抗となっている。

FEM解析結果の表示
赤：引張り力　青・紫：圧縮力

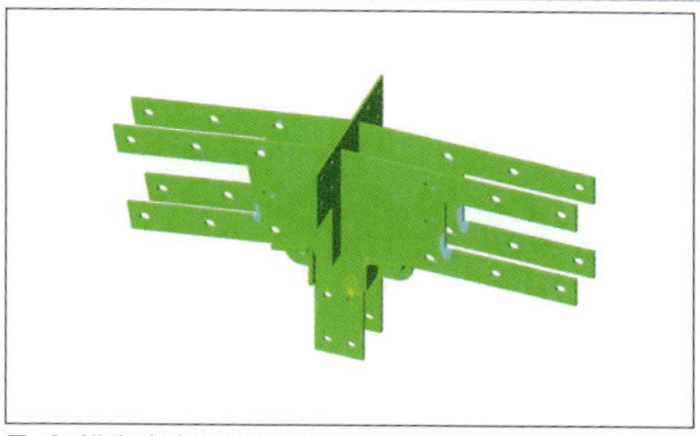
7-1 鉛直方向応力度 軸力

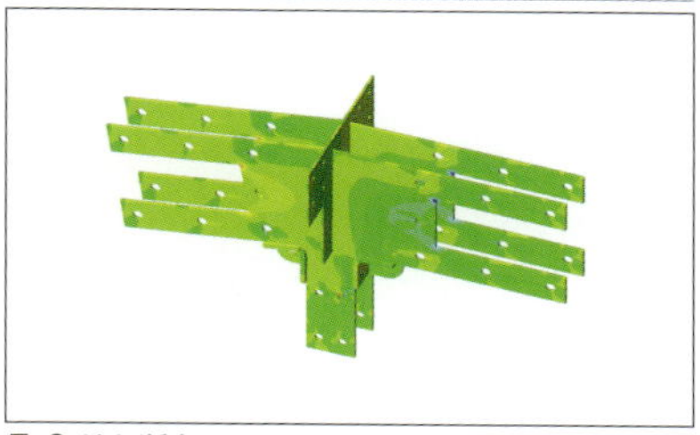
7-2 せん断力

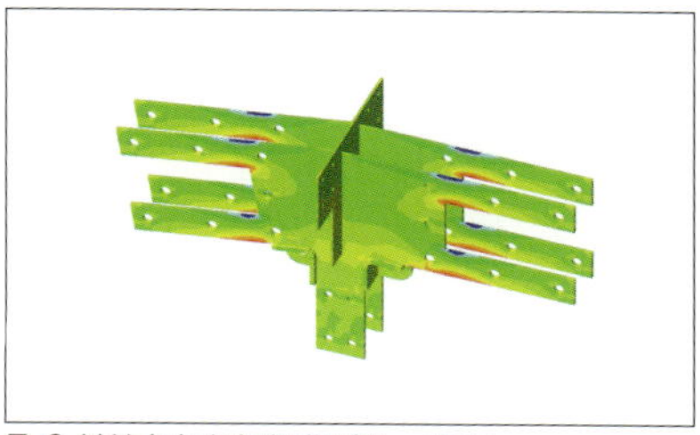
7-3 材軸方向応力度 曲げモーメント

7-4 変位量

素材の仕事比較

Hexagon Diagram
ハイブリッドワーレントラス構造の上弦材に中径木の間伐材、ラチス（斜め材）には異形棒鋼を用いている。木は曲げと圧縮抵抗材、異形棒鋼は引張り抵抗材としての役割を果たしており、両者を効果的に使用している。この結果、下部構造をRC造としているが、上部構造に大量の中径木の間伐材を使用しているため、「CO_2放出効率」はクリスタルパレスや銀閣寺に比べて優れており、空間体積に対する仕事量［sV/Ess］、空間延べ床面積に対する仕事量［tS/Ess］、建築面積に対する仕事量［gS/Ess］も高い値を示している。

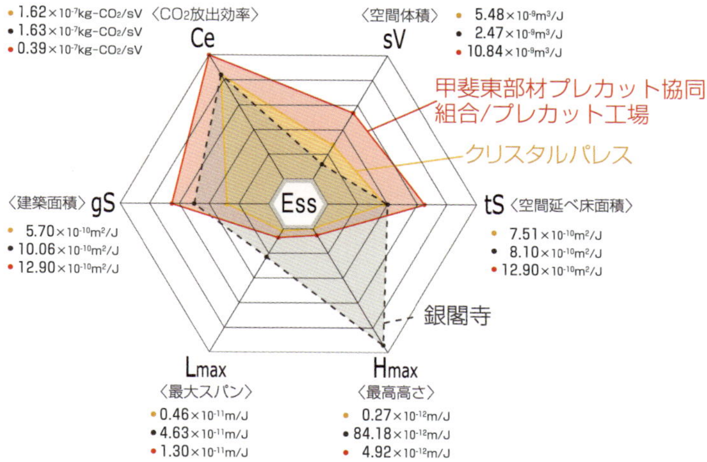

素材と空間の骨格エネルギーとCO_2放出効率

外科医的建築家のアイディア

小・中・大径木の間伐材と異形棒鋼、接合金物によるハイブリッドワーレントラス構造で大空間が実現できる。

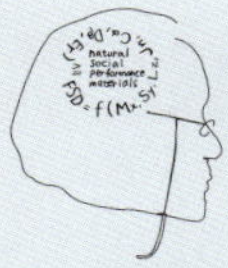

素材が形になるとき［19］

Idea of the surgical architect

- 地球環境を考え、森林資源の持続的な活用の意味からも、地産地消の取組みを通して、建設地のスギやカラマツの間伐材を使用した。
- 地元の間伐材である中径木（母屋、方杖）と大径木（合せ梁）、異形棒鋼を用いたハイブリッドワーレントラス構造によって、巨大な無柱空間を構成する屋根架構システムを実現させた。
- 床面積2,500m²（梁（張り）間方向25m×桁行方向100m）の無柱空間を実現させるため、3mのワーレンラチスを鋼製挿入型の接合金物でつなぐことによって6mの大径木の梁とし、スパン（梁（張り）間方向）25mの屋根架構を可能にした。
- 大梁（合せ梁）と母屋、テンション架構部分の接合部は、すべて鋼板挿入型の接合金物を用いて、6mごとに下弦材（異形棒鋼）が交差する全長25mのハイブリッドワーレントラス構造システムを可能にした。

20-木造格子シェル構造(1)　Timber Grid Shell Structure

PROFILE
名　称　甲斐東部材製材協同組合/製材工場
竣工年　1996年
所在地　山梨県大月市

CONCEPT

1. 建設地の森林資源の有効活用として、スギとカラマツの中径木の間伐材を使い、山梨県の甲斐東部に製材工場の建設を計画する。
2. 床面積1,000m²(梁(張り)間方向16.5m×桁行方向65m)の無柱空間を、曲面谷部には鉄骨を配し、上部を木造格子シェル構造による連続的な曲面屋根とすることで実現させる。
3. 閉鎖的になりやすいシェル構造において、採光が得られるよう、曲面屋根と壁との間に欄間を設け、開放的な空間となるよう計画する。

素材と空間を結ぶ

LOCATION

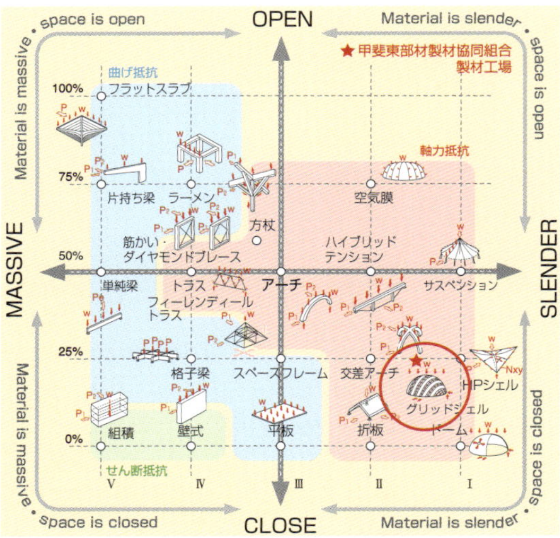

素材と空間の骨格デザイン認識図

素材と空間と荷重抵抗

構造的空間認識は、認識図上第4象限、開放率25%、量塊度はⅡに位置する。

木造格子シェルは閉鎖的ではあるが、軽快な空間を構築した。

屋根に使われる木造格子シェルは、シェルを覆う面が透明、半透明、遮へいの3種類があり、仕上げ方によって開放率が変わる。遮へいされた格子シェルの開放率を上げるには、シェルと壁の間に欄間を設けるなどのデザインが可能である。

鋼材と木造格子シェルのハイブリッド架構において、木造格子シェルの接合部には、リブ付きひし形プレート(Pℓ-9)を用いている。

木造格子シェルが上凸の場合は圧縮力で、下凸の場合は引張り力で抵抗する。

シェル構造：貝殻のような曲面状の薄い板を用いた構造。平板が面外の曲げで抵抗するのに対し、適切に支持すれば外力が主として面内圧縮力、せん断力として伝達されるため、大スパンの屋根などに適用される。「殻構造」「曲面構造」ともいう。

素材と空間の骨格デザイン（1）

本プロジェクトでは、鋼材と木造格子ユニットによるハイブリッドテンション構造を採用することで大スパン屋根を実現した。長い圧縮材には弱曲げ剛性という性質が利用できる製材を使用し、短い圧縮部材には間伐材を使用した。引張り抵抗部材には丸鋼（16φ）を、引張り力と圧縮力を負担する素材には鋼製の丸パイプ（60.5φ）を使用している。

基礎形式：直接基礎

弱曲げ剛性　木材で曲面、曲線をデザインする際、曲げ加工をして計画することになるが、細くて薄い木材は部材中央を支えると端部は自重で自動的に曲がる。これを「弱曲げ剛性」と呼ぶ。

間伐材　⇨109ページ

1 木造格子シェルに接合する束材と下弦材（丸鋼16φ）

2 木造格子シェル構造1ユニットの建方

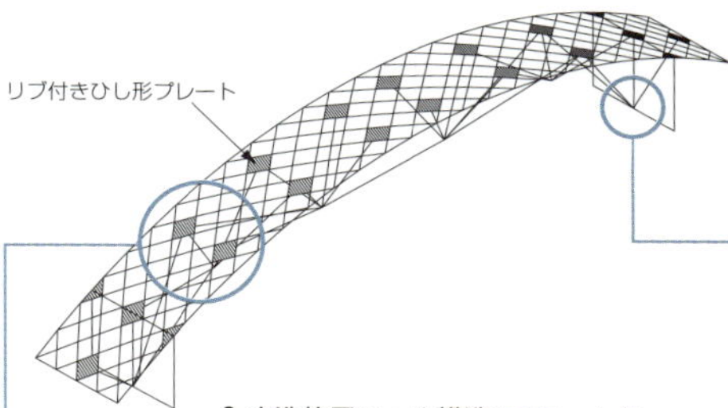

3 木造格子シェル構造1ユニットの架構アイソメ図

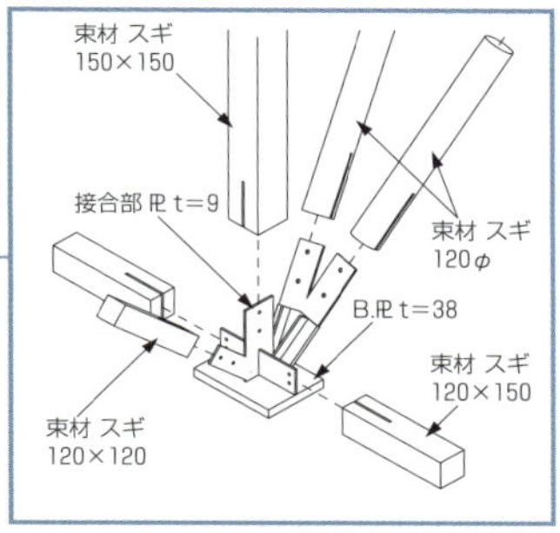

4 方杖の接合部

木造格子ユニットどうしの現場接合

ユニットどうしの現場接合は、格子を構成する縦材、横材を2段とし、それぞれ上下の部材の交点（心）を接合する。さらに、上下の格子の間にリブ付きひし形プレートをはさんでボルト留めをしている。

木造格子シェルを支える方杖の役割

一般的に細い木造格子シェルでは、格子交点をボルト1本で接合する。しかし、格子交点はボルト穴による欠損で母材より耐力が少ない。そのため、格子交点を支える方法として、方杖ではなく格子の交点である4点をリブ付きひし形プレートで支え、その中心を鋼製の方杖で支持する。

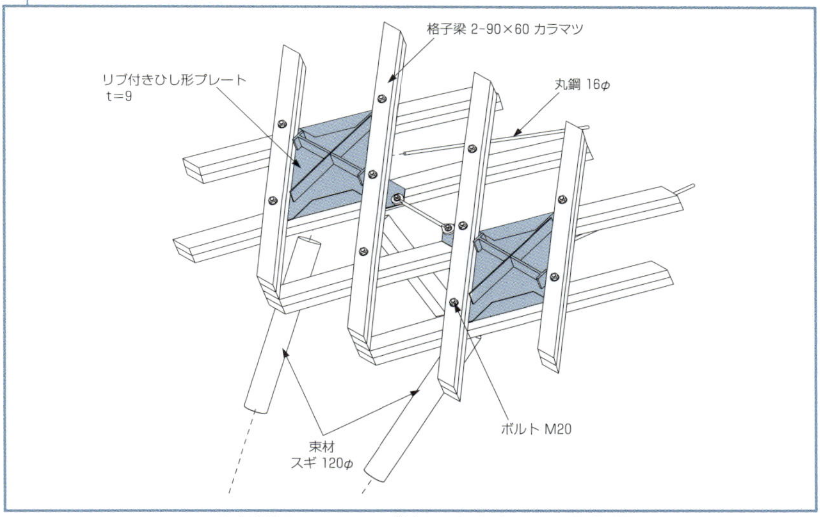

5 木造格子シェルとリブ付きひし形プレートの接合詳細図

接合に用いたリブ付きひし形プレート

木造格子シェルでは、格子の交点が引張り力に対して弱点となるため、格子の対角に合わせて鋼材（t=9）のリブ付きひし形プレートを設置した。

このリブ付きひし形プレートは、格子材から伝わる面内方向の曲げと軸力を負担している。また、木造格子シェル構造の束材から伝わる面外曲げに対しても、リブ付きひし形プレートのリブが負担している。

リブプレート　⇨98ページ

束（つか）　⇨105ページ

6 木造格子シェルとリブ付きひし形プレートとの接続

FEM解析

FEM解析結果の表示
赤：引張り力　青・紫：圧縮力
全体座標系：X、Y、X

自重時-軸力のFEM解析

木造格子シェルの軸力を鋼材で立体抵抗させるためには、支点からの方杖を効果的に使用すると各素材の役割が明確になる。
解析図より、上弦材のアーチから下弦材の支点に流れる面内力は、中央下端の鋼材のテンション（張力）部材に伝わっており、確実に圧縮力が伝達されているのがわかる。
以上から、上弦材の木造格子は細い部材（2-70×35mm）による構成が可能となる。

自重時-変位量のFEM解析

解析図の◇印の箇所は、鋼板（t=9）のリブ付きひし形プレートを示している。鋼板四隅の交点を結ぶことで、伝達する力が1/4となるようにした。
木造格子曲面を構成する上下弦材の張力部材には鋼材を使用し、さらに両端から小径木の束材で支持するというハイブリッド構造の解析で重要なのは、線曲面ではあるが架構全体の「力の流れ」が圧縮力と引張り力で構成されていることを認識することである。

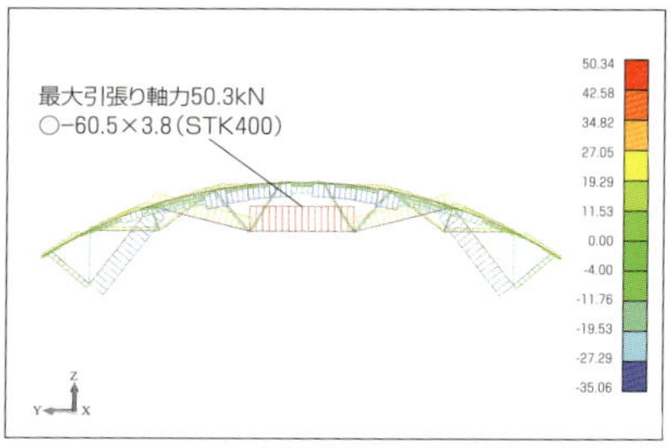

上弦材の格子シェルと両端の方杖は圧縮力が支配し、下弦材の鋼材は引張り力が卓越している。

7-1 長期荷重時 軸力[kN]

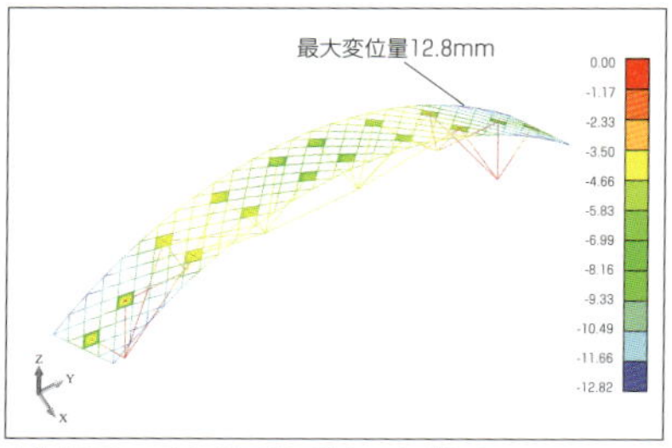

木造格子シェルには面内圧縮力で力が伝達されている。

7-2 長期荷重時 Z方向変位量[mm]

接合金物（リブ付きひし形プレート）のFEM解析

FEM解析結果の表示
赤：引張り力　青・紫：圧縮力
全体座標系：X、Y、X

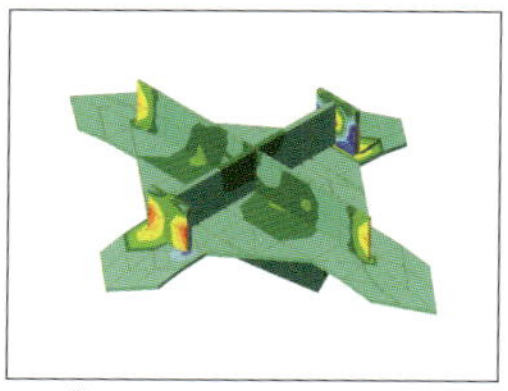

リブ付きひし形プレートの端部で軸力が多くなっている。

8-1 軸力

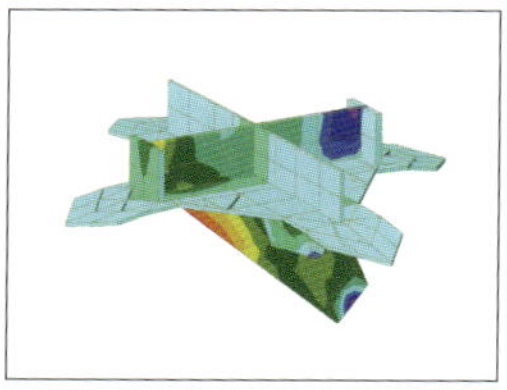

束とのリブ付きひし形プレートのせん断力を表す。

8-2 せん断力

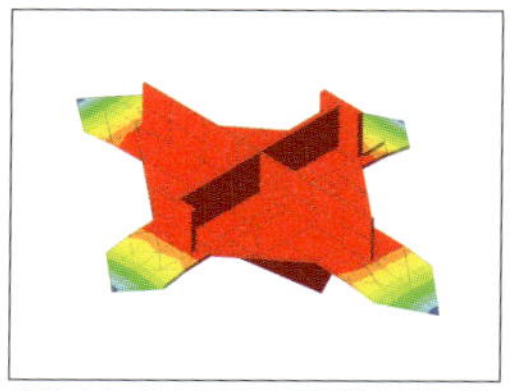

束により押されて上に変形している。

8-3 長期変位量

素材と空間の骨格デザイン（2）

名　称：桜美林大学弓道場「紫雲館」
再　建：2017年
所在地：東京都町田市
基礎形式：地盤改良杭＋布基礎
天井面を下凸に反転したひし形格子シェルによる曲面構造の木造弓道場。

新たな木造格子曲面を生み出す接合

基本的に上凸の木造格子シェルは、荷重抵抗が圧縮抵抗であるため、格子交点を1本のボルトで接合できることから多用されている。
圧縮抵抗の格子シェルは、格子部材が2段で格子曲面を構成することになる。しかし、格子曲面を下凸の天井とし、屋根面の垂木と束で結ぶ木と鋼製接合部材によるハイブリッドテンション格子構造とすることによって、張力のみの形状である下凸曲面は、厚さ3cmの板材（LVL）を用いることで交差部が同一面となる新しい天井構造が誕生する。

9 開放型ひし形接合による同一面の格子天井

天井構面を同一面にするために考案したのが、高さ3cmの四辺外側にひれ板の付いたひし形の鋼製接合部材で、これを用いることで個性的な新しい張力抵抗用鋼製接合がデザインできる。また、この接合方法は対角方向(長辺)にプレートを1枚添えるだけで、屋根の垂木と束を容易に接合することができる。

10 カテナリー状の格子交点と束材接合部(見下げ)

11 ひれ板付きひし形鋼製部材による接合(見上げ)

素材の仕事比較

Hexagon Diagram

甲斐東部材製材工場の素材効率が低いのは、1階独立柱と壁をRCで計画したためである。
桜美林大学弓道場は、クリスタルパレスと比較して、下部構造が木造であるため空間体積に対する仕事量[sV/Ess]では劣るものの、その他の項目で高い値を示している。また、桜美林大学弓道場の下凸天井のように同一面に格子を組み、その交点に開放的な鋼製プレートを用いて接合することによって引張り力が小さい骨格となり、素材効率の良い空間となっている。

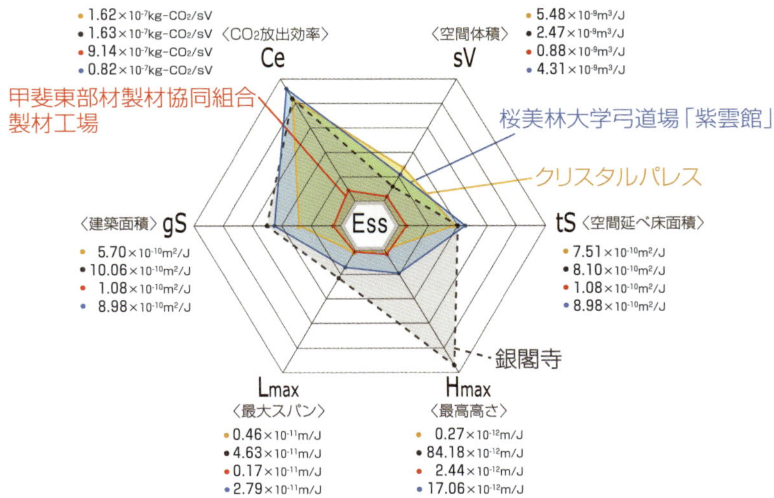

素材と空間の骨格エネルギーとCO_2放出効率

外科医的建築家のアイディア

甲斐東部材製材協同組合/製材工場

リブ付きひし形プレートの考案によって、張力抵抗を備えた木造格子シェルによるハイブリッドな曲面を実現した。

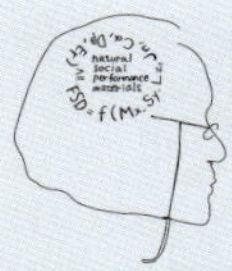

素材が形になるとき[20]

Idea of the surgical architect

- 曲げ加工を施さなくても曲面がつくれる「木」の性質(セルフベンディング性)を利用して、木造格子シェルユニットを構成した。具体的には、上弦材は格子状のアーチをつくり、下弦材は棒鋼を配置し、さらには上下弦材をスギの間伐材による立体的な方杖で結ぶことによって、木材と鋼材によるハイブリッドテンションユニットを可能にした。
- 木造格子シェルにおいて、格子の交点は力の流れとしては弱点となるため、格子の対角を鋼製のジョイントプレートに付けた十字型のリブによって結び、さらに格子の四隅を束材(スギ)によって支えている。その結果、各格子の交点における荷重負担を軽減するとともに、このリブ付きひし形プレートが建方時の格子ユニットの四角形を保持し、ユニットの異常な変形を防止する役目を果たしている。

21-木造格子シェル構造(2)　Timber Grid Shell Structure

CONCEPT

1. 古くから海運による物流の拠点として栄えてきた、尾道にふさわしいランドマークとなる広域交流施設を計画する。
2. 本プロジェクトは、690人を収容できる大ホールをはじめ、大小の会議室、市民ギャラリーを備えた複合施設で、尾道水道を臨む立地から貝殻をイメージした屋根の形状とする。
3. 屋根を支える下部構造は、柱と梁の凹凸のないRCの厚肉床壁構造を採用し、1階から3階に及ぶ大ホールの遮音性能を確保した空間の骨格とする。

素材と空間を結ぶ

LOCATION

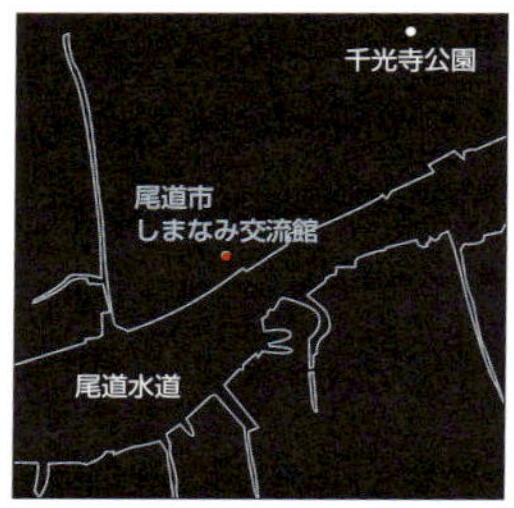

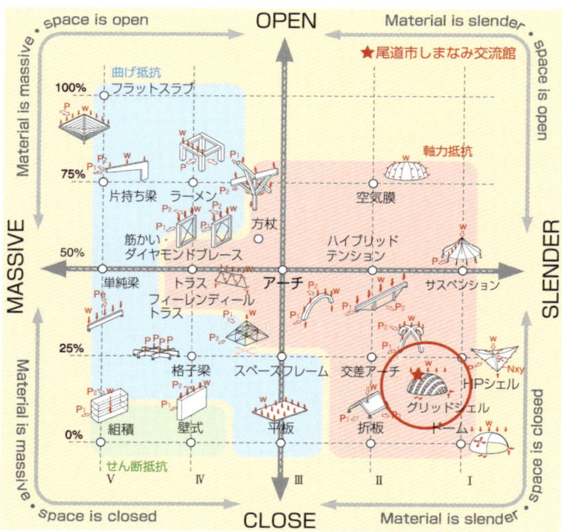

素材と空間の骨格デザイン認識図

素材と空間と荷重抵抗

屋根を構成する空間の骨格はコノイド型RCシェル構造で、この屋根を形づくるためにコンクリートの型枠として木造格子シェルを使用した。したがって、構造的空間認識は空間の開放率と部材の量塊度ともに低い値で、それぞれ20%、Ⅱに位置する。

また、屋根を支える下部の主構造は、厚い床と厚い壁で構成する「厚肉床壁構造(TWFS)」である。市民ギャラリーのある交流館の象徴ともいえる1階のファサードに開放感をもたせるためで、この空間の実現にあたり、TWFSの厚い床とポスト柱で構成することで梁や垂れ壁をなくし、開放率50%を確保している。

厚肉床壁構造：厚さ30cm以上の鉄筋コンクリートの鉛直部材をXY平面に配し、その鉛直材に厚肉床部材(30cm以上)を連結して立体構造とする。梁、垂れ壁、袖壁が不要なため開放感があり、遮音・振動性能に優れる(開発：今川憲英)。

素材と空間の骨格デザイン

基礎形式:場所打ち杭

コノイドシェル構造の屋根
オオシャコ貝をイメージした屋根は扇形で、7枚の放射肋(ほうしゃろく)が波状に湾曲している。空間の骨格は、大小のコノイドシェルを連続させたデザインとなっている。

オオシャコ貝の形をした曲面屋根をつくり出すため、凹部とアーチ形状の母屋を鋼材で構成することで屋根の基本骨格を形成している。曲面屋根を構成する木造格子シェルの下地材には70×38mmのLVL(単板積層材)を使い、屋根面のコンクリート打込み用型枠として使用した。

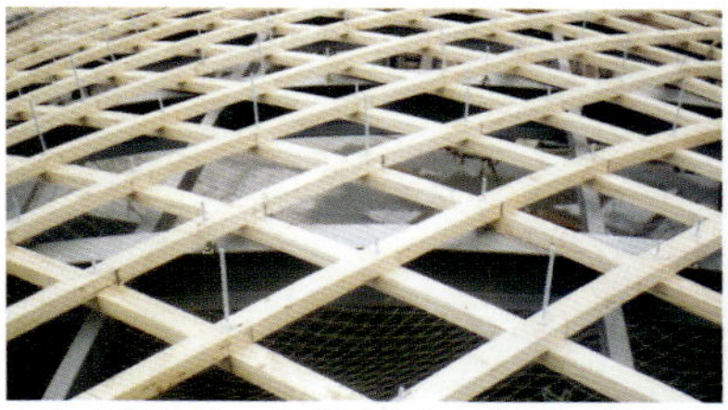
1 木造格子シェル(格子交点をボルトで接合)

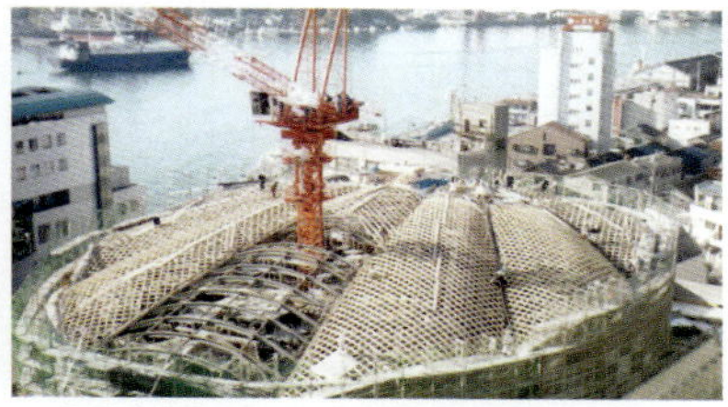
2 建方(コンクリート屋根7枚の下地の組立)

FEM解析

コノイド ⇨31ページ

FEM解析結果の表示
赤:引張り力 青・紫:圧縮力

屋根構造(コノイドシェル)上部のFEM解析
解析結果は、母線方向と円周方向ともにシェルの上面を示している。屋根にかかる応力の分布から、両方向ともコノイドシェル母線方向谷部に圧縮力、引張り応力が大きいことがわかる。

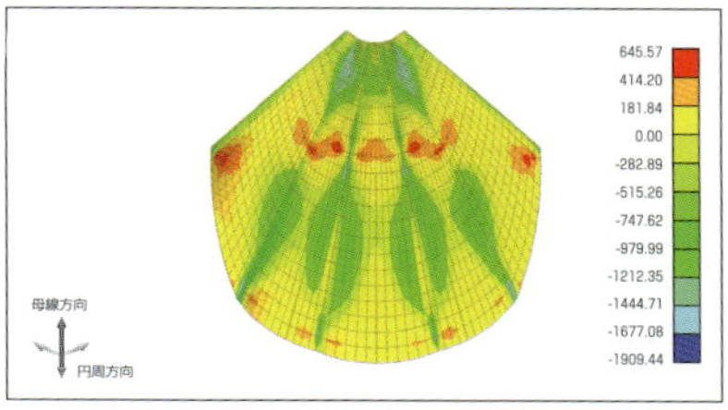

3-1 長期荷重時 上部母線方向軸力[kN/m²]

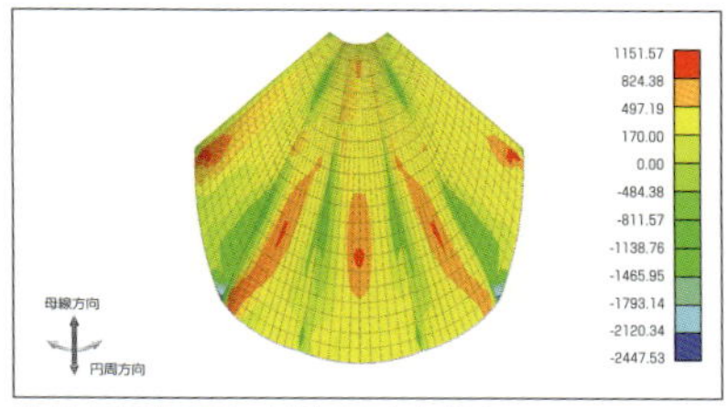

3-2 長期荷重時 上部円周方向軸力[kN/m²]

素材の仕事比較

Hexagon Diagram
尾道市しまなみ交流館の大空間屋根は、連続する7枚のコノイドシェルの母線方向谷部に鉄骨梁、その上にコンクリート打込み用型枠としての機能を有する木造格子シェルを配置し、さらにその上部が外部への遮音性を高める鉄筋コンクリートとなっている。
そして、この3種類の素材のうちコンクリートの使用量が多いことから「CO₂放出効率」が高いという曲面構造の特徴を表しているものの、空間の骨格としてはクリスタルパレスや銀閣寺に比べて低い値となっている。

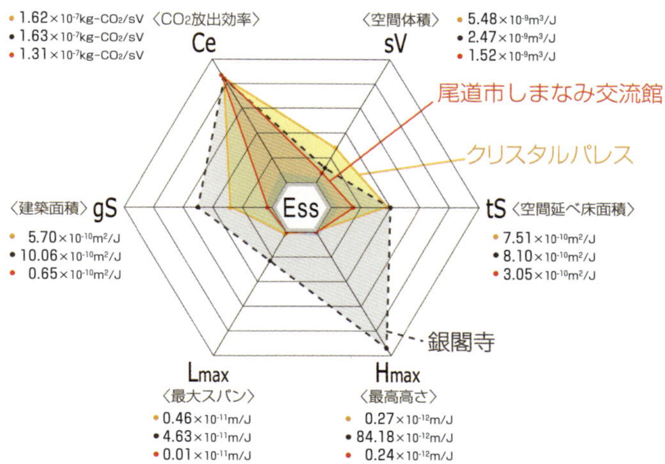

素材と空間の骨格エネルギーとCO₂放出効率

外科医的建築家のアイディア

曲面屋根のコンクリート打込みのため、RC曲面の支持面を木製の格子で計画することで、大空間の仮設材を省略することができる。

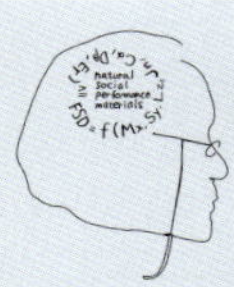

素材が形になるとき[21]

Idea of the surgical architect

- 尾道市のランドマークにふさわしいオオシャコ貝の形をした曲面屋根を実現するため、RC造と型枠としての役割を果たす木造格子シェルの組合せを採用した。
- オオシャコ貝の形状をした曲面屋根は、リブを配置しているため、その支点部と周辺に応力が集中するが、全体的な応力変形は少ない架構である。
- コンクリート打込み用型枠として使用した木造格子は、コノイドシェル曲面であるため、木の弱曲げ剛性を生かすことで自由な曲面形状を可能にした。

22-HPシェル壁構造 HP Shell Wall Structure

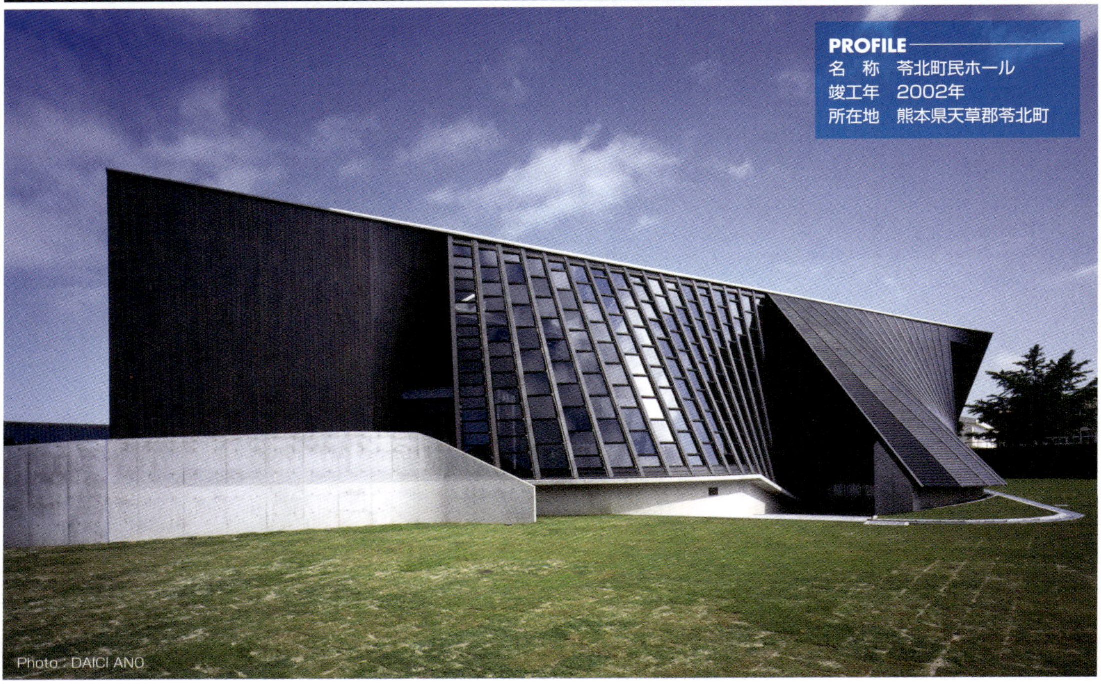

PROFILE
名　称　苓北町民ホール
竣工年　2002年
所在地　熊本県天草郡苓北町

CONCEPT

1. 地域の交流の場となるホール部と、公民館の機能を有するコミュニティ部からなる複合施設を計画する。
2. 矩形断面のホールを内蔵し、複合曲面で構成した外壁に覆われたダブルスキン空間を、木造によって実現する。
3. 空間の骨格が木造で構成されているため、直線でも曲面が再現可能であり、かつ、軒のラインが水平で、壁すそがくねくねと曲がっているため、曲面外部（壁）を直線材で構成できるHP曲面とし、風荷重と地震荷重に抵抗する架構を実現する。

素材と空間を結ぶ

LOCATION

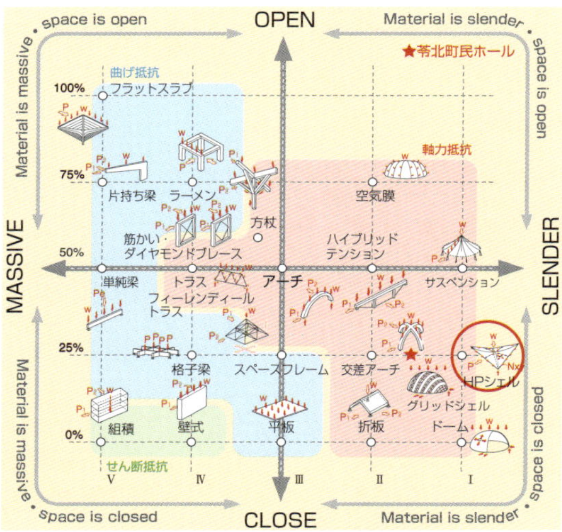

素材と空間の骨格デザイン認識図

素材と空間と荷重抵抗

構造的空間認識は、認識図上第4象限、開放率25%、量塊度IIに位置する。空間の骨格は、コノイドシェル、HPシェルといった直線材で曲面を構成する架構で、横桟と方立によりガラスをはめ込むことで開放率を上げている。
内部は吹抜け空間であることから上下方向の部材が長いため、HP曲面を構成する長い方立部材を細くするにあたり、方立中間部とホール部の内壁に控え材を設けることによって変形や座屈の防止を図った。一般的に、屋根に使われているHPシェルは軸力で抵抗するが、本プロジェクトでは壁に使用することによってせん断抵抗とした。

HPシェル構造：HPはhyperbolic paraboloidの略で、双曲放物面シェルをもつ外殻構造。母線と呼ばれる1つの平面曲線を、導線と呼ばれる母線と直交する別の平面曲線上を移動させてできる曲面で、母線と導線の曲率が正負逆の場合をいう。

素材と空間の骨格デザイン

基礎形式：布基礎（一部べた基礎）

本プロジェクトは、立体構成法に基づいて設計が行われた。
外壁と空間に内蔵された断面が矩形のホールは、線材によって曲面を構成している。これは、外壁と外部サッシによるユニークなダブルスキン空間である。さらに、長辺が44m、短辺が20mのこのホールの外壁を、小径木の間伐材を活用した線材によって曲面の耐震壁とした。
一見無秩序のようにも感じられるこの建物は、周辺環境と一体となるよう計画するため、直線による空間の立体構成法を用いることによって、HPシェルとコノイドシェルによる連続曲面の空間の骨格を可能にした。
構造デザインとしての計画は外壁面が多様な変化をもつため、細い線材方立を90cm間隔で細かく配置し、その方立に構造用合板をくぎ打ちすることで曲面の耐力壁を実現している。この結果、GLではスネークカーブ（蛇行した曲線）で地面に接している。また、はめ殺しサッシを連続させる方立は、限りなく繊細な部材によって構成した。

立体構成法　異なる曲面を滑らかな連続曲面にするため、基本的に直線材を用いることにより、ある点は規則的な配置でHP曲面とし、またある点は変則的な配置でコノイド曲面とするなど、連続的あるいは断続的に配置させてできる、建設地に安定した立体空間を実現させるための手法。

線材　⇨29ページ

間伐材　⇨109ページ

耐震壁　⇨61ページ

方立（ほうだて）開口部において、窓、ドア、パネルなどが横に連続する場合に中間に入れる縦桟。

構造用合板　⇨61ページ

GL［ground level］地盤面を指す。建築や工作物を設計する際の基準となる水平面の高さで、周囲の地面との高さ関係も表す。

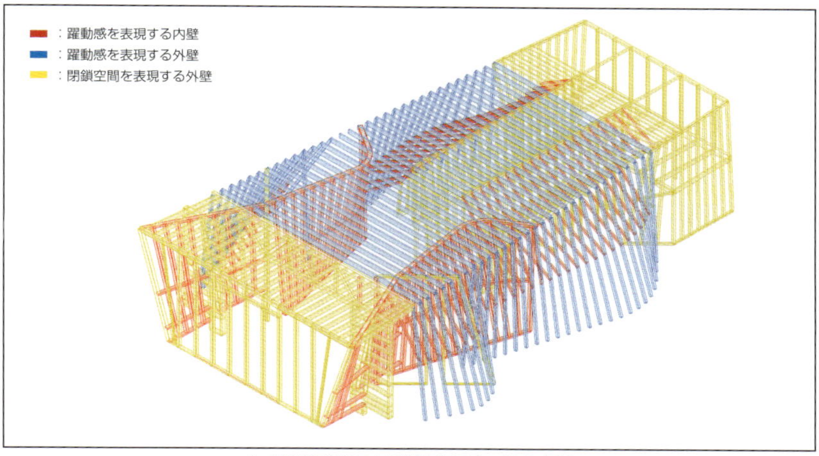

1 立体構成法による苓北町民ホールの空間

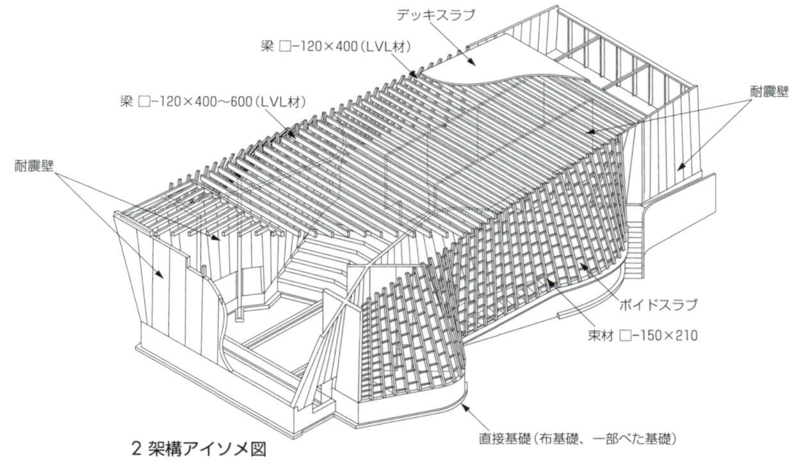

2 架構アイソメ図

ボイドスラブ　中央部に何本も空洞をもった鉄筋コンクリート床スラブ。一般にはこの空洞の断面は円形で、単位容積当たりの重量が減少することからスパンを大きくできる。また、床厚を大きくすることが可能なため断熱・遮音効果が期待できる。「中空スラブ」ともいう。

南京下見（なんきんしたみ）横張り羽目板の形式の一つで、板を羽重ねにして柱や間柱にくぎ打ちして止めるもの。

下見板（したみいた）建物の外壁に、板材を少しずつ重ねて横に張ったもの。

羽目板（はめいた）板張りに用いる板で、縦羽目と横羽目の方法がある。横羽目の場合は、板を重ねて下見張りとするのが一般的である。

南京下見板張り（スギ t=15 w=120）、縦羽目板張り＋木材保護塗料2回塗り

3 外壁仕上げ

4 曲面耐震壁で囲まれたホール内観

(Photo3、4：DAICI ANO)

ピン接合 [pin joint] 2つの部材に対し圧縮力、引張り力、せん断力のみを伝達するを接合方法で、接合部での回転は自由にできるが、接合点の鉛直と水平方向の移動は拘束される。曲げモーメントは伝達できない。

控え(材) 直立する建物、擁壁(ようへき)、構造物、部材、機械、装置類の傾斜や倒壊を防ぐ支え。

座屈 ⇨21ページ

座彫り ボルトやナットを打ち込む際に、頭や座金が材の上端からはみ出ないよう、材を掘り下げること。

羽子板ボルト 木造の仕口(しぐち)部分が外力を受けたときに抜け落ちないように、2つの材を連結する羽子板の形をしたボルト。

現し 仕上材などによって隠さず露出させる仕上げ方。

曲面耐震壁の構成
自由曲面を耐震壁とするには、1階から屋根まで方立を架け渡し、控え壁を細かいピッチで結ぶと多面体の曲面となる。さらに、各面に構造用合板をはめ込むことによって曲面耐震壁が完成する。

ダブルスキン空間 木造文化に原点をもつ日本の建築は、外壁1枚で外部空間と接していた。しかし、近代化の流れによって外壁面の外側にさらにガラスを設け、室内の高気密、透明度を確保することを目的に多用されている。

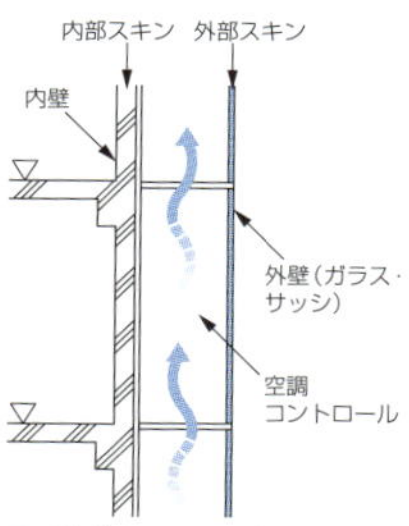

9 ダブルスキン空間

①屋根を支える単純梁を利用した天秤状の梁

ホール全体の屋根は、ホールの内壁2点で支える、いわゆる天秤のような構造となっている。梁の先端と方立をピン接合することによって、屋根の地震力はホールの壁とHP曲面を伝わって1階まで到達する。
方立が細いため、中間部と内壁を控え材で結ぶことで方立の変形・座屈対策とするのと同時に、この控え材が内部の大空間に対しリズムを生み出している。

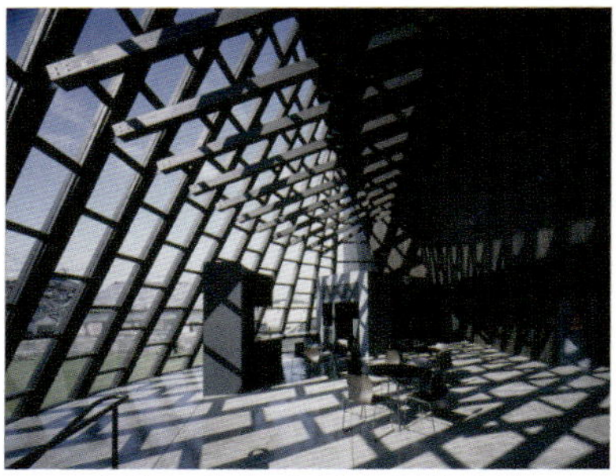

5 ガラス壁面の方立を支える控え材
(Photo : DAICI ANO)

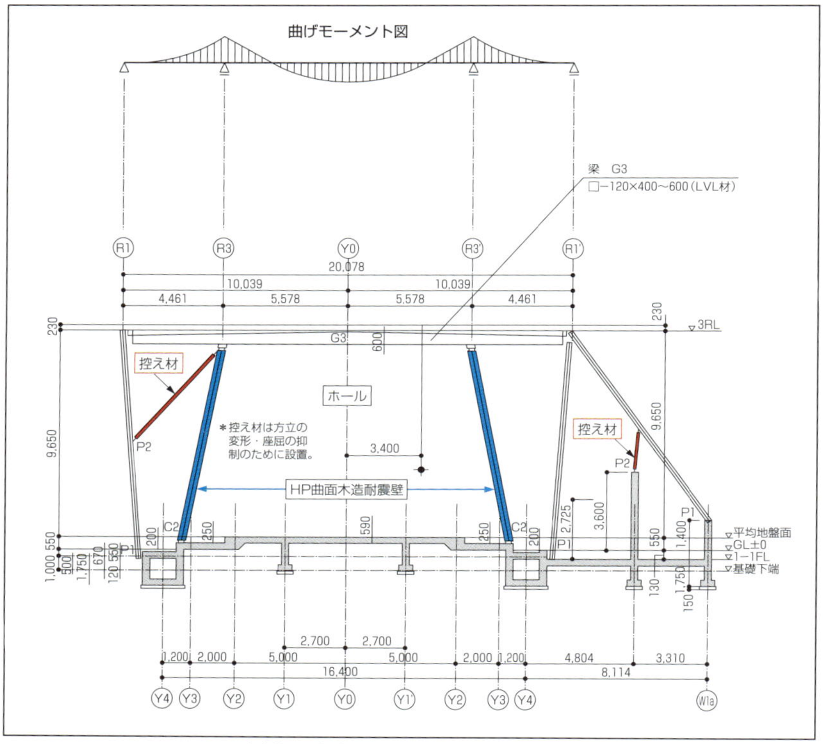

6 軸組図(下)および曲げモーメント図(上)

②木質耐震パネル接合

木質耐震パネルを構成する柱と合板受け材は、柱を座彫りし、羽子板ボルトで合板受けの内側を取り合う納まりとしている。接合ボルトが現しにならずに、かつ、直線材でもHP曲面の耐震壁を構成できる接合としている。

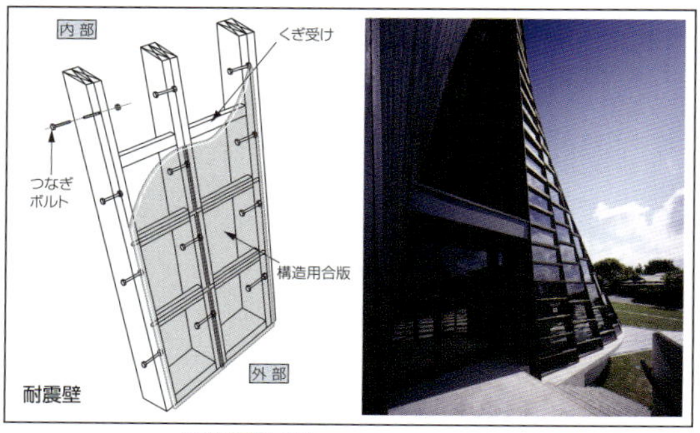

7 曲面耐震壁 (Photo : DAICI ANO)

外部木サッシとホールを利用したダブルスキン空間
8 内部階段 (Photo : DAICI ANO)

FEM解析

HPシェル壁のFEM解析

HPシェル曲面の空間の骨格を支配するのは、地震力ではなく台風（風荷重）である。解析結果は、木質耐震壁のX方向、Y方向の風荷重に対するせん断応力度を紹介する。

HPシェル曲面が巨大地震や台風に見舞われたとき、どのように抵抗し、また、そのときの応力度分布はどのように変化するのかについて知る。素材と空間の骨格についての抵抗応力度が許容応力度以下であることが明らかになったとき、構造デザインは完了する。

FEM解析結果の表示

赤：引張り力　青・紫：圧縮力

全体座標系：X、Y、X

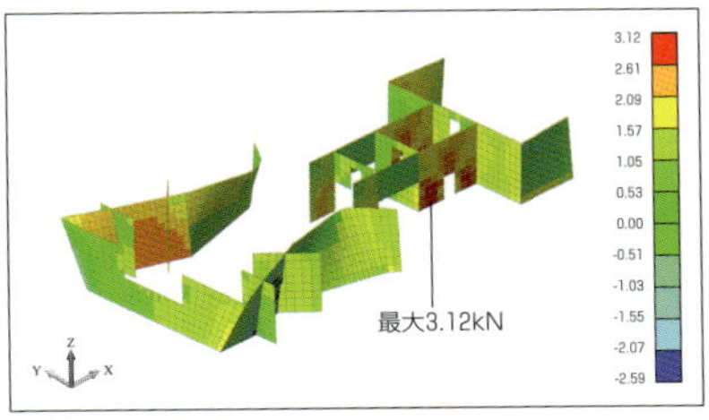

10-1 X方向風荷重時 せん断力[kN]

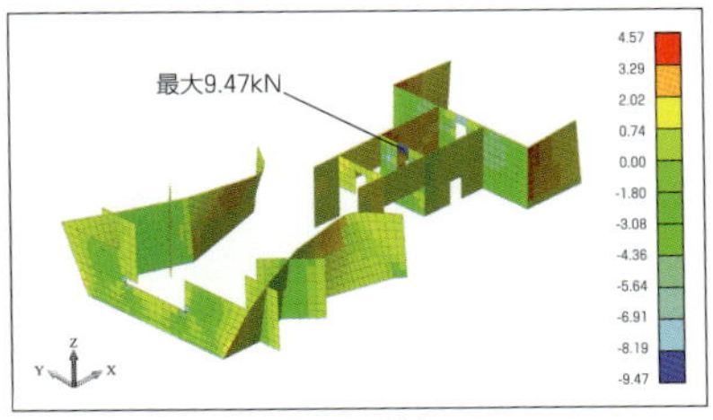

10-1 Y方向風荷重時 せん断力[kN]

素材の仕事比較

Hexagon Diagram

木造を主体とした苓北町民ホールは、クリスタルパレスと比較して、「CO_2放出効率」をはじめすべての項目に対する仕事量で上回っていることがわかる。

また、銀閣寺との比較では「CO_2放出効率」と空間体積に対する仕事量［sV/Ess］の2項目で上回っている。ちなみに、銀閣寺の空間体積に対する仕事量の値が低いのは、小部屋が多いためである。

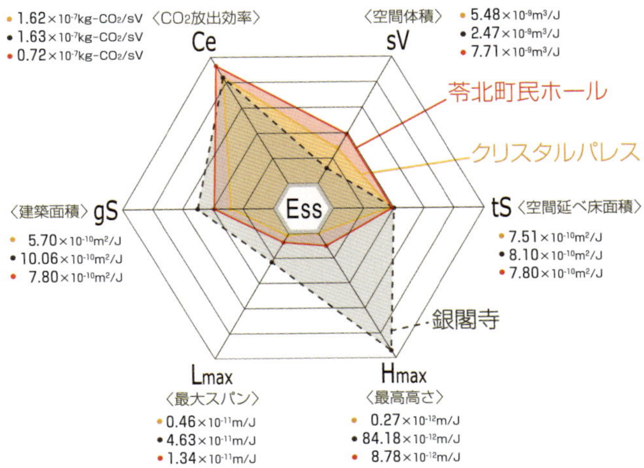

素材と空間の骨格エネルギーとCO_2放出効率

外科医的建築家のアイディア

ガウス曲率（$K=0$ コノイドシェル、$K<0$ HPシェル）を利用すれば、異なるシェルの境界も直線材で共有することで空間構成が可能である。

細い直線材で曲面が構成できる。

線曲面を利用することでHP曲面による木造耐震壁が実現できる。

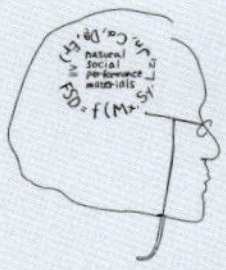

素材が形になるとき［22］

Idea of the surgical architect

- 苓北町民ホールは、屋根が比較的フラットであることを利用し、屋根を建物内部のホールの両側の壁と、この壁の支点から建物の外壁を構成する部材の支点とで支える「天秤の竿」のような構成とした。
- 屋根を支える内部のホールの両側の壁と外壁との間の空間は、夏季と冬季における温度調整が図れるダブルスキン空間とした。
- HPシェルによる曲面壁は、外壁の方立の中間部分から比較的細かい間隔で控え材を配置し、構造用合板をはめ込んだ内部のホールの壁に接続することによって曲面耐震壁とした。
- 基本的には直線材である木造を使用し、かつ、曲面または多角曲面の骨格をデザインする場合には、素材の加工方法によって2種類の方法が選択できる。一つは太い素材を集成して曲げ加工する方法で、もう一つは細い部材を直線材として使用し、セルフベンディング性を利用する方法である。本プロジェクトでは、後者を選択することによって壁面を曲面構造とし、さらには、耐震・耐風構造とした。

Material 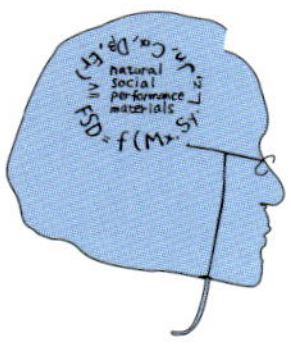

speaks

［資料］

資料 [1] 収録プロジェクト一覧

No.	建物名称	所在地	竣工年	意匠設計
1	ネットの森	神奈川県足柄郡箱根町	2009年	手塚貴晴＋手塚由比/手塚建築研究所
	あぜくら山荘	長野県北安曇郡白馬村	1983年	石井勉＋TIME計画研究所
2	しずおか国際園芸博覧会・中央管理棟	静岡県浜松市	2004年	栗生総合計画事務所
3	大原山七福天寺・本堂	千葉県いすみ市	1996年	川口英俊＋アーキテクトキューブ
	五条坂の家	京都府京都市	2016年	キアラ建築研究機関
4	せせらぎのほとりの家	長野県佐久市	1996年	林・山田・中原設計同人
5	南三陸あさひ幼稚園	宮城県本吉郡南三陸町	2012年	手塚建築研究所
	清水寺・本堂の舞台	京都府京都市	再建 1633年	
6	住吉のゲストハウス	大阪府大阪市	2002年	設計網アールセッション
7	水前寺江津湖公園・管理棟	熊本県熊本市	1999年	ウシダ・フィンドレイ・パートナーシップ
8	KEL軽井沢山荘	長野県北佐久郡軽井沢町	1989年	古橋建築事務所
9	今井病院付属託児所	秋田県大館市	2001年	坂茂建築設計
10	川上村林業総合センター・森の交流館	長野県南佐久郡川上村	1997年	飯田善彦建築工房
11	南三陸あさひ幼稚園（増築）	宮城県本吉郡南三陸町	2017年	手塚建築研究所
12	よしの保育園	青山県むつ市	2015年	手塚建築研究所
13	ヘルスピア白根	山梨県南アルプス市	1993年	SKM設計計画事務所
14	うつくしま未来博・21世紀建設館	福島県須賀川市 （うつくしま未来博会場より福島空港公園内に移築）	2001年	岩村アトリエ
15	今井篤記念体育館	秋田県大館市	2002年	坂茂建築設計
16	廣池千九郎中津記念館	大分県中津市	2014年	日総建
17	新宮健康増進センター	和歌山県新宮市	1993年	古橋建築事務所
18	引本小学校・屋内運動場	三重県北牟婁郡紀北町	1995年	加藤宏之建築設計室
19	甲斐東部材プレカット協同組合/プレカット工場	山梨県大月市	1996年	INA新建築研究所
20	甲斐東部材製材協同組合/製材工場	山梨県大月市	1996年	INA新建築研究所
	桜美林大学弓道場「紫雲館」	東京都町田市	2017年	古橋建築事務所
21	尾道市しまなみ交流館	広島県尾道市	1993年	アール・アイ・エー
22	苓北町民ホール	熊本県天草郡苓北町	2002年	阿部仁史＋小野田泰明＋阿部仁史アトリエ

＊上表の「荷重抵抗システム」で示した記号は、以下のとおり。
M：曲げ抵抗、S：せん断抵抗、N：軸力抵抗、N_C：圧縮抵抗、N_T：引張り抵抗、ねじり抵抗
また、記号は骨格に働く力が支配的な順に左から示した。

No.	構造名	荷重抵抗システム*	受　賞	ページ
1	組積造 Timber Beam Masonry	*M*、*S*、*N*	2010 The Chicago Athenaeum賞 2010年度グッドデザイン賞	38
		M、*S*、*N*		42
2	巨大壁構造 Giant Wall Structure	*M*、*S*、*N*	2004年度グッドデザイン賞	44
3	V字柱構造 V-shape Column Structure	*N*、*M*、*S*		48
		N、*M*、*S*		50
4	和風軸組構造 Japanese Framework Structure	*M*、*S*、*N*		52
5	貫構造 Nuki Structure	*M*、*S*、*N*	2012年度（第8回）こども環境学会賞 デザイン賞 2013年度グッドデザイン賞	56
		M、*S*、*N*		58
6	ダイヤモンドブレース構造 Diamond Brace Structure	*N*、*M*、*S*		60
7	単純支持梁構造 Simple Beam Structure	*M*、*S*		64
8	格子梁構造 Grid Beam Structure	*M*、*S*		68
9	アーチ構造 Arch Structure	*M*、*S*、*N*		70
10	フラットスラブ構造 Flat Slab Structure	*M*、*S*、*N*	1998年日本建築学会賞（作品）	74
11	ラーメン構造 Bending Moment Structure	*M*、*S*、*N*		76
12	3方向方杖構造 3-angle Brace Structure	*N*、*M*、*S*	2016年度グッドデザイン賞 2016年度（第10回）キッズデザイン賞	80
13	折板構造 Folded Plate Structure	*N*、*M*、*S*	平成6年度（第5回）山梨県建築文化奨励賞	84
14	ツリー構造 Tree Structure	*N*、*M*、*S*	American Wood Design Awards 2002 －Special Technology Commendation Award	88
15	ドーム構造 Dome Structure	*N*、*M*、*S*	American Wood Design Awards 2004 －Best of Non-Residential	92
16	切妻型サスペンションユニット構造 Gable Shape Suspension Unit Structure	*N*、*M*、*S*	第29回（2014）豊の国木造建築賞（特別賞・協賛賞）	96
17	サスペンアーチ構造 Suspended Arch Structure	N_C、N_T		100
18	切妻型ハイブリッドテンショントラス構造 Gable Shape Hybrid Tension Truss Structure	*N*、*M*、*S*		104
19	ハイブリッドワーレントラス構造 Hybrid Warren Truss Structure	N_C、N_T		108
20	木造格子シェル構造（1） Timber Grid Shell Structure	N_C、N_T		112
		N_T		114
21	木造格子シェル構造（2） Timber Grid Shell Structure	N_C、N_T		116
22	HPシェル壁構造 HP Shell Wall Structure	*M*、*S*、*N*、 ねじり	2003年日本建築学会賞（作品） 第8回（2002）木材利用大型施設コンクール くまもと県産材振興会賞	118

資料［2］ 収録プロジェクトの基礎データ

No.	プロジェクト	部材量 木 mV [m³]	木 ヤング係数 [N/mm²]	RC mV [m³]	RC ヤング係数 [N/mm²]	鉄 mV [m³]	鉄 ヤング係数 [N/mm²]	鋳鉄 mV [m³]	鋳鉄 ヤング係数 [N/mm²]	空間体積 sV [m³]	空間延べ床面積 tS [m²]	最高高さ H_{max} [m]	最大スパン L_{max} [m]	建築面積 gS [m²]
		mV：単位体積												
1	ネットの森	303.0	12000			0.1	205000			2385.3	528.5	12.0	23.0	528.5
1	新ネットの森	403.0	12000			0.1	205000			2385.3	528.5	12.0	23.0	528.5
1	あぜくら山荘	100.0	10000							1414.0	487.1	7.0	25.0	267.8
2	しずおか国際園芸博覧会中央管理棟	73.7	12000			5.2	205000			3190.1	690.5	11.0	16.7	690.5
3	大原山七福天寺・本堂	34.2	9000							1489.3	172.4	12.0	8.0	259.4
3	五条坂の家	16.3	9000							349.0	106.6	7.1	4.2	53.3
4	せせらぎのほとりの家	6.7	12000	89.1	21862	0.5	205000			1023.2	342.5	8.8	12.0	237.7
5	南三陸あさひ幼稚園	70.3	5400							1093.0	287.6	4.9	14.6	359.5
5	清水寺・本堂の舞台	861.2	8700							6386.6	726.2	13.0	4.0	726.2
6	住吉のゲストハウス	82.9	9000	56.9	21682					1803.3	396.6	9.6	12.7	252.2
7	水前寺江津湖公園管理棟	36.0	12000	4.1	21682	0.5	205000			880.4	266.0	5.0	10.8	299.0
8	KEL軽井沢山荘	9.1	10500							326.4	128.0	8.0	10.0	128.0
9	今井病院付属託児所	9.4	12000			0.1	205000			507.9	73.8	5.9	5.2	131.2
10	川上村林業総合センター森の交流館	42.8	12000			0.4	205000			2850.6	324.0	9.0	18.0	324.0
11	南三陸あさひ幼稚園（増築）	145.4	9655							609.5	73.1	9.5	7.3	113.0
12	よしの保育園	146.0	12000							2520.0	862.2	4.6	12.1	1004.8
13	ヘルスピア白根	71.9	12000			0.6	205000			681.7	185.0	7.0	13.6	185.0
14	うつくしま未来博21世紀建設館	50.5	12000	0.7	22669	3.4	205000			4687.7	743.6	6.5	8.1	790.2
15	今井篤記念体育館	137.3	9800			5.2	205000			5785.2	964.2	8.0	27.9	942.8
16	廣池千九郎中津記念館	110.4	10480							5749.3	875.4	8.0	12.7	875.4
17	新宮健康増進センター	99.6	12000	32.7	22669	1.6	205000			6485.8	2955.0	12.0	17.0	2540.6
18	引本小学校・屋内運動場	77.5	9000							5628.6	600.0	12.3	20.0	600.0
19	甲斐東部材プレカット協同組合/プレカット工場	130.8	9000	22.3	21682	1.3	205000			20769.0	2472.5	9.4	25.0	2472.5
20	甲斐東部材製材協同組合/製材工場	68.5	9000	12.6	21682	13.5	205000			3214.1	396.8	8.9	6.2	396.8
20	桜美林大学弓道場「紫雲館」	39.8	10500			0.0	205000			1820.1	378.9	7.2	11.8	378.9
21	尾道市しまなみ交流館	28.0	9000	4373.3	23576	8.4	205000			160210.0	32042.0	25.2	13.7	6849.0
22	苓北町民ホール	182.2	6500							9135.4	923.7	10.4	15.9	923.7
*	クリスタルパレス	1625.4	9000			526.1	205000	296.9	180000	671600.0	92000.0	33.0	563.0	69812.0
*	銀閣寺	13.2	9000							293.7	96.2	10.0	5.5	119.5

＊本書に収録したプロジェクトにおける空間の骨格エネルギー効率を客観的に把握するため、比較対象となる建物例として、海外からクリスタルパレス（ロンドン）、国内から銀閣寺を選んだ。詳しくは128～129ページを参照。また、ヘキサゴンダイアグラムとの関連については、33、37ページを参照。

単位CO_2放出量			CO_2放出量	素材と空間の骨格エネルギー量	仕事量					CO_2放出効率
					空間体積	空間延べ床面積	最高高さ	最大スパン	建築面積	
木	RC	鉄	Ce	Ess	sV / Ess	tS / Ess	H_{max} / Ess	L_{max} / Ess	gS / Ess	Ce / sV
[kg-CO_2/m^3]			[kg-CO_2]	[J]	[m^3/J]	[m^2/J]	[m/J]	[m/J]	[m^2/J]	[kg-CO_2/m^3]
363.4	440.0	19506.7	11.29×10^{-4}	36.65×10^{11}	0.65×10^{-9}	1.44×10^{-10}	3.27×10^{-12}	0.63×10^{-11}	1.44×10^{-10}	4.73×10^{-7}
363.4	440.0	19506.7	14.92×10^{-4}	48.65×10^{11}	0.49×10^{-9}	1.09×10^{-10}	2.47×10^{-12}	0.47×10^{-11}	1.09×10^{-10}	6.25×10^{-7}
363.4	440.0	19506.7	3.63×10^{-4}	10.00×10^{11}	1.41×10^{-9}	4.87×10^{-10}	7.00×10^{-12}	2.50×10^{-11}	2.68×10^{-10}	2.57×10^{-7}
363.4	440.0	19506.7	12.91×10^{-4}	19.59×10^{11}	1.63×10^{-9}	3.52×10^{-10}	5.61×10^{-12}	0.85×10^{-11}	3.52×10^{-10}	4.05×10^{-7}
363.4	440.0	19506.7	1.24×10^{-4}	3.08×10^{11}	4.84×10^{-9}	5.60×10^{-10}	38.82×10^{-12}	2.59×10^{-11}	8.43×10^{-10}	0.83×10^{-7}
363.4	440.0	19506.7	0.59×10^{-4}	1.47×10^{11}	2.38×10^{-9}	7.26×10^{-10}	48.40×10^{-12}	2.86×10^{-11}	3.63×10^{-10}	1.70×10^{-7}
363.4	440.0	19506.7	5.14×10^{-4}	21.31×10^{11}	0.48×10^{-9}	1.61×10^{-10}	4.13×10^{-12}	0.56×10^{-11}	1.12×10^{-10}	5.02×10^{-7}
363.4	440.0	19506.7	2.55×10^{-4}	3.80×10^{11}	2.88×10^{-9}	7.58×10^{-10}	12.88×10^{-12}	3.84×10^{-11}	9.47×10^{-10}	2.34×10^{-7}
363.4	440.0	19506.7	31.30×10^{-4}	74.92×10^{11}	0.85×10^{-9}	0.97×10^{-10}	1.74×10^{-12}	0.05×10^{-11}	0.97×10^{-10}	4.90×10^{-7}
363.4	440.0	19506.7	5.52×10^{-4}	19.80×10^{11}	0.91×10^{-9}	2.00×10^{-10}	4.85×10^{-12}	0.64×10^{-11}	1.27×10^{-10}	3.06×10^{-7}
363.4	440.0	19506.7	2.43×10^{-4}	6.19×10^{11}	1.42×10^{-9}	4.30×10^{-10}	8.06×10^{-12}	1.74×10^{-11}	4.83×10^{-10}	2.75×10^{-7}
363.4	440.0	19506.7	0.33×10^{-4}	0.96×10^{11}	3.42×10^{-9}	13.40×10^{-10}	83.73×10^{-12}	10.47×10^{-11}	13.40×10^{-10}	1.01×10^{-7}
363.4	440.0	19506.7	0.54×10^{-4}	1.33×10^{11}	3.81×10^{-9}	5.54×10^{-10}	44.26×10^{-12}	3.90×10^{-11}	9.84×10^{-10}	1.06×10^{-7}
363.4	440.0	19506.7	2.30×10^{-4}	5.92×10^{11}	4.82×10^{-9}	5.48×10^{-10}	15.22×10^{-12}	3.04×10^{-11}	5.48×10^{-10}	0.81×10^{-7}
363.4	440.0	19506.7	5.28×10^{-4}	14.04×10^{11}	0.43×10^{-9}	0.52×10^{-10}	6.74×10^{-12}	0.52×10^{-11}	0.81×10^{-10}	8.67×10^{-7}
363.4	440.0	19506.7	5.31×10^{-4}	17.52×10^{11}	1.44×10^{-9}	4.92×10^{-10}	2.63×10^{-12}	0.69×10^{-11}	5.74×10^{-10}	2.11×10^{-7}
363.4	440.0	19506.7	3.74×10^{-4}	9.82×10^{11}	0.69×10^{-9}	1.88×10^{-10}	7.13×10^{-12}	1.39×10^{-11}	1.88×10^{-10}	5.49×10^{-7}
363.4	440.0	19506.7	8.50×10^{-4}	13.19×10^{11}	3.55×10^{-9}	5.64×10^{-10}	4.96×10^{-12}	0.61×10^{-11}	5.99×10^{-10}	1.81×10^{-7}
363.4	440.0	19506.7	15.13×10^{-4}	24.12×10^{11}	2.40×10^{-9}	4.00×10^{-10}	3.32×10^{-12}	1.16×10^{-11}	3.91×10^{-10}	2.62×10^{-7}
363.4	440.0	19506.7	4.01×10^{-4}	11.57×10^{11}	4.97×10^{-9}	7.57×10^{-10}	6.91×10^{-12}	1.10×10^{-11}	7.57×10^{-10}	0.70×10^{-7}
363.4	440.0	19506.7	8.12×10^{-4}	22.58×10^{11}	2.87×10^{-9}	13.08×10^{-10}	5.31×10^{-12}	0.75×10^{-11}	11.25×10^{-10}	1.25×10^{-7}
363.4	440.0	19506.7	2.82×10^{-4}	6.98×10^{11}	8.07×10^{-9}	8.60×10^{-10}	17.63×10^{-12}	2.87×10^{-11}	8.60×10^{-10}	0.50×10^{-7}
363.4	440.0	19506.7	8.17×10^{-4}	19.17×10^{11}	10.84×10^{-9}	12.90×10^{-10}	4.92×10^{-12}	1.30×10^{-11}	12.90×10^{-10}	0.39×10^{-7}
363.4	440.0	19506.7	29.38×10^{-4}	36.57×10^{11}	0.88×10^{-9}	1.08×10^{-10}	2.44×10^{-12}	0.17×10^{-11}	1.08×10^{-10}	9.14×10^{-7}
363.4	440.0	19506.7	1.49×10^{-4}	4.22×10^{11}	4.31×10^{-9}	8.98×10^{-10}	17.06×10^{-12}	2.79×10^{-11}	8.98×10^{-10}	0.82×10^{-7}
363.4	440.0	19506.7	209.75×10^{-4}	1050.71×10^{11}	1.52×10^{-9}	3.05×10^{-10}	0.24×10^{-12}	0.01×10^{-11}	0.65×10^{-10}	1.31×10^{-7}
363.4	440.0	19506.7	6.62×10^{-4}	11.84×10^{11}	7.71×10^{-9}	7.80×10^{-10}	8.78×10^{-12}	1.34×10^{-11}	7.80×10^{-10}	0.72×10^{-7}
363.4	440.0	19506.7	1085.32×10^{-4}	1224.79×10^{11}	5.48×10^{-9}	7.51×10^{-10}	0.27×10^{-12}	0.46×10^{-11}	5.70×10^{-10}	1.62×10^{-7}
363.4	440.0	19506.7	0.48×10^{-4}	1.19×10^{11}	2.47×10^{-9}	8.10×10^{-10}	84.18×10^{-12}	4.63×10^{-11}	10.06×10^{-10}	1.63×10^{-7}

資料［3］新たな建築構造デザインの可能性を可視化するヘキサゴンダイアグラム

本書に収録したプロジェクトの基礎データ ⇨126ページ

素材と空間の骨格エネルギー関数 ⇨32ページ

ヘキサゴンダイアグラム ⇨33ページ

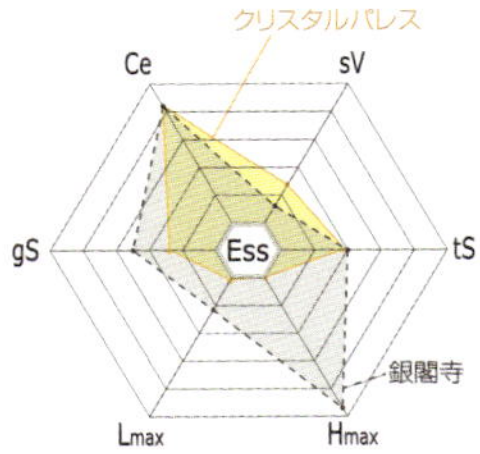

1 クリスタルパレスと銀閣寺のヘキサゴンダイアグラム

本書では、私が構造の設計をした建物の中から22事例のヘキサゴンダイアグラムを紹介している。22事例のヘキサンゴンダイアグラムには、比較検討のため、私が設計していない素材と空間の骨格エネルギー効率の事例も合わせて表示することを試みた。

比較のために選んだ建物は海外と国内から各1事例で、海外からはクリスタルパレス、国内からは銀閣寺を取り上げた。

なぜクリスタルパレスと銀閣寺を選んだのか。その理由は、このクリスタルパレスと銀閣寺の2つの空間の骨格がともに「木」の特徴を存分に生かしたデザインであることと、残念ながらクリスタルパレスは1936年に焼失してしまったが、銀閣寺は長寿命の木造建築として存続させるための工夫が簡明だからである。

ヘキサゴンダイアグラムは、私が設計した建物がクリスタルパレスや銀閣寺と比較して、素材と空間の骨格エネルギー効率の程度がわかるだけでなく、建築構造デザインの新たな可能性を可視化するものである。ちなみに、クリスタルパレスと銀閣寺のCO_2放出効率（Ce）はほぼ同じ値を示していることがわかる（図1）。

クリスタルパレス（水晶宮）／The Crystal Palace

クリスタルパレス
1851年に開催された世界初の国際博覧会であるロンドン万博の会場となった巨大な建物で、イギリス人技師ジョセフ・パクストン（Sir Joseph Paxton、1803〜1865）によって設計された。幅約560m、奥行約130mの巨大な建物で、プレハブ建築の先駆けともいわれ、わずか9カ月で建設された。後にこの建物はロンドン郊外に移設されたが、1936年に焼失した。

錬鉄［wrought iron］炭素の含有量を低く抑えた軟鉄。鉄線やくぎなどの材料の原料となる。
鋳鉄［cast iron］鉄鋼に含まれる炭素の量が2.2%以上のもので、炭素の量が多くなると強さや硬さが増す。鋳鉄の代表的なものに鋳物がある。

クリスタルパレスは、ガラスと鉄鋼だけでできていると認識されているが、実は「木」が多用されていることを知る人は意外に少ない。しかも、「木」によるアーチとサスペンションという2つの構造システムが採用されていたのである（図2）。

では、どこに「木」が使われていたのか。一つはメインエントランスの屋根部分であり（図3）、交差する2本の木造半円アーチを主構造とし、劇的な空間を形成していた。この半円アーチの特徴は、鉛直荷重は時に水平力が発生せず、風荷重のみが両側の展示スペースに伝わるという利点をもつものであった。

もう一つは、展示空間の鋸（のこぎり）状屋根の谷部に設置された大スパンの梁で、下弦材の錬鉄に張力を与えると、2箇所の鋳鉄の束材が上弦材（谷樋を兼ねる）を押し上げ、結果的に必要な水勾配が得られ、鉄鋼とガラスの立体屋根を支える仕組みとなっている。このような骨格は、仕上げ、架構、設備の一部は同じ構成であるという解釈によって、設計者であるパクストンの名をとって「パクストンガーダー」と呼ばれている。

なお、クリスタルパレスの素材と空間の骨格エネルギー効率は、現存する積算資料に基づいて独自に算出したものである。

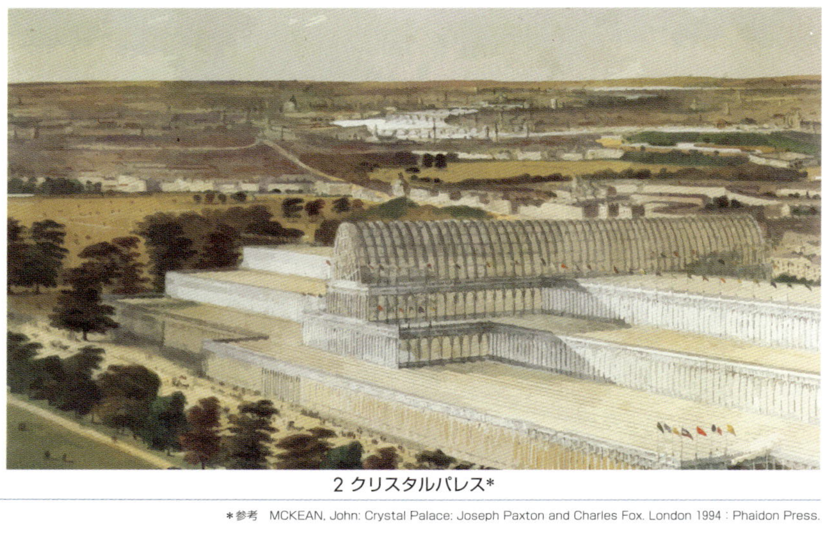

2 クリスタルパレス*

＊参考　MCKEAN, John: Crystal Palace: Joseph Paxton and Charles Fox. London 1994 : Phaidon Press.

ガーダー［girder］大梁のことで、線材で立体の骨組を組むとき、縦方向の杭と杭を結ぶ横方向の主要な部材。空間を形づくるときには、床を構成する部材を支える部材をいう。

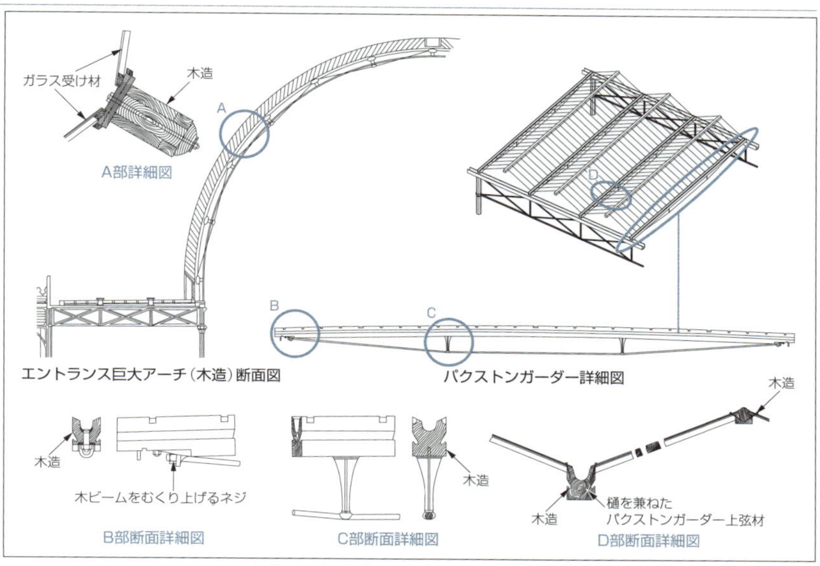

3 クリスタルパレスの各部詳細図

銀閣寺（東山慈照寺）

銀閣寺
室町幕府8代将軍足利義政が1482年に開いた山荘で、1層が書院造、2層が禅宗様仏堂となっている。国宝、世界遺産。

今から約10年前、幸運なことに銀閣寺の大規模修復工事に立ち会うことができた。仕上材や土壁材を剥がした姿から、長寿命に対する工夫を目の当たりにした（写真5、6）。

日本人にとって、木造建築は長寿命であるという概念を素直に受け入れにくく、経年劣化による傷みやシロアリによる被害などに対し、先人の知恵を継承してきた伝統技術によって幾度となく修復を重ねた結果、創建より520年の時を超え、現在にその姿を伝えている。地震大国のわが国にあって、いかに伝統木造が長寿命な建築であるかがわかるであろう。

耐蟻性（たいぎせい）木材のシロアリに対する抵抗性。シロアリは柔らかい部分を好むため、硬いものは耐蟻性がある。しかし、ヒノキのように柔らかくてもシロアリの加害に一定の抵抗を示す樹種群があり、これらの樹種には、耐蟻性成分と呼ばれる抽出成分が含まれているためである。

耐朽性（たいきゅうせい）木材の腐朽に対する抵抗性。シロアリに対する抵抗性も含めて評価する場合がある。一般に、低密度の材は高密度の材に比べ腐朽しやすいが、ヒノキのように密度が高くなくても腐朽しにくい樹種群がある。それらには、腐朽に抵抗する耐朽性成分（ヒノキチオール等）が心材に多く存在するからである。

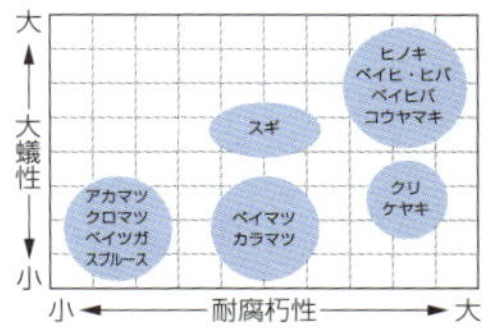

7 樹種の耐蟻性・耐腐朽性区分

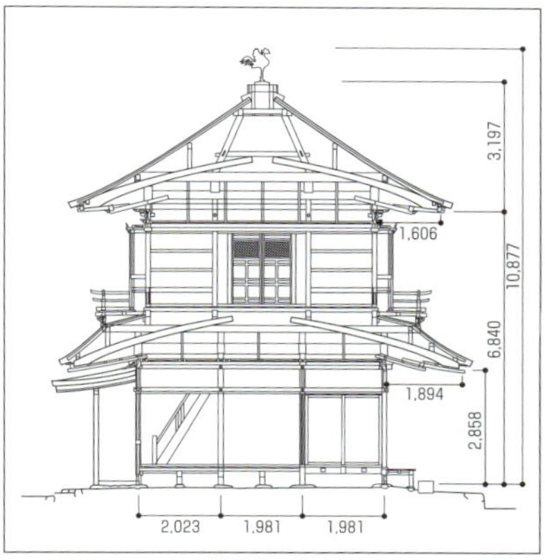

4 銀閣寺の軸組図

銀閣寺の大規模修復工事
木造建築は、鉄筋コンクリート造や鉄骨造と異なり、根継ぎや埋木による先人の技術によって時代をつないでいる。銀閣寺も長寿命の工夫が随所に見られる。例えば、梁の補強もそのひとつで、梁端部に三角錐の添え木を行っている。

5 銀閣寺の修復工事（全景）

6 100年に一度の修復工事

[索引]

＊太字は本書に収録した構造名を示す。

[参考文献]

1）土肥博至監修，建築デザイン研究会編著『建築デザイン用語辞典』井上書院、2009

2）今川憲英・岡田章『新訂版 木による空間構造へのアプローチ―木で可能な15の基本架構の構造デザイン』建築技術、1997

3）憲 Imagawa+TIS & PARTNERS「JOINTS」KJ、2012

4）「建築家 林雅子」委員会編『建築家 林雅子 / Hayashi Masako, architect 1928-2001』新建築社、2002

5）「SD：スペースデザイン」1987年1月号、第286号、鹿島出版会

6）「SD：スペースデザイン」1989年1月号、第292号、鹿島出版会

7）「SD：スペースデザイン」1997年2月号、第389号、鹿島出版会

8）木材・樹木用語研究会編『木材・樹木用語辞典』井上書院、2004

9）小林一元・高橋昌己・宮越喜彦・宮坂公啓編『木造建築用語辞典』井上書院、1997

10）高橋昌巳・小林一元・宮越喜彦『伝統木造建築事典』井上書院、2018

11）Herzog, Thomas., Natterer, Julius., Schweitzer, Roland., Volz, Michael., Winter, Wolfgang: Timber Construction Manual. München 2004: Birkhäuser

12）Küttinger, Georg: Holzbau Konstruktionen. Dachtragwerke - Hallen - Brücken. München 1984: Institut für internationale Architektur-Dokumentation

13）MCKEAN, John: Crystal Palace: Joseph Paxton and Charles Fox. London 1994: Phaidon Press.

今川憲英
Imagawa Norihide

◉——著者プロフィール
1947年—広島県尾道市に生まれる
1959年—福山市立神村小学校卒業
1962年—広島県三原工業高等学校併設中学校（現如水館中学校）卒業
1965年—広島県三原工業高等学校（現如水館高等学校）卒業
1969年—日本大学理工学部建築学科卒業
1969年—東京大学生産技術研究所川股研究室
1971年—構造設計集団（S.D.G.）入社
1978年—TiS＆PARTNERS設立
2000年—東京電機大学工学部建築学科教授
2007年—株式会社iSGW設立
2009-2010年—マサチューセッツ工科大学（MIT）建築学科客員教授
2017年—東京電機大学名誉教授に就任
現在、TiS＆PARTNERS主宰、株式会社iSGW相談役
Materialspeaks.com主宰

◉——大臣認定
今井篤記念体育館（木造）／本郷パークハウス（RC造）／
東京銀座資生堂ビル（S造）／堺市民芸術文化ホール（RC+S造）／他多数

◉——特許取得
ISGW「面ガラス固定構造」他4つ
iCO_2マテリアル『建築物用ブロック構造体およびその製造方法』＜特許出願中＞
他多数

◉——著者受賞歴
1993年—住宅建築賞「Mint House」
1994年—第4回松井源吾賞「石打ダム資料館」
1999年—1999年度日本建築学会賞「素材と空間を結ぶ構造デザインに関する一連の業績」
2000年—1999年度IASS Tuboi Award（坪井賞）
2001年—第28回東京建築賞 優秀賞「東京銀座資生堂ビル」
2008年—2008年度グッドデザイン賞「ガラスと鋼の異種素材による保存再生工法ISGW」
2009年—2009年日本建築学会作品選奨「千葉市立美浜打瀬小学校」
2009年—土木景観学会・デザイン委員会デザイン賞 2008年奨励賞「小田急小田原線小田原駅」
2010年—ユネスコ文化遺産保全のためのアジア太平洋遺産賞「横浜赤レンガ倉庫」
2013年—こども環境学会賞 デザイン賞「あさひ幼稚園」
他多数

◉——著書
『新訂版 木による空間構造へのアプローチ—木で可能な15の基本架構の構造デザイン』（共著）、建築技術、1997年
『建築デザイン用語辞典』（共著）、井上書院、2009年／『JOINTS』KJ、2012年

◉——執筆協力
赤岩大輔（TiS＆PARTNERS）
山口慎介（TiS＆PARTNERS）
大城光太郎（TiS＆PARTNERS）
坂口真理子（元TiS＆PARTNERS）

Material speaks
Timber and structural space
Imagawa Norihide

素材は語る 1 木と空間

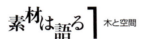

2018年11月30日［第1版第1刷発行］

著者——今川憲英©
発行者——石川泰章
発行所——株式会社井上書院
東京都文京区湯島2-17-15 斎藤ビル
電話=03-5689-5481
振替=00110-2-100535
http://www.inoueshoin.co.jp/
印刷所——株式会社ディグ
製本所——誠製本株式会社
装幀——川畑博昭
ISBN 978-4-7530-1622-8 C3052 Printed in Japan

［出版案内］

建築デザイン用語辞典

土肥博至監修、建築デザイン研究会編著　A5変・428頁（カラー）　本体3600円＋税
計画・都市計画、設計、構法、構造力学、施工、材料、環境工学、設備、建築史、思想、人名に加え、国内外の建築や都市空間等の作品を含む広範な分野から約4600語を収録。建築の基本用語はもちろんのこと、企画、計画分野の用語も充実した初学者のための辞典。作品事例や理解を助けるカラー写真・図表は1060点に及ぶ。

建築・都市計画のための 空間学事典［増補改訂版］

日本建築学会編　A5変・324頁（二色刷）　本体3500円＋税
空間研究における分野、手法の多様化・高度化と、そこで用いられる用語の広がりをうけて、建築および都市計画に関する重要な272語を27のテーマに分類してまとめた、研究者から学生まで利用できる用語事典。用語の解説では、最新の研究成果や活用事例を踏まえながら、豊富な図・写真を使ってわかりやすく解説。

伝統木造建築事典

高橋昌巳・小林一元・宮越喜彦　A5・552頁（カラー）　本体4500円＋税
木造の建築現場の流れに沿って、林業、仮設、基礎、墨付け・刻み、架構、屋根、左官、造作・仕上げ、建具、外構、さらに茶屋や歴史建造物、大工道具、現場・職人用語まで、4300余語と図版約2500点を見開きで収録し解説。木造建築を受け継ぐ伝統の技と言葉を余すところなく網羅した、実務に使える初めての本格的事典。

新・木質構造建築読本
ティンバーエンジニアリングの実践と展開

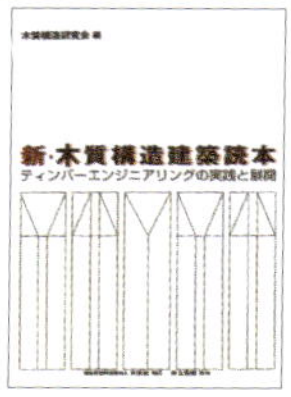

木質構造研究会編　B5・280頁　本体4000円＋税
木質構造とは木材と木質材料で主要構造部を構成する構造の総称である。本書では在来構法、木質プレハブ構法、枠組壁工法、丸太組構法等を包含する木質構造の基本を説くとともに、木造建築、木質材料、木材資源をめぐる最新情報を収録した。

図解 建築の構造と構法［改訂版］

鈴木秀三編、岩下陽市・古本勝則他著　A4・168頁（二色刷）　本体3200円＋税
建築構造全般の概要を建築生産工程の流れを通して学べるよう徹底図解したテキスト。材料、工法、施工、ディテール、法規など、基礎知識の理解に向けて構造ごとに共通プランを用いて一工程ずつ簡潔に解説する。 本改訂では、新しい木質材料やRC造関連の基・規準、JIS、JAS、省エネ基準等の改正を中心に見直しを図った。

最新 建築材料学

松井勇・出村克宣・湯浅昇・中田善久　B5・274頁　本体3000円＋税
建築設計、構造設計、環境設備設計、施工に関連づけて建築材料について解説した学生から実務者まで役立つテキスト。建物としての要求条件の把握と、これを満たす適正な材料の選び方に関する理解が深まるよう、材料の性質・性能、基本材料の性質の詳細、材料の基本的物性値と単位といった順でわかりやすくまとめた。

徹底解説 図解 建築の力学Ⅰ

鈴木秀三・藤野栄一　B5・224頁　本体3000円＋税
数学や物理学の知識を応用し、基礎事項を論理的に積み重ねて構築されている建築力学。本書は、初歩的な建築力学の数式解法や図解法を用いて、その論理的な知識を、反復を重ねながらわかりやすく解説している。公式や手順の丸暗記ではない論理的理解を目指した、学生や建築士受験者、また独習者にも最適のテキスト。

建築模型をつくろう

遠藤義則　A5変・270頁（カラー）　本体3200円＋税
建築模型における材料と道具、模型の種類とその利用効果、材料・構造別の模型製作のプロセスと基本テクニック、仕上げの表現方法など、模型製作に必要なノウハウを豊富な写真やイラストを中心に解説した入門書。CADデータを使った模型製作の動向にもふれるなど、卒業製作を控えた学生や若手設計者に役立つ一冊。